죽음집

이 책은 2021년도 정부(교육부)의 재원으로 한국고전번역원의 지원을 받아
수행된 '권역별거점연구소협동번역사업'의 결과물임.

This work was supported by Institute for the Translation of Korean Classics - Grant funded by the Korean Government.

한국고전번역원 한국문집번역총서/조선대학교 인문학연구원 고전번역연구소

죽음집 3

竹陰集

조희일 지음 趙希逸

최이호 옮김

일러두기

1. 이 책의 번역 대본은 서울대학교 규장각 소장 《죽음집(竹陰集)》(奎6830)으로 하였다. 이 문집은 한국고전번역원 발간 한국문집총간 83집에 수록되어 있다.
2. 내용이 간단한 역주는 간주(間註)로, 긴 역주는 각주(脚註)로 처리하였다.
3. 한자는 필요한 경우 이해를 돕기 위하여 넣었으며, 운문(韻文)은 원문을 병기하였다.
4. 맞춤법과 띄어쓰기는 한글 맞춤법과 표준어 규정을 따랐다.
5. 이 책에서 사용한 부호는 다음과 같다.

( ) : 번역문과 음이 같은 한자를 묶는다.
〔 〕: 번역문과 뜻은 같으나 음이 다른 한자를 묶는다.
“ ” : 대화 등의 인용문을 묶는다.
‘ ’ : “ ” 안의 재인용 또는 강조 문구를 묶는다.
「 」: ‘ ’ 안의 재인용을 묶는다.
『 』: 「 」 안의 재인용을 묶는다.
《 》: 책명 및 각주의 전거(典據)를 묶는다.
〈 〉: 책의 편명 및 운문·산문의 제목을 묶는다.
□ : 글자의 자리를 비워 둠을 나타낸다.
▨ : 글자의 판독이 불가함을 나타낸다.

차례

죽음집 제7권

죽음집

제6권

칠언율시 상
七言律詩 上

칠언율시 상 七言律詩 上

희릉[1]에서. 이실지[2] 춘영 의 시에 차운하다 ○이때 실지는 효릉[3]의 제사를 맡고, 나는 희릉의 제사를 맡았다.

禧陵 次李實之韻 春榮○時 實之典孝陵祀 余典禧陵

제사에 예법 잘 지키는 것 이미 알았는데	已知將祀禮非虧
그윽한 감회가 어찌하여 가슴에 맺혔는가	幽感如何結寸脾
누가 황당[4] 움직여 옛 정한 터를 옮겼나	誰動皇[5]堂遷舊卜
홀로 선침에 머물며 외로운 의범 내걸었네	獨留仙寢揭孤儀
교릉(喬陵) 언덕의 초목은 첫 추위를 맞고	喬原草木初寒外

1 희릉(禧陵) : 중종의 계비(繼妃) 장경왕후(章敬王后)의 능으로, 처음에는 광주(廣州) 헌릉(獻陵)의 곁에 있었으나, 중종 32년(1537)에 고양(高陽) 원당리(元堂里) 서삼릉(西三陵)으로 옮겼다.

2 이실지(李實之) : 이춘영(李春英, 1563~1606)으로, 실지는 그의 자이다. 본관은 전주(全州), 호는 체소재(體素齋)이다. 성혼의 문인으로, 1590년(선조23) 증광 문과에 급제하였다. 시문에 능했으며《해동사부(海東辭賦)》에 그의 시가 수록되어 있다. 좌찬성에 추증되었다. 시호는 문숙(文肅)이다.

3 효릉(孝陵) : 인종과 인성왕후(仁聖王后)의 능으로, 서삼릉(西三陵)에 있다.

4 황당(皇堂) : 황제나 왕후의 묘실(墓室)을 말한다. 여기에서는 '희릉(禧陵)'을 가리킨다.

5 皇 : 대본에는 '隍'으로 되어 있는데, 앞뒤 문맥을 살펴 바로잡았다.

빈 전각의 안개와 이내는 자욱해지려는 때라	虛殿煙嵐欲暝時
산 뒤에 효릉이 아주 가까이 있으니	山後孝陵跬步地
두 궁은 이제 한이 남아 있지 않으리	兩宮於此恨無遺

취하여 철산 부사(鐵山府使)에게 주다

醉贈鐵山

역문을 둘러싼 수 겹의 청산에서　　數疊青山繞驛門
객의 회포 쓸쓸하여 맑은 술잔 대하였네　　客懷寥落對淸尊
장미는 비를 머금어 황금 동전이 무겁고　　薔薇帶雨金錢重
솔 회나무는 바람 맞아 푸른 일산 뒤집히네　　松檜迎風翠蓋翻
천리 돌아가는 마음은 짧은 꿈에 기대고　　千里歸心憑短夢
한 해의 방초는 왕손을 괴롭게 하네　　一年芳草惱王孫
서로 만나니 예전부터 아는 사이인 듯　　相逢恰似曾相識
이별할 제 은근하게 다시 말을 주노라　　臨別慇懃更贈言

압록강에서 보고 느낀 것을 읊다 의주 부윤(義州府尹)이 마군 수십 무리를 징발해서 물길을 거슬러 배를 끌었기 때문에 제 3구에서 말한 것이다.

鴨江卽事 府尹發馬軍數十群 遡流而牽舟 故第三云

봄 물가에 안장 풀고 누선에 오르니 卸鞍春渚上樓船
석 줄의 기녀들이 비단 자리를 빙 둘렀네 紅粉三行匝錦筵
씩씩한 말 건장한 아이는 약한 닻줄을 끌고 驕馬健兒牽弱纜
짙은 눈썹 가는 손은 팽팽한 현을 퉁기네 濃蛾纖手撥危絃
긴 강이 바다로 흘러가니 거센 파도 장엄하고 長江注海濤瀧壯
갠 해가 산에 비추니 초목들이 아름답네 晴日熏山草木鮮
승경 찾느라 돌아감이 늦은 줄도 몰랐으니 探勝不知歸去晚
곧장 노를 저어 용연[6]으로 내려가리라 直須搖櫓下龍淵

6 용연(龍淵) : 의주(義州)에 있는 못으로, 구룡연(九龍淵)을 가리킨다. 구룡연은 압록강 물줄기가 남쪽으로 흘러 맴돌아 형성되었고, 거기에 압록강사(鴨綠江祠)가 있어서 매년 봄가을로 제사를 지냈다. 《新增東國輿地勝覽 卷53 平安道 義州牧》

다시 앞 운을 사용하여 숙평[7]에게 주다 숙평이 '선' 자를 '전' 자로 바꾸었다.

再用前韻 贈叔平 叔平改船爲前字

그대 같은 명성은 결코 전에 없었으니	等君聲譽摠無前
한번 바른 말을 하면 성상을 감동시켰지	一發危言動御筵
이미 바다처럼 웅장한 문장 사랑하고	已愛文瀾雄似海
다시 현처럼 곧은 심지를 좋아한다오	更憐心地直如絃
황량한 변방에서 함께 길손 되었고[8]	塞門荒絶同爲客
머물면서 동이 술에 자주 회를 쳤지	尊酒留連數擊鮮
석양이 산에 걸려 퉁소 북 소리 울릴 제	落日在山簫鼓咽
저물녘 높은 누각에 올라 용연 굽어보네	晩登高閣俯龍淵

7 숙평(叔平) : 이준(李埈, 1560~1635)의 자이다. 본관은 흥양(興陽), 호는 창석(蒼石), 시호는 문간(文簡)이다. 1591년(선조24) 별시 문과에 병과로 급제하여 교서관 정자가 되었다. 응교, 집의, 전한, 사간 등 삼사의 관직을 각각 여러 차례 역임하였다. 저서에 《창석집》이 있다.

8 황량한……되었고 : 조희일은 1604년(선조37)에 자문점마(咨文點馬)로 관서(關西)에 갔고, 이준(李埈)은 1604년에 주청사(奏請使)의 서장관으로 명(明)나라에 다녀온 일을 가리켜 말한 듯하다.

비 때문에 강을 건너지 못해 장난삼아 숙평에게 드리다
滯雨不得過江 戱呈叔平

만리 연산[9]에서의 이별이 원망스러운 데다	萬里燕山怨別離
좋은 밤 너무 짧아 배나 섭섭했는데	良宵苦短倍依依
사랑스럽게도 좋은 비가 시절을 알았으니	可憐好雨知時節
일의 기미를 안 하늘에 매우 감사하다오	多謝天公解事機
보전[10]의 맑은 향은 낮 꿈에 스미고	寶篆淸香熏晝夢
살짝 찡그리는 예쁜 미소는 비단 장막 가리네	淺顰嬌笑掩羅幃
추천절[11]이 지난 뒤 남은 날이 없으니	秋千過後無餘日
그윽한 즐거움 홀연히 사라져 되려 한스럽네	還恨幽懽忽忽違

9 연산(燕山) : 오늘날 몽고의 항애산(杭愛山)인 연연산(燕然山)인데, 여기에서는 변경을 가리킨다.

10 보전(寶篆) : 향(香) 연기를 미화한 것으로, 향 연기가 피어오를 때 그 형상이 전서(篆書)처럼 꼬불꼬불하다고 하여 붙여진 것이다.

11 추천절(鞦韆節) : 옛날에 청명절에 그네뛰기 놀이를 하였으므로 청명절을 추천절이라고도 한다.

한강에서

漢江

삼월이라 강가 마을에 꽃 다 날아가니 三月江村花盡飛
상앗대에 새 물결이 낚시터에 불어나네 一篙新浪漲漁磯
저주[12]의 방초는 봄 생각을 아득하게 하고 楮洲芳草迷春思
사원[13]의 석양빛은 길손의 옷을 물들이네 沙院殘陽上客衣
세상사 아득하여 긴 검이 늙어 가고[14] 世事悠悠長劍老
길에서 세월 보내느라 건장한 뜻이 어긋났네[15] 征途冉冉壯心違
도성은 보이지 않는데도 고개 돌리니 洛城望斷猶回首
멀리 남산 보매 청산이 겹겹이라네 遙見終南疊翠微

12 저주(楮洲) : 경기도 광주(廣州) 남한강 유역에 위치한 지명으로, 저도(楮島)라고도 한다.

13 사원(沙院) : 경기도 광주(廣州)에 위치한 지명으로, 사평원(沙平院)이라고도 한다. 한강 남쪽 기슭에 있다. 《新增東國輿地勝覽 卷6 廣州牧》

14 긴……가고 : 벼슬에 등용되지 못하고 초야에서 지내는 자신의 처지를 빗대어 말한 것이다. 검은 책과 함께 선비들이 늘 지니고 다니는 물건이다. 당(唐)나라 고적(高適)이 두보(杜甫)에게 준 〈인일에 두 이습유에게 부치다〔人日寄杜二拾遺〕〉에 "동산에 한 번 누워 삼십 년 봄을 보내니, 어찌 책과 검이 풍진 속에 늙어 갈 줄 알았으랴.〔一臥東山三十春, 豈知書劍老風塵?〕"라고 한 데서 온 말이다. 《杜詩詳註 卷23》

15 건장한 뜻이 어긋났네 : 두보(杜甫)의 〈야(夜)〉에 "전쟁의 먼지가 궁문을 둘러싸니, 백발에 건장한 뜻이 어긋났네.〔煙塵繞閶闔, 白首壯心違.〕"라고 한 데서 온 말이다. 《杜詩詳註 卷20》

구백공[16] 인기 에게 주다

贈具伯鞏 仁基

천애의 지친 나그네 저물녘 길에 올라	天涯倦客晚登程
물구멍 바람 바위를 밤 무릅쓰고 가네	水穴風巖冒夜征
말에서 내려 계단에서 기뻐 손을 잡고	下馬當階忻握手
나란히 술 가득 마시며 세세히 사정 얘기하네	接裾崇酒細論情
온갖 꽃 적막하니 봄은 말이 없고	千花寂寞春無語
한바탕 비 쏟아지니 시냇물 소리 들리네	一雨淋漓澗有聲
호남에 소식 알리려면 서신을 부쳐야 하는데	爲報湖南須寄信
그대 걸음이 무슨 일로 내 걸음과 어긋났나	君行何事負吾行

16 구백공(具伯鞏) : 구인기(具仁基, 1576~1643)로, 백공은 그의 자이다. 본관은 능성(綾城), 호는 죽은(竹隱)이다. 공조 정랑, 사복시 첨정, 주부, 충훈 도사(忠勳都事) 등을 역임하였다. 영의정에 추증되었고, 시호는 충간(忠簡)이다.

천마산인 시축 중의 시에 차운하다[17] 서쪽으로 가며 기록하다.[18] 병오년(1606, 선조39)

次天磨山人軸中韻 西征錄 丙午年

구름 가 아득히 빼어난 푸른 부용봉	雲邊逈擢碧芙蓉
철벽같이 서린 뿌리가 땅에 꽂혀 있네	鐵壁盤根揷地中
은은한 층암에는 날며 포효하는 폭포	隱隱層巖飛吼瀑
창창한 심곡에는 어지러이 모인 단풍	蒼蒼深谷亂攢楓
먼 길이 마음에 걸려 여정을 재촉하니	關心長路行旌急
신선 산에 고개 돌리매 옛 흔적 없어라	回首仙山舊跡空
오늘 그대 보내노라니 생각이 끝없어	今日送渠無限意
석양 속 역참 누대에서 동풍에 기댔네	驛樓殘照倚東風

17 천마산인(天磨山人)……차운하다 : 유근(柳根)의 《서경집(西坰集)》 권2에 실린 〈아계 상공이 천마산인에게 준 시에 차운하다〔次鵝溪相公贈天磨山人韻〕〉 및 유몽인(柳夢寅)의 《어우집(於于集)》 권1에 실린 〈천마산 승려 시권의 시에 차운하다〔次天摩僧詩卷韻〕〉 등이 이 시와 동일한 운을 사용하였다. 김상헌(金尙憲)의 《청음집(淸陰集)》 권3에 실린 〈천마산인 종영에게 주다〔贈天磨山人鍾英〕〉라는 시를 보면, 이 시는 천마산의 승려인 종영(鍾英)에게 준 것으로 보인다.

18 서쪽으로 가며 기록하다 : 조희일은 1606년(선조39)에 중국사신 주지번(朱之蕃)이 왔을 때 원접사(遠接使) 서경(西坰)의 종사관이 되어 이들을 의주(義州)에서 맞이하였다. 이 시는 의주로 가는 길에 지은 듯하다.

파산[19]에서. 사상 유근 의 시[20]에 차운하다

坡山 次使相韻 柳根

종일토록 장정 단정 가고 가다 盡日行行長短亭
휘장 두른 수레가 잠시 여기에 멈췄네 襜帷暫向此間停
땅은 큰 못과 이어져 구름이 늘 검고 地連大澤雲常黑
봄은 너른 들판에 들어 풀이 푸르려 하네 春入平蕪草欲青
함께 천애 향해 사절 맞이하러 가니 共指天涯迎使節
해외에 문성[21]이 빛나는 것 응당 보겠네 應看海外照文星
고요한 밤에 보답하려 홀로 좋은 구절 찾아 獨搜佳句酬岑寂
읊다가 한밤중 되니 달이 뜰에 가득하네 吟到中宵月滿庭

19 파산(坡山) : 경기도 파주(坡州)의 옛 이름이다.

20 사상의 시 : 사상은 서경(西坰) 유근(柳根, 1549~1627)으로, 이 시는 《서경집(西坰集)》 권1에 〈파주도중(坡州途中)〉이라는 제목으로 실려 있다. 유근은 본관은 진주(晉州), 자는 회부(晦夫), 시호는 문정(文靖)이다.

21 문성(文星) : 문재(文才)를 주관하는 별 이름으로, 문재 있는 사람을 지칭한다. 여기서는 유근(柳根)을 가리켜 말한 것이다.

임진강을 건너다. 두 번째

渡臨津 其二

석양 속에 외로운 구름 낀 강가의 정자	落日孤雲江上亭
강 머리 계수나무 노는 누굴 위해 멈췄나	江頭桂楫爲誰停
길게 경기 지역을 흐르니 무지갯빛 희고	長流圻地虹光白
먼 산이 하늘까지 닿으니 검기가 푸르네[22]	遠岫參天劍氣青
나그네 길은 멀고 멀어 단경[23]을 슬퍼하고	客路悠悠悲斷梗
이별 심사는 아득하여 새벽별 원망하네	離情渺渺怨晨星
봄추위 매섭고 야윈 말도 지쳤으니	春寒料峭羸驂倦
가는 말 재촉해 역원 뜰에 안장 풀었네	催却征鞍卸驛庭

22 길게……푸르네 : 오(吳)나라 때 북두성과 견우성 사이에 늘 자기(紫氣)가 감돌기에 장화(張華)가 예장(豫章)의 점성가(占星家) 뇌환(雷煥)에게 물었더니 보검의 빛이라 하였다. 이에 풍성(豊城) 감옥 터의 땅 속에서 보검인 용천검(龍泉劍)과 태아검(太阿劍) 두 보검을 발굴했다는 고사를 인용한 것이다. 여기서는 유근의 걸출한 기개를 뜻한다. 《晉書 張華傳》

23 단경(斷梗) : 복숭아나무로 만든 인형인 도경(桃梗)으로, 정처 없이 떠도는 신세를 비유한 말이다. 원호문(元好問)의 시에 "반생을 뿌리박을 데 없어서, 단경처럼 떠도는도다.〔半生無根着, 飄轉如斷梗.〕"라고 하였다. 《元藝圃集 卷1 出京》

송경 도중에. 세 번째

松京道中 其三

말 머리가 멀리 천수정[24]을 가리키니	馬首遙看天壽亭
바쁜 사신 길 괴롭게도 멈추기 어렵네	悤悤行李苦難停
까마귀 나는 석양빛에 남은 노을이 붉고	鴉翻夕照餘霞紫
새 지나는 너른 하늘에 먼 운무가 푸르네	鳥度長空遠靄青
천고의 원망 소리는 오직 흐르는 물에 어렸고	千古怨聲唯逝水
백년의 묵은 자취는 얼마나 세월 지났던가	百年陳迹幾移星
내일 아침에 성 서쪽 길을 차마 지나가랴	明朝忍過城西路
쓸쓸하게 황량한 누대와 옛 궁전 뜰 있는데	牢落荒臺舊殿庭

24 천수정(天壽亭) : 경기도 장단군(長湍郡) 진서면(津西面) 천수원(天壽院)에 있던 정자이다. 천수원은 고려 예종 때 지은 천수사(天壽寺)가 있던 곳에 건립한 역원으로, 개성에서 남쪽으로 내려가는 교통의 요충지이다.

회란석[25]에서. 네 번째

回瀾石 其四

맑은 시내 한 줄기가 외딴 정자를 둘러	淸川一帶遶孤亭
바위 앞에 흘러와서는 멈추려 하네	流到巖前勢欲停
말 지나는 다리 가에는 잔설이 희고	馬度橋邊殘雪白
학 깃든 새집에는 고송이 푸르네	鶴留巢處古松靑
나그네로 떠돌며 〈서정부〉[26]를 의작하고	羈遊擬作西征賦
수심 깊어 도리어 북두성[27]을 바라보네	愁至還瞻北斗星
도성은 아득한데 몸은 점점 멀어지니	京國渺然身漸遠
오경에 돌아가는 꿈이 대궐을 에워싸네	五更歸夢繞彤庭

25 회란석(回瀾石) : 황해도 금천군(金川郡) 오조천(吾助川) 기슭에 소재한 비석으로, 회란석(廻瀾石)이라고도 한다. 《계산기정(薊山紀程)》에서 영수병(映水屛)을 설명한 글에 "금릉관(金陵館) 남쪽에 깎아지른 석벽이 개울가에 치솟아 있으니 이는 박연(朴淵)의 하류이다. 석벽에는 '영수병'이 새겨져 있다. 그 앞에는 귀부(龜趺)의 비석이 민간의 밭 가운데 서 있으니, 바로 명(明)나라의 조사(詔使) 허국(許國)과 위시량(魏時亮)의 시가 있고, 그 비석 뒷면에는 또 '회란석(廻瀾石)' 세 글자가 커다랗게 쓰여져 있다."라고 하였다. 《薊山紀程 卷1 出城 癸亥年 10月 25日》

26 서정부(西征賦) : 진(晉)나라 반악(潘岳)의 작품이다. 〈서정부〉의 주(註)에 "반악이 장안령(長安令)이 되서 〈서정부〉를 지어 자신의 행적을 서술하고 자신이 겪은 인물과 산수를 낱낱이 논하였다."라고 하였다. 《文選 卷10》

27 북두성(北斗星) : 임금이 있는 곳을 상징하는 별이다.

특별히 다른 운자를 사용하여 이학관 달 에게 주다 ○이학관이 사랑했던 기생이 바로 기성의 이원[28]에서 장을 맞고 죽었다는 말을 들었기 때문에 위로한 것이다.

別用他韻 贈李學官 達 ○李所眄人 乃箕城梨園 聞其値杖而殞 故慰之

살아 헤어짐과 죽어 이별함은 다 아득한데	生離死別兩茫然
솜옷 입고 선연동 안으로 들어감[29]이 한스러우리	恨入嬋娟洞裏綿
나는 걸음 자취 없으니 신선 옥패 차갑고	飛步無蹤仙佩冷
남은 꽃 말 없으니 새벽 바람에 뒹구누나	殘花不語曉風顚
미인의 원통한 피는 봄풀이 되고[30]	美人冤血成春草
신녀의 아침 구름은 협곡 하늘에 잠겼네[31]	神女朝雲鎖峽天

28 기성(箕城)의 이원(梨園) : 기성은 평양(平壤)의 옛 이름이고, 이원은 본래 당 현종(唐玄宗) 때 궁중에서 가무를 교습했던 곳으로, 음악과 노래를 가르치던 곳 또는 기생들의 음악과 노래를 교습시키는 곳을 가리킨다.

29 솜옷……들어감 : 수의(襚衣)를 입고 무덤에 묻혔다는 말이다. 선연동은 평양성(平壤城) 칠성문(七星門) 밖에 있는 골짜기로, 평양 기생이 죽으면 모두 이곳에 묻혔다 하여 붙여진 이름이다.

30 미인의……되고 : 우 미인(虞美人)의 고사를 차용한 것이다. 항우(項羽)가 유방(劉邦)에게 패하여 오강(烏江)에서 죽을 때, 우 미인은 그 전날 밤 항우가 준 칼로 자결하였는데, 그 뒤 우미인의 무덤 위에 풀꽃이 돋아났으므로 사람들이 우미인초(虞美人草)라고 불렀다고 한다.《史記 項羽本紀》참고로 이를 소재로 한 송(宋)나라 증공(曾鞏)의 〈우미인초(虞美人草)〉에 "향기로운 혼은 밤에 칼빛 따라 나니, 푸른 피가 변하여 무덤 위의 풀이 되었다오.〔香魂夜逐劍光飛, 靑血化爲原上草.〕"라고 하였다.《古文眞寶前集 卷5》

31 신녀(神女)의……잠겼네 : 운우지정(雲雨之情)의 고사를 차용한 것이다. 초(楚)나라 회왕(懷王)이 고당에 노닐다가 꿈속에 신녀(神女)를 만나 동침을 하였는데, 신녀가 떠나

아홉 구비의 여린 창자야 원래 절로 끊어지는데　　九曲柔腸元自斷
역 이름이 무슨 일로 또 용천이런가[32]　　驛名何事又龍泉

면서 "첩은 무산(巫山) 남쪽 높은 봉우리에 사는데, 아침에는 구름이 되고 저녁에는 비가 되어 매일 아침저녁 양대(陽臺) 아래에 있습니다."라고 하였다 한다. 《文選 卷10 高唐賦》

32 아홉……용천(龍泉)이런가 : 인간의 창자는 여려서 원래 잘 끊어지는데 보검(寶劍)으로 끊으면 훨씬 더 잘 끊어진다는 뜻으로, 사별(死別)의 아픈 감정을 표현한 말이다. 용천은 춘추시대 간장(干將)과 막야(莫邪) 부부가 제작했다는 전설적인 보검(寶劍)의 이름이고, 용천역은 황해도 서흥도호부(瑞興都護府)에 있는 역원이다.

도중에 다시 '정' 자 운을 사용하여 이학관에게 주다
道中 復用亭字韻 贈李學官

몇 해 전처럼 객을 보냈던 정자 위로	依舊年前送客亭
채색 구름은 쉬이 떠나 남아있지 않네	綵雲容易去無停
능라의 풀색은 예상[33]처럼 푸르고	綾羅草色霓裳碧
금수의 산 빛은 보계[34]처럼 파랗네	錦繡山光寶髻青
훗날에는 비익[35] 되기를 간절히 바라고	他日願言爲比翼
이번 생은 끝내 쌍성[36] 부러워하겠지	此生終是羨雙星
봉래[37] 그 어디가 신선 세계인가	蓬萊何處神仙府
옥 같은 달빛은 아스라이 붉은 뜰 감싸고 있겠지	璧月蒼茫鎖紫庭

33 예상(霓裳) : 선녀의 얇은 비단옷을 이른다. 당 현종(唐玄宗)이 일찍이 삼향역(三鄉驛)에 올라가 여아산(女兒山)을 바라보고, 또 월궁(月宮)에 올라가 노닐면서 선녀들이 춤추고 노래하는 것을 듣고 비밀히 기록하여 돌아와서 〈예상우의곡(霓裳羽衣曲)〉을 지었다고 한다.

34 보계(寶髻) : 귀족 부녀자들이 하던 딴머리 중의 하나이다.

35 비익(比翼) : 한 새가 눈 하나와 날개 하나만 달려서 반드시 두 마리가 나란히 해야만 날 수가 있다 하여 붙여진 새 이름으로, 비익조(比翼鳥)를 가리킨다. 백거이(白居易)의 〈장한가(長恨歌)〉 끝 부분에서 이 고사를 인용하여 "하늘에 있을 땐 비익조가 되길 원하고, 땅에 있을 땐 연리지가 되길 원하네.〔在天願作比翼鳥, 在地願爲連理枝.〕"라고 하였다. 《白樂天詩集 卷12》

36 쌍성(雙星) : 견우성과 직녀성으로, 이 두 별은 해마다 7월 7일이면 서로 만난다고 한다.

37 봉래(蓬萊) : 전설상의 신선이 산다는 삼신산(三神山)의 하나인 봉래산(蓬萊山)을 가리킨다.

두봉[38]의 시에 차운하여 동지사 청은 영헌[39]에게 주다
次斗峯韻 贈冬至使淸隱令軒

천자 알현한 수레가 강가에 머무니	朝天軒蓋次江濱
돌아가는 기일 꼽아보매 열흘도 안 남았네	算得歸期未浹旬
우연히 만나니 전년의 이별 도리어 생각나고	邂逅却思前歲別
떠나고 머무르니 타향 사람 똑같이 괴롭구나	去留均惱異鄕人
백사장에는 날 따뜻해 눈이 다 녹았고	汀沙日暖全消雪
길가 버들은 바람 가벼워 반쯤 봄을 알리네	陌柳風輕半泄春
애타는 이별의 혼 불러도 아니 오니	黯黯離魂招不得
그대 따라 곧장 성상을 뵙고 싶어라	隨君直欲拜重宸

38 두봉(斗峯) : 이지완(李志完, 1575~1617)의 호이다. 본관은 여주(驪州), 자는 양오(養吾), 시호는 정간(貞簡)이다. 1597년(선조30) 정시 문과에 급제하였고, 1602년 하지사(賀至使) 서장관에 충원되었으며, 1606년에 조희일과 함께 원접사 유근(柳根)의 종사관으로 명나라 사신을 맞이하였다.

39 청은 영헌(淸隱令軒) : 이상신(李尙信, 1564~1610)으로, 청은은 그의 호이다. 본관은 여흥(驪興), 자는 이립(而立)이다. 1605년(선조38) 동지사 겸 주청사(冬至使兼奏請使)에 임명되어 명나라에 다녀왔다. 영헌은 상대에 대한 존칭이다.

또 짓다
又

한 통 술 마련하여 억지로 머물게 하니	爲將尊酒强留連
말 세운 모래 가에 화려한 배 묶었네	立馬沙頭繫畫船
잠시 객의 여정 위로하려 문득 손잡으나	乍慰客程飜握手
중도에 또 이별 자리를 감당 못하겠어라	不堪中道又離筵
변방 성에는 서린 독수리 곁으로 해가 지고	邊城落日盤鵰外
먼 변새에는 병든 기러기 앞으로 봄바람 부네	遙塞春風病雁前
남쪽으로 해문 바라보매 하늘이 물과 닿았으니	南望海門天接水
이별 회포와 안개 낀 물결이 모두 아득하누나	別懷煙浪共悠然

패강[40]에서. 차운하다

浿江 次韻

동방의 문물은 태사로부터 시작하였으니[41]	文物東方自太師
웅장한 도읍의 형승지는 큰 강가에 있네	雄都形勝大江湄
구름 날고 새 지남은 몇 년의 자취던가	雲飛鳥過幾年迹
물색과 산빛이 무한히 애처롭구나	水色山光無限悲
저물녘 고운 성루에는 화각소리 들리고	落日麗譙聞畫角
까마귀 떼 나는 낡은 성첩에는 교목 보이네	亂鴉殘堞見喬枝
봄바람이 광활한 강 물결을 뒤흔드니	春風搖蕩江波闊
노에 기대 옛일 슬퍼하는 시 공연히 읊네	倚棹空吟弔古詩

40 패강(浿江) : 대동강(大同江)으로, 평양부(平壤府)의 동쪽 1리에 있다.

41 동방(東方)의……시작하였으니 : 태사(太師)는 기자(箕子)로, 은(殷)나라 주왕(紂王) 때의 현인(賢人)이다. 주나라 무왕(武王)이 은나라를 멸하자, 기자는 동쪽으로 와서 조선(朝鮮)의 왕이 되어 조선 사람들에게 예의와 전잠(田蠶) 등을 가르쳤으며, 팔조목(八條目)을 가지고 백성을 다스렸다고 한다. 《史記 宋微子世家》

백상루[42]에서 작은 누각에 편액이 없어서 사상[43]이 '삼청각'이라고 명명하였다. 두봉이 두로의 운을 사용하여 먼저 한 편을 완성하자 거기에 차운하였다.

百祥樓 有小閣欠扁 使相命之曰三淸 斗峯用杜老韻 先就一篇 次之

한 쌍의 신발[44] 휘날리며 옥루에 걸터앉으니　　雙舃飄颻跨玉樓
드넓은 하늘에 구름 안개 걷히누나　　靑冥浩蕩雲煙收
넘실대는 긴 강은 하늘 끝에 닿고　　長江袞袞接天際
망망한 큰 들은 바다 머리에 이어졌네　　大野茫茫連海頭
맑은 기운은 벽요의 자리[45]를 차갑게 얼리고　　灝氣寒凝碧瑤席
달빛은 사당나무 배[46]를 차갑게 쏘네　　月光冷射沙棠舟
흥취가 물고기와 새 따라 아득히 가니　　興隨魚鳥杳然去
이내 몸 황홀하게 영주[47]에 오른 듯　　此身怳惚登瀛洲

42 백상루(百祥樓) : 평안도 안주(安州) 북쪽 청천강(淸川江) 가에 있는 누대로 관서팔경(關西八景)의 하나이다.

43 사상(使相) : 유근(柳根, 1549~1627)을 가리킨다. 시문에 뛰어나 1606년(선조39) 1월에 중국 사신 주지번(朱之蕃)이 왔을 때 원접사(遠接使)로 나가 이들을 맞이하였는데, 이때 조희일은 종사관이 되어 그를 수행하였다.

44 한 쌍의 신발 : 두봉(斗峯) 이지완(李志完)과 저자 두 사람을 가리킨다.

45 벽요(碧瑤)의 자리 : 벽요는 아름다운 푸른 옥이라는 뜻으로, 천상(天上) 혹은 신선 세계를 상징하는 말이다. 여기서는 천상의 귀한 자리를 말한다.

46 사당(沙棠)나무 배 : 사당은 곤륜산에 있는 나무로, 신선의 배를 만드는 재목이라고 한다. 여기서는 아름다운 배를 말한다. 이백(李白)의 시에 "목란나무의 노에 사당나무의 배.〔木蘭之枻沙棠舟.〕"라는 구절이 있다. 《李太白文集 卷5 江上吟》

47 영주(瀛洲) : 신선이 산다고 하는 삼신산(三神山) 가운데 하나이다.

가평관[48]에서

嘉平館

성긴 숲에 둘러싸인 오래된 제산정[49]	齊山亭古帶疏林
예전 그대로인 정자 앞에 늙은 잣나무 빽빽하네	依舊亭前老柏森
바다 기운은 안개와 섞여 저문 빛을 재촉하고	海氣和煙催晚色
봄 구름은 해를 가려 가벼운 그늘을 희롱하네	春雲翳日弄輕陰
전란이 오래 이어져 긴 여정 근심스럽고	風塵荏苒愁長路
세월이 홀연히 흘러 장한 뜻 저버렸다오	歲月蹉跎負壯心
밤 되어 높은 난간에 올라 두루 기대니	入夜危欄徙倚遍
시내 너머 어디에서 구슬픈 다듬이 두드리나	隔溪何處動哀砧

48 가평관(嘉平館) : 평안도 가산군(嘉山郡)에 있는 객관(客館)이다.

49 제산정(齊山亭) : 평안도 가산군(嘉山郡)에 있는 정자이다.

차운하다[50]

次韻

천애에서 몽롱한 채로 행차를 멈추니	天涯怳惚住行裝
세월이 고운 봄날이 되어 깜짝 놀랐네	驚倒光陰屬艶陽
변방 사막에 바람 진동해 추위 쌀쌀하고	風振邊沙寒悄悄
먼 바다에 달이 잠겨 새벽이 어둑하네	月沈遙海曉蒼蒼
대동의 지세는 강에 임해 끝나고	大東地勢臨江盡
정북의 산세는 변방을 둘러 길게 뻗었네	直北山形遶塞長
나그네 회포 달래는 법을 잘 알고 있으니	排遣客懷諳已熟
이내 생애 가는 곳이 바로 고향이라네	此生隨處卽爲鄕

50 차운하다 : 유근(柳根)의 《서경집(西埛集)》 권2에 실린 〈종사관이 보여 준 시에 삼가 수답하다〔奉酬從事官示韻〕〉라는 제목의 시에 차운한 것이다.

또 짓다[51]

又

압록강 서쪽 가는 바로 중국 땅이니 鴨水西邊是漢關
하늘과 땅이 닫고 걸어 물굽이로 경계 지었네 天扃地鐍限重灣
황량한 언덕 돌 더미 쌓인 곳은 인주[52]의 보루요 荒原亂磧麟州戍
저물녘 외로운 구름 낀 곳은 마이산[53]이라 落日孤雲馬耳山
바람 고요한 빈 강에는 물결이 잔잔하고 風定空江波瀲瀲
눈 녹은 봄 성곽에는 물이 졸졸 흐르네 雪消春郭溜潺潺
집 그리운데 평안하다는 소식 듣지 못해 思家未得平安報
돌아가고픈 마음이 꿈속에서만 오고가네 歸思唯憑夢往還

51 또 짓다 : 《해동역사(海東繹史)》 제 48권에는 〈용만에서 우연히 짓다〔龍灣偶成〕〉라는 제목으로 실려 있다.

52 인주(麟州) : 지금의 인산진(麟山鎭)으로, 평안도 의주(義州)에 속한다.

53 마이산(馬耳山) : 의주(義州)의 객관(客館) 북쪽 압록강 가의 통군정(統軍亭)에서 바라보이는 산이다.

영위사 신흠[54] 가 양책[55]에 도착했다는 말을 듣다 사상이 여러 관료에게 시를 짓게 하였다.

聞迎慰使 申欽 到良策 使相使諸僚賦詩

머나먼 변방이라 소식이 끊기니　迢遞關河絶雁魚
집 그리워도 어떻게 지내는지 물을 곳 없었는데　思家無處問何如
기쁘게도 행차가 앞 객관에 왔다 하니　喜聞行色臨前館
고향 소식 가지고 외로운 날 위로하겠지　想帶鄕音慰索居
촘촘하게 꿰맨 옷은 자모의 솜씨일 테요[56]　密密縫衣慈母手
자상하게 술 경계함은 벗의 편지 내용이리라　諄諄戒酒故人書
새벽녘 품속에 명함을 이미 마련했으니　凌晨已辦懷中刺
수레 멈추자마자 가장 먼저 찾아가리라　投訪應先稅駕初

54 영위사(迎慰使) : 신흠(申欽, 1566~1628)으로, 1606년(선조39)에 중국의 한림학사(翰林學士) 주지번(朱之蕃)이 원손(元孫)의 탄생을 알리는 조서를 가지고 조선에 왔을 때, 예문관 제학으로 영위사가 되어 의주(義州)까지 나와 그들을 영접하였다.

55 양책(良策) : 평안북도 용천(龍川)에 있는 지명이다. 우리나라에서 중국으로 갈 때 거쳐 가는 곳으로, 양책관(良策館)이 있었다.

56 촘촘하게……테요 : 당(唐)나라 시인 맹교(孟郊)의 〈유자음(遊子吟)〉에 "자애로운 어머니 손에 쥔 실은, 길 떠나는 아들의 옷을 짓는 것이라오. 떠나기에 앞서 꼼꼼히 꿰매신 것은, 행여 더디 돌아올까 염려해서이네.〔慈母手中線, 遊子身上衣. 臨行密密縫, 意恐遲遲歸.〕"라고 한 데서 온 말이다. 《全唐詩 卷25》

양 천사 유년 의 선면 시[57]에 차운하다

次梁天使 有年 扇面詩韻

바람 이슬 쌀쌀하고 달빛이 물에 일렁이는데	風露凄凄月斂波
난어[58]가 바삐 깊은 밤에 지나가네	悤悤鸞馭夜深過
정기 찬란하니 붉은 횃불 반짝이고	旌旗絢爛明紅炬
금고 울리니 푸른 언덕 진동하네[59]	金鼓鏗輷殷翠阿
기쁜 안색은 봉황 부절[60] 임하는 모습 함께 보고	喜色共瞻臨鳳節
기쁜 소리는 꾀꼬리 오르내리는 모습과 어우러지네	歡聲相雜擲鶯梭
희미한 채색 무리가 맑은 새벽을 여니	曈曨綵暈開淸曉
십리 큰 거리까지 옥가[61] 소리 울리네	十里通衢響玉珂

57 양 천사(梁天使)의 선면(扇面) 시 : 양유년(梁有年)이 부채에 쓴 시로, 《황화집(皇華集)》 권39에 〈벽제에서 밤에 출발하며 조 도감에게 올려 한 번 웃게 하다(碧蹄夜發似趙都監一粲)〉라는 제목으로 실려 있다. 양유년은 1606년(선조39)에 명나라 신종(神宗)의 원손(元孫) 탄생을 알리는 조서를 가지고 정사(正使) 주지번(朱之蕃)과 함께 부사(副使)로 조선에 왔다.

58 난어(鸞馭) : 난새에 멍에를 멘 수레란 뜻으로 선인(仙人)의 수레를 말하는데, 여기서는 중국 사신의 행차를 말한다.

59 정기(旌旗)……진동하네 : 중국 사신의 행차가 성대함을 군영(軍營)에 비유한 표현이다. 정기는 군사를 지휘할 때 쓰는 깃발이고, 금고(金鼓)는 군중(軍中)에서 호령하는 데 사용하던 징과 북을 말한다.

60 봉황 부절 : 사신의 행차로, 중국 사신 일행을 가리킨다.

61 옥가(玉珂) : 귀인(貴人)이 타는 말에 옥(玉)을 장식하여 행차할 때면 쟁글쟁글 소리가 나는 굴레의 장식을 가리킨다.

차오산 천로 의 마상 시[62]에 차운하다 기유년(1609, 광해군1)에 서쪽으로 가며 기록하다.[63]

次車五山 天輅 馬上韻 己酉年西征錄

역관에서 예전 왔던 수레가 다시 쉬니 郵亭重憩昔年軺
부로들 와서 옛 막료를 다투어 보누나 父老爭看舊幕寮
전후로 과분한 은혜 입어 종사관 됨은 前後謬恩霑下价
누차 조정에서 특별한 성은 입은 거라오 便蕃殊錫渙中朝
연도의 경관은 모두 변함없으나 沿途物色渾無恙
도성 떠나는 마음은 즐겁지 않구나 去國襟懷自不聊
화산[64]이 뜻이 있어 나를 보내는 듯한데 有意華山如送我
석양에 고개 돌리니 애간장이 배나 녹네 夕陽回首倍魂銷

62 차오산(車五山)의 마상(馬上) 시 : 차오산은 차천로(車天輅, 1556~1615)로, 오산은 그의 호이다. 마상시는 《오산집(五山集)》 권3에 실린 〈기유년 2월 2일에 원접사 유서경 상공을 따라 조정에 하직 인사를 하고 저물녘에 서성을 나와 마상에서 입으로 시를 지어 상공에게 올리고 아울러 제공에게 보이다〔己酉二月初二日 從遠接使柳西坰相公辭朝晚出西城 馬上口占 奉呈使相案下 兼視諸公〕〉라는 제목의 시이다.

63 기유년에……기록하다 : 1609년(광해군1) 1월에 칙사 웅화(熊化)가 조선에 왔을 때 원접사(遠接使) 유근(柳根)의 종사관이 되어 김상헌(金尚憲)과 함께 의주(義州)로 간 일을 가리킨다. 조희일은 1606년(선조39)에도 유근의 종사관으로 의주에 간 일이 있다.

64 화산(華山) : 서울의 진산(鎭山)인 삼각산(三角山)을 말한다.

김숙도의 영서 시[65]에 차운하다

次金叔度迎曙韻

봄추위 매서워 술이 깨지 않는데	春寒料峭酒未醒
해 이은 타향의 벼슬살이에 마음 편치 않네	羈宦連年恨不平
등 어두운 작은 창엔 말 여물 씹는 소리 들리고	燈暗小窓聞馬齕
꿈 깬 외로운 베개엔 닭 우는 소리 잦아라	夢回孤枕數鷄聲
내 벗에 의지해 사귀는 도리 논할 뿐	秖憑吾友論交道
누구에게 세상 인정을 말하려 하겠는가	欲向何人說世情
이 몸 함께 나라에 바치기로 이미 마음먹었으니	已判此身同許國
그대와 종시토록 촌심이 빛나리라[66]	與君終始寸心明

65 김숙도(金叔度)의 영서 시(迎曙詩) : 숙도는 김상헌의 자이다. 이 시는 《청음집(淸陰集)》 권5에 〈영서역에서 새벽녘에 생각하다〔迎曙驛曉思〕〉라는 제목으로 실려 있다. 영서역은 경기도 양주목(楊州牧)에 있던 역이다.

66 촌심(寸心)이 빛나리라 : 임금에 대한 충심(忠心)을 말한다. 두보(杜甫)의 〈유 사마가 이르다〔柳司馬至〕〉에 "서리 내릴 제 궁궐에 이르니, 임금 연모하는 촌심이 밝아라.〔霜天到宮闕, 戀主寸心明.〕"라고 하였다. 《杜詩詳註 卷21》

만월대[67]에서. 오산의 시[68]에 차운하다

滿月臺 次五山韻

천년이 지나 산과 골짜기 변하니	陵夷谷變閱千年
유유한 흥망성쇠를 흐르는 물에서 느낀다오	興廢悠悠感逝川
누대 위 낡은 종엔 찬 해가 비추고	樓上古鍾寒日照
동산의 높은 나무엔 엉킨 구름이 둘렀네	苑中喬木亂雲纏
유허는 얼마나 시인에게 조문하게 하였나	遺墟幾遣詩人弔
지나간 일은 야로 통해서만 전해지누나	往事唯憑野老傳
선죽교 가 서쪽으로 가는 길	善竹橋邊西去路
지금도 고개 돌릴 때마다 눈물이 나네	至今回首每潸然

67 만월대(滿月臺) : 개성의 송악산(松嶽山)에 있는 고려 시대의 궁궐인데, 1361년(공민왕10) 홍건적의 침입으로 소실되어 폐허가 되었다.

68 오산(五山)의 시 : 《오산집(五山集)》 권3에 〈만월대에서 시를 지어 사상에게 바치고 아울러 제현들에게 보이다[滿月臺 奉上使相 兼示諸賢]〉라는 제목으로 실려 있다.

평산[69]의 객관에서. 차오산의 시[70]에 차운하다
平山客館 次車五山韻

십 년 동안 일 년의 한가함도 누리기 어려운데	十年難卜一年閒
또 양관[71]을 나가 중국과 가까워졌구나	又出陽關近漢關
신선 수레 오지 않았는데도 자기가 있으니[72]	仙馭未來猶紫氣
고향은 어드메뇨 이곳이 청산이구나	故園何處是青山
문장은 하필 우환을 겪어야만 이루리오	文章豈必媒憂患
안온함은 험난함 속에 있음을 알겠네	安穩從知在險艱
총수[73]의 바람 안개가 눈에 선연히 들어오니	蔥秀風煙森入眼
잠시나마 여유롭게 시름겨운 얼굴을 폈네	暫時贏得解愁顏

69 평산(平山) : 황해도 남동쪽에 위치한 지명으로, 평주(平州)의 다른 이름이다.

70 차오산(車五山)의 시 : 《오산집(五山集)》 권3에 〈평산에서 우연히 시를 지어 사상에게 바치고 아울러 제공에게 보이다〔平山偶吟 奉上使相 兼示諸公〕〉라는 제목으로 실려 있다.

71 양관(陽關) : 중국 감숙성(甘肅省) 돈황현(敦煌縣) 서남쪽에 있는 관문 이름이다. 여기서는 변경 지방을 뜻한다. 왕유(王維)의 〈안서로 사신가는 원이를 전송하다〔送元二使安西〕〉에 "그대에게 다시 한 잔 술을 권하나니, 서쪽으로 양관을 나가면 친구가 없으리니.〔勸君更盡一杯酒, 西出陽關無故人.〕"라고 하였다. 《全唐詩 卷128》

72 신선……있으니 : 중국 사신을 노자(老子)에 비유한 표현이다. 노자가 서쪽으로 길을 떠났을 때에 함곡관(函谷關)의 관령(關令) 윤희(尹喜)가 누대에 올라 사방을 바라보다가, 보라색 기운〔紫氣〕이 관문 위로 떠오는 것을 살펴보고는, 진인(眞人)이 올 것이라고 예측을 하였는데, 얼마 뒤에 과연 노자가 푸른 소〔青牛〕를 타고 왔다는 고사가 전한다. 《列仙傳 上》

73 총수(蔥秀) : 황해도 평산(平山) 북쪽의 총수산을 가리킨다.

황주[74]의 여관에서. 차오산의 시[75]에 차운하다

黃州旅舍 次車五山韻

봄 벌레 막 깨어나고 무지개 보지 못했는데[76]	春蟄初驚未見虹
객중에 사일[77] 만나 남쪽 노인과의 약속 저버렸네	客中逢社負南翁
희미한 등에 꿈 깨니 추위에 불꽃 없고	殘燈夢罷寒無焰
낡은 집에 창 기우니 틈으로 바람 새네	古屋窓欹隙有風
기러기 떼 돌아갈 제 사람은 북쪽 바라보고	雁陣歸時人望北
달이 낮게 뜬 곳에 물은 동쪽으로 흐르누나	月輪低處水流東
황니와 적벽은 어디에 있는가	黃泥赤壁知何在
낚시터에서 장공에게 묻고 싶구나[78]	欲向磯頭問長公

74 황주(黃州) : 지금의 황해도 대동강 하류에 있는 황주군을 말한다.

75 차오산(車五山)의 시 : 《오산집(五山集)》 권3에 〈봉산의 여관에서 사상에게 바치고 제공에게 보이다〔鳳山旅舍 奉上使相 示諸公〕〉라는 제목으로 실려 있다.

76 봄……못했는데 : 24절기 중에 경칩(驚蟄)이 지나고 청명(淸明)이 아직 오지 않은 입춘(立春)의 시기를 말한다. 경칩은 24절기 중 세 번째 절기로, 겨울잠을 자던 벌레가 깨어 꿈틀거리기 시작한다는 시기이다. 청명은 다섯 번째 절기인데, 청명 15일 동안을 5일씩 3후(候)로 나누어 초후(初候)에는 오동나무의 꽃이 피기 시작하고, 중후(中候)에는 들쥐 대신 종달새가 나타나며, 말후(末候)에는 무지개가 처음으로 보인다고 한다.

77 사일(社日) : 입춘(立春) 이후 다섯 번째 무일(戊日)인 춘사일(春社日)을 가리킨다.

78 황니(黃泥)와……싶구나 : 황니와 적벽(赤壁)은 모두 중국 황주(黃州)에 있는 지명이고, 장공(長公)은 송(宋)나라 문학가 소식(蘇軾)을 가리킨다. 소식이 황주(黃州)에 유배 가서 임술년(1082)에 적벽에서 두 차례 뱃놀이를 하고 나서 그 감회를 전후(前後)의 〈적벽부〉로 쓴 일이 있었다. 저자가 묵고 있는 곳이 황해도 황주이고 소식이 유배 간 곳이 중국의 황주이므로 소식의 고사를 끌어와 황주의 명승지를 물은 것이다.

양자점 경우 의 시[79]에 차운하다

次梁子漸 慶遇 韻

높은 난간 아득하여 세속 먼지 없으니 危欄迢遞絶浮埃
십 리의 호수와 산이 한눈에 들어오네 十里湖山一望開
젊을 적에 등림하여 승경을 거두어 담고 少日登臨收勝槩
봄밤 풍악 소리에 층층 누대에서 취했었지 春宵歌管醉層臺
화려한 모습 다 흩어져 아무도 없지만 繁華散盡人誰在
멋진 풍경은 그대로라 나그네 또 왔네 風景依然客又來
서글퍼라 남은 생이 늙은이 되었으니 惆悵餘生成老大
장막의 주리가 재주 없어 부끄럽네[80] 幕中珠履愧非才

황강(黃岡)[81]에 산정(山亭)이 있어 젊었을 때 벗들과 유람하였는데 다시 오니 느낌이 일었다.

79 양자점(梁子漸)의 시 : 양자점은 양경우(梁慶遇, 1568~1629)로, 자점은 그의 자이다. 이 시는 《제호집(霽湖集)》 권8에 〈황주의 객관에서〔黃州客館〕〉라는 제목으로 실려 있다.

80 장막의……부끄럽네 : 장막의 주리(珠履)는 종사관으로 뽑혀 온 자신을 가리킨다. 주리는 구슬로 꾸민 호사스러운 신발이다. 전국시대 초(楚)나라 춘신군(春申君)의 식객(食客) 3000명이 모두 극진한 대우를 받아 주리를 신었다 한다. 《史記 春申君列傳》

81 황강(黃岡) : 황해도 황주(黃州)의 별칭이다.

기성에서. 양자점의 시에 차운하다

箕城 次梁子漸韻

층루[82]가 예전에 큰 강가를 누르고 있었는데　　層樓曾壓大江隈
병화로 당시에 모두 잿더미가 되었네　　兵火當年一一灰
기린마 탄 천손[83]은 이미 아득하고　　麟馬天孫已冥寞
용궁의 수불[84] 또한 티끌이 되었네　　龍宮繡佛亦塵埃
달빛 어린 찬 물가에는 금물결 출렁이고　　月籠寒渚金波蕩
봄기운 동한 외딴 성에는 설수가 흘러오네　　春動孤城雪水來
한번 백운교[85] 위에서 바라보게나　　試向白雲橋上望

82 층루(層樓) : 부벽루(浮碧樓)를 말하는 듯하다. 부벽루는 금수산 모란봉의 동쪽, 대동강 가에 깎아지른 듯 솟구친 청류벽 위에 서 있는 누정이다.

83 기린마(麒麟馬) 탄 천손(天孫) : 천손은 고구려 동명왕(東明王)을 가리킨다. 전설에 의하면, 동명왕이 대동강(大同江) 부벽루(浮碧樓) 아래의 기린굴(麒麟窟)에서 기린마를 길러 이것을 타고 조천석(朝天石)으로 나가 하늘에 올라 조회했다고 한다. 이색이 지은 〈부벽루(浮碧樓)〉에 "기린마는 떠나서 돌아오지 않으니 천손이 어디에서 노니는고.〔麟馬去不返, 天孫何處遊?〕"라고 하였다. 《新增東國輿地勝覽 卷51 平壤府》

84 용궁(龍宮)의 수불(繡佛) : 용궁은 사찰의 이칭으로, 용왕이 영축산(靈鷲山)에서 와서 불타의 설법을 듣고 불타를 용궁으로 초청하여 공양을 올리니, 불타가 보살과 비구들을 거느리고 가서 공양을 들고 설법하였다는 고사에서 온 말이다. 《海龍王經 請佛品說》여기서는 부벽루(浮碧樓)의 서쪽 기린굴(麒麟窟)의 위쪽에 자리 잡고 있는 영명사(永明寺)를 말하는 듯하다. 수불(繡佛)은 수놓은 부처 화상을 말하는 것으로, 두보(杜甫)의 〈음중팔선가(飮中八仙歌)〉에 "소진은 수불 앞에서 길이 재계를 하다가도, 취하면 가끔 좌선하다 도망쳐 나오기를 좋아했네.〔蘇晉長齋繡佛前, 醉中往往愛逃禪.〕"라고 한 데서 온 말이다. 《杜少陵詩集 卷2》

옛 도읍의 풍경에 쉬이 슬픔 일리라　　　　古都風物易生哀

85 백운교(白雲橋) : 평양의 영명사(永明寺) 구제궁(九梯宮) 터 안에 있었던 동명왕(東明王) 때의 돌계단이다. 《新增東國輿地勝覽 卷51 平壤府》 부벽루와 대동강 연안 사이에 설치된 것으로 추정된다.

먼저 중화[86]에 도착하다. 숙도가 준 시에 차운하다 이때 숙도가 황강에서 며칠을 머무르고 있었다.

先到中和 次叔度所贈韻 時叔度住黃岡數日

중춘의 관서는 기후가 가을 같아	春半關西候似秋
하늘 바람이 가장 높은 누대를 불어 올리네	天風吹上最高樓
하늘에 밝은 달 떠 있는 삼경의 밤에	九霄明月三更夜
두 곳에서의 이별 회포에 시름 같으리	兩地離懷一種愁
나의 생애 오히려 허무함이 우습고	笑我生涯猶濩落
그대 흉금 절로 청수함이 부럽구나	憐君襟韻自淸脩
서로 만나서 그립던 곳 각자 말하면	相逢各說相思處
패수[87]의 동쪽이요 금수[88]의 머리리라	浿水之東錦水頭

86 중화(中和) : 평안도 중화군(中和郡)으로, 남쪽으로는 황해도 황주(黃州) 경계까지 12리, 북쪽으로는 평양부(平壤府) 경계까지 6리 떨어져 있다. 《新增東國輿地勝覽 卷52 平安道 中和郡》

87 패수(浿水) : 평양(平壤)의 대동강(大同江)을 말한다.

88 금수(錦水) : 공주(公州)의 금강(錦江)을 말한다.

숙천 도중에. 차오산의 시에 차운하다

肅川途中 次車五山韻

변방에 동풍 부는 이월의 하늘	關塞東風二月天
객중의 세월은 달리는 내 같구나	客中流景似奔川
귀심은 매번 서호 가를 생각하고	歸心每憶西湖畔
두 눈은 항상 북두 가에 걸려 있네[89]	望眼長懸北斗邊
산 덮은 바다 기운은 짙어 비가 되고	山冪海氛濃作雨
들 품은 봄기운은 따뜻하여 안개와 섞였네	野含春氣暖和煙
산림에서 은거하려는 뜻 이루지 못하고	林園未遂幽棲志
나라 위해 이 몸 채찍질한 지 또 일년이네	驅策形骸又一年

별업(別業)이 서호(西湖) 아래 있기 때문에 말한 것이다.

89 두……있네 : 임금에 대한 충성을 의미한다. 북두는 제왕(帝王)을 비유하는 말로, 《진서(晉書)》 〈천문지(天文志)〉에 "북두는 인군의 상이요, 호령의 주체자이다.〔斗爲人君之象, 號令之主也.〕"라고 하였다.

사상이 다시 첩운한 백상루 시에 차운하다

次使相再疊百祥樓韻

고향 돌아갈 생각하니 참으로 아득한데	故園歸思正茫茫
남은 등불 다 돋았는데도 밤이 다하지 않았네	挑盡殘燈夜未央
병든 눈이라 글자 보기 껄끄러워 싫고	病眼却嫌看字澁
시린 창자라 술잔을 오래 들 수 없네	愁腸無賴引杯長
천 겹의 비단 벽은 구름에 잠겨 있고	千重錦壁沈雲氣
백 길의 바람 못엔 달빛이 일렁이네	百丈風潭動月光
집에 돌아가면 봄이 이미 저물었을 터	料得還家春已晚
호숫가 한 뙈기 전답도 황폐하리라	湖田一頃也應荒

김숙도의 한식도중 시[90]에 차운하다

次金叔度寒食途中韻

저물녘 역참에서 말안장을 푸니	晩向郵亭卸馬鞍
불 금하는 가절이라 온 집이 차구나	禁煙佳節萬家寒
길에서 보내는 세월은 사람을 저버리기 쉽고	征途歲月欺人易
타향의 강산은 흥을 붙이기 어려워라	異地江山着興難
고향 생각나는 꽃 보지 못한 건 다행이니	幸未賞花鄕思惱
여정의 회포 풀어줄 외상 술 없겠는가	可無賖酒旅懷寬
고향은 이곳에서 천 리가 넘으니	松楸此去逾千里
하늘 밖 돌아가는 구름을 눈물 닦고 보노라	天外歸雲拭涙看

90 김숙도(金叔度)의 한식도중(寒食途中) 시 : 김상헌(金尙憲)의 《청음집(淸陰集)》 권5에 〈한식날 도중에 감회가 일다〔寒食途中感懷〕〉라는 제목으로 실려 있다.

다시 차운하다
再次

역참의 새벽 나팔이 가는 말 재촉하니	郵亭曉角促征鞍
바람과 해가 맑고 고와 잠시 추위 거두네	風日淸姸乍斂寒
매년 나그네살이 괴로움을 감당 못하지만	頻歲不堪爲客苦
부생은 집에 있기 어려운 신세임을 참으로 깨닫네	浮生眞覺在家難
모기가 무거운 구산을 지고 있듯 늘 부끄럽고[91]	每慙蚊負丘山重
반딧불이가 넓은 관사에 용납되듯 되려 위로되네[92]	還慰螢容廨宇寬
쓸쓸하여라 답청일에 봄이 또 저물어가니	寥落踏靑春又晚
변방 문에서 근심 띤 채로 방초를 보네	塞門芳草帶愁看

91 모기가……부끄럽고 : 자신은 능력이 모자란데 중임(重任)을 맡고 있어 부끄럽다는 말이다. 《장자(莊子)》 〈응제왕(應帝王)〉에 "그렇게 천하를 다스리는 것은 마치 바다를 건너고 강을 파며 모기로 하여금 산을 짊어지게 하는 것과 같다.〔其於治天下也, 猶涉海鑿河, 而使蚊負山也.〕"라고 한 데서 온 말이다.

92 반딧불이가……위로되네 : 못난 자신을 관사에 받아 주어 위로가 된다는 말이다. 두보(杜甫)가 장안(長安)을 떠나 봉선현(奉先縣)의 역소(役所)에 우거(寓居)할 때 지은 〈교릉시 삼십운(橋陵詩三十韻)〉에 "주인이 노마 같은 나를 동정하여, 관사에 반딧불이 잡아 글 읽는 나를 받아 주었네.〔主人念老馬, 廨宇容秋螢.〕"라고 하였다. 《杜少陵詩集 卷3》

오산의 고성 시[93]에 차운하다

次五山古城韻

높고 낮은 산길이 옛터를 둘러싸니	山路高低遶舊基
돌 무너진 낡은 성첩엔 풀이 평지에 돋았네	石頹殘堞草平池
천추의 장엄한 기운은 천둥이 노한 듯하고	千秋壯氣風霆怒
쌍절[94]의 아름다운 이름은 죽백에 드리워졌네	雙節芳名竹帛垂
예로부터 큰 사업은 성취하기 어려운 법	終古難成大事業
황천이 호남아를 헛되이 태어나게 하였구나	皇天虛出好男兒
충신은 나라 위해 목숨을 버리니	忠臣爲國捐軀命
후인이 알든 모르든 어찌 따질 것 있으랴	豈計後人知不知

오산의 원운에 '매몰되어 알려지지 않았네.〔埋沒不見知〕'[95]라는 말이 있기 때문에 이렇게 말한 것이다.

93 오산(五山)의 고성(古城) 시 : 《오산집(五山集)》 권3에 〈철주의 옛 성에서〔鐵州古堞〕〉라는 제목으로 실려 있다.

94 쌍절(雙節) : 절의를 지킨 두 사람으로, 곧 몽고군의 침략에 저항하다 비장하게 자결한 수령 이원정(李元禎)과 판관 이희적(李希勣)을 가리킨다. 《新增東國輿地勝覽 卷53 平安道 鐵山郡》

95 매몰되어 알려지지 않았네 : 〈철주의 옛 성에서〔鐵州古堞〕〉 8구에 보이는 구절인데, 조희일이 인용한 것과는 조금 다르다. 참고로 7, 8구에는 "구천의 수많은 영웅의 백골들, 얼마나 매몰되어 알려지지 않았던가.〔九原多少英雄骨, 幾箇沈埋不見知.〕"라고 되어 있다. 《五山集 卷3》

봄눈. 사상의 시에 차운하다 용만에 도착하였다.

春雪 次使相韻 到龍灣

아득한 강가 성의 봄눈이	江城春雪杳茫茫
나무와 숲을 뚫고 들어와 그 기세 더욱 세차네	入樹穿林勢轉狂
드넓은 요동 벌판에 학이 춤추듯 어지럽게 엉키고	鶴舞亂交遼野闊
넓은 변방에 물고기 비늘처럼 이리저리 흩날리네	魚麗橫布塞天長
추위가 온기 밀어내니 다시 화로를 에워싸고	寒排暖氣鑪還擁
눈꽃이 시인의 눈 어지럽히니 홀로 붓을 들었네	花眩吟眸筆獨將
상서가 삼백 뒤에 누차 이르리니[96]	嘉瑞屢臻三白後
사객의 찬송하는 시문 없을쏘냐	可無詞客頌詩章

96 상서가……이르리니 : 삼백(三白)은 납일(臘日) 이전에 세 차례 눈이 내리면 풍년이 든다는 납전삼백(臘前三白)과 같은 말이다. 즉 그해 농사의 풍작이 기대된다는 말이다. 《農政全書》

다시 차운하다

再次

성 위의 짙은 구름 아득한 곳에 닿으니	城上雲陰接杳茫
새벽에 날리는 눈이 질풍에 거세구나	曉來飛雪滾風狂
풀빛을 침범하니 봄기운 아직 얕고	侵凌草色春猶淺
꽃빛은 잠깐이라 그 형세 오래 못 가네	頃刻花光勢不長
창에 뿌리는 찬 소리만 공연히 들릴 뿐	灑戶寒聲空聽得
울 넘어 정든 짝은 함께 오지 못하였네	隔籬情伴未携將
경요[97]가 다하려 할 제 달이 막 뜨니	瓊瑤欲盡生新月
밤 되어 되려 요조장[98]을 읊조리네	入夜還吟窈窕章

97 경요(瓊瑤) : 아름다운 옥으로, 눈을 뜻한다. 백거이(白居易)의 〈서루에서 눈이 온 것을 기뻐하여 잔치 자리를 명하다〔西樓喜雪命宴〕〉에 "사방 들판에는 흰 명주를 펼쳐 놓은 듯, 일만 집들은 경요로 꾸며 놓은 듯하네.〔四郊鋪縞素, 萬室甃瓊瑤.〕"라고 하였다. 《全唐詩 卷447》

98 요조장(窈窕章) : 《시경》〈월출(月出)〉에 "달이 떠서 환한데, 예쁜 사람 곱기도 하구나. 어이하면 맺힌 시름 펼까. 애타는 마음 수심에 차노라.〔月出皎兮, 佼人僚兮, 舒窈糾兮, 勞心悄兮.〕"라고 한 구절을 가리킨다. '요규(窈糾)'는 '요조(窈窕)'와 뜻이 같다. 소식(蘇軾)의 〈전적벽부(前赤壁賦)〉에 "〈명월〉 시를 외워, 요조 장을 노래한다.〔誦明月之詩, 歌窈窕之章.〕"라고 하였다. 《古文眞寶後集 卷8》

사상의 시[99]에 차운하여 양자점에게 주다

次使相韻 贈梁子漸

동국의 남쪽 호남과 영남 사이에	東國之南湖嶺間
그대의 거처가 가장 별천지라네	君居最是別人寰
멋진 풍광은 대방군[100]에서 홀로 차지하고	名區獨擅帶方郡
여러 산은 지리산에서 멀리 나뉘었네	衆岳遙分智異山
귤리와 어촌은 삼삼히 눈에 들어오고	橘里漁村森在眼
임승과 야로는 늘 웃는 얼굴을 하네	林僧野老慣開顔
그대 따라 그윽한 거처 얻을 수 있다면	從君倘得幽棲地
가을바람 좇아 짝이 되어 돌아가리라	會趁秋風作伴還

99 사상(使相)의 시 : 《서경집(西坰集)》 권2에 〈기유년 여름 용만에 있을 때 제호에게 부쳐 제하다〔己酉夏 在龍灣 寄題霽湖〕〉라는 제목으로 실려 있다. 제호(霽湖)는 양경우(梁慶遇)의 호이다.

100 대방군(帶方郡) : 전라북도 남원(南原)을 가리킨다.

오산의 시에 차운하다
次五山韻

천애의 먼 행역을 수고롭다 말하지 말게 天涯遠役莫言勞
도도한 흥취에 필력 호방해 자주 놀랐다네 陶興頻驚筆勢豪
아득한 동해에는 삼도[101]가 가까이 있고 東海杳茫三島近
멀고 먼 대궐에는 오운이 높이 떴구나 北辰迢遞五雲高
숲의 모습은 조금씩 아름다운 풀 돋으려 하지만 林容稍欲舒芳草
산의 뜻은 여전히 작은 복사꽃 피우는 걸 아끼네 山意猶慳放小桃
적막할사 장한 마음으로 옛 변방에 임하여 寂寞壯心臨古塞
취중에 안령도[102]를 부질없이 어루만지네 醉中虛撫雁翎刀

101 삼도(三島) : 동해(東海)에 있다고 하는 삼신산(三神山)으로, 봉래산(蓬萊山), 방장산(方丈山), 영주산(瀛洲山)을 말한다.

102 안령도(鴈翎刀) : 단도(短刀)의 이름이다. 원(元)나라 장헌(張憲)의 〈아유(我有)〉에 "나에게 안령도가 있으니, 차가운 검광이 빙설을 비추네.〔我有鴈翎刀, 寒光耀冰雪.〕"라고 하였다. 《元詩選 卷54》

밤에 앉아 회포를 써서 장막 안의 벗들에게 보이다
夜坐書懷 示幕中諸益

고깃배 불이 강을 수놓아 강물이 밝으니	漁火點江江水明
강가 성의 구름이 밤인데 되려 걷혔네	江城雲物夜還晴
솔 끝 상쾌한 바람은 멀리 처마까지 이어지고	松顚爽籟連簷逈
버들 밖 따뜻한 바람은 가볍게 난간을 스치네	柳外和風拂檻輕
일신의 일 하염없어 오랜 계획 어긋났지만	身事悠悠乖宿計
고향 편지 다정하여 나그네 심사 묻는구나	鄕書款款問羈情
떠나 올 때 손수 심은 앵두나무에	來時手種櫻桃樹
지금쯤 꽃 피었으련만 돌아가지 못하네	花發如今未返行

현옹에게 주다[103]

贈玄翁

서쪽 정자에 달빛이 십분 밝으니	西亭月色十分明
봄날 흐렸다가 밤 되어 갠 모습을 아주 사랑하네	正愛春陰入夜晴
국사 돌보면서 천 리가 멀다 감히 말하랴	王事敢言千里遠
임금 은혜에 일신이 가벼움을 문득 깨닫누나	君恩更覺一身輕
강산은 날 기다린 듯 온통 그대로이고	江山如待渾無恙
부평초처럼 다시 만난 인생[104] 저마다 정 있다오	萍水重逢各有情
한탄스럽네 세상 인연 참으로 계속 이어져	堪歎世緣眞衮衮
지난해 이 길 다시 올 줄 뉘라 생각했으랴	去年誰料復玆行

103 현옹(玄翁)에게 주다 : 현옹은 상촌(象村) 신흠(申欽)의 호이다. 이 시의 운자로 쓴 작품은 《상촌고(象村稿)》 권15에 실린 〈용만의 관소에 당도하여 조 종사 죽음공이 나에게 도중에 지은 작품을 보여 달라고 요구하기에 내가 백상루에서 '명(明)'자를 운자로 지은 근체시를 말해 주었다. 이로 인해 제공이 차운하였으므로 지루함을 모르고 수답하다〔到灣館 趙從事竹陰公索余途間述作 余以百祥樓明字近體言之 因被諸公次韻 酬答不覺支離〕〉라는 제목의 시로, 23수가 있다.

104 부평초처럼……인생 : 객지에서 뜻밖에 서로 만나는 것을 비유한다. 왕발(王勃)의 〈등왕각서(滕王閣序)〉에 "물 위의 부평초처럼 서로 만나니, 모두 타향의 나그네로다.〔萍水相逢, 盡是他鄕之客.〕"라고 한 데서 온 말이다. 《古文眞寶後集 卷2》

두 번째로 차운하다
二次

아득한 강 하늘에는 날아가는 새가 또렷하고	漠漠江天去鳥明
가는 구름은 해 가려 막 갠 날씨를 희롱하네	纖雲翳日弄新晴
연화가 눈에 가득해 향수를 걷잡을 수 없고	煙花滿眼鄉愁亂
천석에 마음이 가서 벼슬 생각 가벼워라	泉石關心宦念輕
술잔 잡고 봄 완상함은 지난해의 일이요	把酒賞春前歲事
문을 닫고 시구 찾음은 지금의 심정이라	閉門搜句此時情
안배를 남화 노인에게 잘 배웠으니[105]	安排慣學南華老
이역 어느 곳인들 가지 못하랴	何處殊方不可行

105 안배(安排)를……배웠으니 : 안배는 자연의 질서에 순응한다는 뜻이다. 《장자(莊子)》 〈대종사(大宗師)〉에 "자연의 질서에 순응해 변화해 가면서 이에 적요한 데 들어가 하늘과 하나가 된다.〔安排而去化, 乃入於寥天一.〕"라고 하였다. 남화 노인은 남화진인(南華眞人)으로, 장자(莊子)를 가리킨다.

세 번째로 차운하다

三次

강 빛이 안개와 섞여 잔잔하여 밝으니	江色和煙澹澹明
아침저녁으로 변하는 날씨를 앉아서 보네	坐看朝暮變陰晴
바람 맞은 관아 버들은 실마다 흩날리고	受風官柳絲絲颺
강물 스쳐 나는 모래밭 갈매기는 하나하나 가볍네	拂水沙鷗片片輕
손수 사른 맑은 향불에 세상 근심 사라지고	手炷淸香消世慮
눈에 담은 황권[106]에 그윽한 정을 붙이네	眼留黃卷着幽情
타향살이에도 한가한 가운데 정취 있으니	僑居亦有閑中趣
이내 몸 멀리 떠나온 것도 다 잊었어라	忘却吾身作遠行

106 황권(黃卷) : 서책을 가리킨다. 좀이 슬지 않도록 황벽(黃蘗)나무의 즙을 짜 서책에 발랐던 데에서 유래하였다.

네 번째로 차운하다

四次

낙조에 물든 외딴 마을에 빗줄기 선명하고	殘照孤村雨脚明
저녁 구름 트인 곳은 반쪽이 쾌청하네	暮雲開處半邊晴
변방 성에 종 울리니 댕댕 하늘을 뚫고	塞城鍾動舂舂徹
들 나루에 배 도니 하나하나 가볍네	野渡舟回箇箇輕
뜬세상의 일을 다시 논할 뜻 없고	無意更論浮世事
고향의 그리움을 길게 말할 시 있네	有詩長說故園情
그대는 시편 자주 짓는 것 싫어 말게	煩君莫厭篇章數
천애에서 함께한 이 행역 기억하고 싶으니	要紀天涯共此行

다섯 번째로 차운하다

五次

남은 밤 구름 속 달이 희미했다 밝아졌다하니	殘宵雲月遞微明
새벽빛이 말끔하게 개리란 걸 응당 알겠네	曉色應知爛熳晴
구불구불 향 연기는 따뜻하게 장막을 데우고	裊篆香煙熏帳暖
금속[107] 같은 등화는 가볍게 책에 떨어지네	綴燈金粟墮書輕
처음 마음은 훈업을 세울 수 있다고 생각했으나	初心錯擬規勳業
괜한 흥에 마음속 생각을 쏟을 뿐이네	漫興唯堪寫性情
장추[108] 앞에서 고개 들어 먼 길을 바라보니	矯首長楸瞻遠道
준마가 늙어도 갈 수 있다는 걸 누가 알랴	孰知騏驥老能行

107 금속(金粟) : 등화(燈花)의 모습이 황금 색깔의 곡식 낟알과 같음을 시적으로 표현한 것이다. 한유(韓愈)의 〈영등화(詠燈花)〉에 "황색의 중간엔 금속을 늘어놓은 듯, 비녀 머리엔 옥충을 장식한 듯하네.〔黃裏排金粟, 釵頭綴玉蟲.〕"라고 하였다. 《東雅堂昌黎集註 卷10》

108 장추(長楸) : 큰 가래나무로, 고대에 늘 길가에 심었다. 《초사(楚辭)》 권4 〈애영〉에 "장추를 바라보며 크게 탄식함이여, 마치 비가 쏟아지듯 눈물이 흘러내리도다.〔望長楸而太息兮, 涕淫淫其若霰.〕"라고 하였는데, 주희(朱熹)의 집주(集注)에 "장추는 이른바 고국의 교목이니, 사람으로 하여금 이를 돌아보고서 차마 떠나지 못한 채 서성이게 하는 것을 뜻한다.〔長楸所謂故國之喬木, 使人顧望徘徊不忍去也.〕"라고 하였다.

여섯 번째로 차운하다
六次

아침빛이 환히 문에 들어와 꿈에서 깨니 夢罷朝光入戶明
지붕까지 닿은 도서에 무지갯빛 쏟아지네 圖書連屋射虹晴
낡은 검 손으로 만지니 가을 연꽃 거칠고[109] 手磨古劍秋蓮澁
새 두건 머리에 쓰니 여름 갈포 가볍네 頭試新巾夏葛輕
그윽한 정취를 다른 이들에게 알게 하랴 幽趣肯教餘子識
현담 통해 애오라지 달인의 마음 본다오 玄談聊見達人情
어느 때나 황화사를 모시고서 何時得御皇華使
앞뒤로 나란히 함께 돌아갈까 先後歸驂次第行

109 낡은……거칠고 : 가을 연꽃은 검을 휘두를 때 일어나는 빛을 표현한 말이다. 이백(李白)의 〈호무인행(胡無人行)〉에 "유성과 같은 백우전(白羽箭)은 허리춤에 꽂고, 가을 연꽃 같은 검화는 칼집에서 나온다.〔流星白羽腰間插, 劍花秋蓮光出匣.〕"라는 구절을 차용하였다. 《李太白集 卷2》

일곱 번째로 차운하다
七次

반 난간에 석양빛이 발을 뚫고 환히 비추니	半軒斜照透簾明
누가 비둘기를 보내 갠 날을 불렀는가[110]	誰遣鳴鳩爲喚晴
늘어진 꽃은 오히려 향기로운 이슬에 젖어 무겁고	花亞尙霑香露重
나는 나비는 부지런히 따스한 바람 쫓아 가볍네	蝶飛勤逐暖風輕
나그네로 떠도니 부생의 이치 잘 알겠고	羈遊慣識浮生理
조용히 앉으니 만물의 정을 깊이 알겠네	靜坐深知萬物情
높은 누각에서 저녁 풍경을 보기에 가장 좋아	高閣最宜乘夕望
나막신 신고 진탕 밟고 가는 것도 사양하지 않네	不辭整屐踏泥行

110 누가……불렀는가 : 비가 개면 비둘기가 기뻐한다는 말이 있기 때문에 이렇게 말한 것이다. 남송(南宋) 심여구(沈與求)의 〈청명일 저물녘에 날이 개다〔淸明日晩晴〕〉에 "우는 비둘기 절로 있어 갠 날씨 불러올 줄 안다.〔自有鳴鳩解喚晴.〕"라고 하였다. 《宋詩鈔 卷40》

사상에게 지어 드리다. 여덟 번째로 차운하다

錄呈使相 八次

규벽[111] 휘황하여 눈을 어지럽힐 만큼 밝으니　珪璧輝煌奪眼明
그 기운 어스름 밀어내고 아침 갠 날씨에 터졌네　氣排陰曀放朝晴
한 글자 읊은 것이 놀랄 정도로 훌륭하니　吟來一字驚偏重
천금으로 사더라도 그에 비하면 천금도 가벼우리　買却千金較亦輕
글 형편없는데 절묘한 시구에 화답할 수 있을까　詞劣可能酬妙語
흥취 도도하여 애오라지 다시 속마음을 쏟을 뿐　興顚聊復寫中情
반평생 지기가 없다고 말하지 마소서　休言半世無知己
주리가 막부를 다시 따라서 왔으니[112]　珠履重隨幕府行

111 규벽(珪璧) : 신에게 제사 지낼 때 쓰거나 사신이 신물(信物)로 지니던 옥이다.

112 주리(珠履)가……왔으니 : 조희일이 1606년(선조39)과 1609년(광해군1)에 사상 유근(柳根)의 종사관이 되어 수행한 일을 가리킨다. 주리는 조희일 자신을 가리키고, 막부는 원접사(遠接使) 유근을 가리킨다.

조사가 관문을 지나갔다는 말을 듣고 아주 기뻐 병중에 있는 청음에게 부치다. 아홉 번째로 차운하다

聞詔使過關喜甚 寄淸陰病中 九次

승명전[113]에 조서가 내려왔다고 들은 지 오래인데 久聞芝綍下承明
관문 밖에 상서로운 빛이 쾌청함을 이제 보노라 關外今看瑞色晴
왕인은 사명(使命) 중한 것만 알 뿐이니 但識王人將命重
선가[114]가 바람 타고 가볍게 가든 말든 莫論仙駕馭風輕
애도와 영광[115] 두루 거행함은 중국의 전례요 哀榮備擧中朝典
슬픔과 경사 깊이 교차함은 속국[116]의 마음이라 悲慶交深屬國情
어찌 격문을 기다려야 병이 낫겠는가 何待檄文方愈疾
그대 몸 건강해져 곧 다닐 수 있으리라 想君身健便能行

113 승명전(承明殿) : 한(漢)나라 때 궁전의 이름으로 미앙궁(未央宮) 안에 있었는데, 후대에는 일반적으로 궁전이나 조정을 가리키는 명칭으로 사용하였다.

114 선가(仙駕) : 신선이 타는 수레로, 중국 사신의 행차를 말한다.

115 애도와 영광 : 생전과 사후에 모두 영화롭게 해 주었다는 말로, 《논어》 〈자장(子張)〉에 자공(子貢)이 공자를 두고 "그분이 살아 계시면 사람들이 영광으로 여기고, 그분이 돌아가시면 사람들이 슬퍼할 것이다.〔其生也榮, 其死也哀.〕"라고 한 데서 유래하였다.

116 속국(屬國) : 여기서는 조선(朝鮮)을 가리킨다.

고죽신황도[117]에 쓰다

題枯竹新篁圖

맑고 야윈 대 한 쌍 모두 뿌리와 줄기 있는데	淸癯雙節竝根株
무성하고 시든 것이 어찌 지척 간에 다른가	榮瘁如何咫尺殊
우로는 유독 살려는 뜻을 왕성하게 하는데	雨露偏敎生意旺
풍상은 어찌 애쓰는 마음을 변하게 하나	風霜那使苦心渝
외로운 장대 곧으니 찬 가지 벗겨지고	孤竿挺挺寒梢禿
무성한 잎 아름다우니 비단 죽순 펴지네	密葉姸姸錦籜敷
누가 봄빛을 가지고 두루 나누어 주었나	誰把春光遍分與
푸른빛 어우러져 구름 위로 솟음을 실컷 보노라	剩看交翠上雲衢

117 고죽신황도(枯竹新篁圖) : 마른 대와 새 죽순이 함께 어우러져 있는 그림이다.

바람맞은 대나무
風竹

맑은 의표 상쾌한 소리는 본래 서로 도와주니　清標爽韻本相資
영뢰[118]가 교차하여 울리면 문득 아주 아름답네　靈籟交吟便絕奇
가을 되려 할 때라 서늘함이 쉬이 동하고　候欲秋時涼易動
비 오려는 곳이라 기운이 먼저 아누나　天將雨處氣先知
구슬픈 쟁 연주하니 낭랑히 울리는 소리요　哀箏擊戛鏘鏘響
호방한 춤 너울너울 추니 간드러지는 자태라　豪舞翩翻褭褭姿
조용히 갠 창을 대하매 정신과 뼛속이 깨니　靜對晴窓魂骨醒
잠 귀신 놀라 달아나 소름이 돋는구나　睡魔驚走粟生肌

118 영뢰(靈籟) : 영묘한 소리로, 곧 바람 소리를 가리킨다. 두보(杜甫)의 〈유용문봉선사(遊龍門奉先寺)〉에 "그늘진 골짝에선 영묘한 소리 울리고, 달빛 아래 숲엔 맑은 그림자 흩어지네.〔陰壑生靈籟, 月林散清影.〕"라고 하였다. 《杜少陵詩集 卷1》

현옹의 시[119]에 차운하다

次玄翁韻

비황이 나는 듯 달려가니[120] 구름 밟은 자취라 飛黃騰踏藹雲蹤
범마가 어찌 준마의 행보와 같을 수 있으랴 凡馬何能步驟同
명성 떨친 순씨학 아니어서 부끄럽지만 妙譽愧非荀氏鶴
동시대 살아서 육가룡 알아 기쁘구나[121] 竝時忻識陸家龍
동사[122]로 이날 시 자리에 참석하였으나 東槎此日叨詩席
서포[123]는 봄이 지나 낚시통을 저버렸네 西浦經春負釣筒

119 현옹(玄翁)의 시 : 《상촌고(象村稿)》 권15에 실린 〈김 조 두 종사관에게 주다〔贈金趙兩從事〕〉라는 제목의 둘째 수를 가리킨다.

120 비황(飛黃)이……달려가니 : 비황은 천년을 산다는 전설상의 신마(神馬) 이름으로, 흔히 관직(官職)의 빠른 승천(升遷)에 비유하기도 한다. 한유(韓愈)의 〈부독서성남(符讀書城南)〉에 "비황이 나는 듯이 달려가니, 두꺼비 같은 말은 돌아보지도 않는다네.〔飛黃騰踏去, 不能顧蟾蜍.〕"라고 하였다. 《古文眞寶前集 卷1》

121 명성……기쁘구나 : 순씨학(荀氏鶴)은 순명학(荀鳴鶴)으로 순은(荀隱)을 가리키고, 육가룡(陸家龍)은 육사룡(陸士龍)으로 육운(陸雲)을 가리킨다. 모두 진(晋) 나라 재사(才士)이다. 이 둘은 서로 알지 못하는 사이였는데, 어느 날 장화(張華)가 있는 곳에서 함께 모이자, 장화가 두 사람 모두 큰 재주가 있는 사람들이라 여기고는 평범한 말은 하지 못하게 하니, 육사룡이 손을 들면서 "구름 사이의 육사룡입니다."라고 하자, 순명학이 답하기를 "해 아래의 순명학입니다."라고 하였다. 《世說新語 排調》

122 동사(東槎) : 원래는 배를 타고 동쪽으로 간다는 뜻으로 일본으로 사신 가는 일을 말하는데, 여기서는 의주(義州)로 중국의 조사(詔使)를 접반(接伴)하러 가는 우리나라 사신 일행을 뜻한다.

123 서포(西浦) : 서호(西湖)의 물가로, 조희일의 별업(別業)이 있는 곳이다. 《竹陰集 卷6 肅川途中次車五山韻》

잎이 진 뒤에도 그윽한 약속 함께 보전한다면	共保幽期搖落後
세한에도 솔잎이 무성하여 우북하리라[124]	歲寒松鬣鬱峯鬆

124 잎이……우북하리라 : 의지를 굳게 가져 어려움에도 변하지 않는다는 뜻이다. 《논어》 〈자한(子罕)〉에 "날씨가 추워진 뒤에야 소나무와 잣나무가 늦게 시듦을 안다.〔歲寒然後, 知松柏之後彫也.〕"라고 하였다.

두 번째
其二

봉래는 오색구름 끝에 멀리 떨어져 있고	蓬萊遙隔五雲端
변방 길은 멀고 멀어 험한 고비 겪었네	關路漫漫歷險艱
꽃 피는 시기 될 때마다 나그네살이 근심스러워	每到花時愁作客
부질없이 숲 아래에서 벼슬 그만둔다고 말하네	謾從林下說休官
어룡 노니는 대택은 층층의 성 밑에 있고	魚龍大澤層城底
가랑비 내리는 황촌은 돌무더기 사이에 있네	煙雨荒村亂磧間
밤 되어 높은 누각에서 북두를 바라보니	入夜危樓瞻北斗
피리 소리가 넓은 바다 하늘에 처량하구나	角聲凄斷海天寬

차운하여[125] 관서 방백 이양구[126] 시발 영공 대부인의 수연(壽宴)에 주다

次韻 贈關西方伯李養久 時發 令公大夫人壽席

이 사람의 재주는 그 어미가 인자해서이니	是子才由是母仁
젊은 나이에 자주 깃발 잡는 신하 되었네[127]	黑頭頻作秉旄臣
북로에 이어 서로에 모시고 갔으니[128]	扶將北路仍西路
천 사람 만 사람에게 영화가 빛났네	榮耀千人與萬人
늘그막에야 허리에 드리운 인끈을 기뻐 보았지만	垂紫喜看臨老日
알음[129] 때여서 되려 색동옷 입고 춤추지 못하였네	舞斑還負遏音辰

125 차운하여 : 이 운자를 사용하여 지은 시가 《상촌고(象村稿)》 권15에 〈평안방백 이공 대부인의 경수첩 시에 차운하다〔次平安方伯李公大夫人慶壽帖〕〉라는 제목으로 실려 있는 것으로 보아, 경수첩의 시에 차운한 듯하다.

126 이양구(李養久) : 이시발(李時發, 1569~1626)로, 양구는 그의 자이다. 본관은 경주(慶州), 호는 벽오(碧梧) 또는 후영어은(後潁漁隱), 시호는 충익(忠翼)이다. 1589년(선조22) 증광 문과에 병과로 급제하여 임진왜란 때 도체찰사(都體察使) 유성룡(柳成龍)의 종사관으로 활약하였다. 이후 경상도 관찰사, 형조 참판, 함경도 관찰사를 거쳐 1608년 6월 1일 평안도 관찰사에 제수되었다. 이 시는 이 기간에 저작되었다. 저서에 《주변록(籌邊錄)》, 《벽오유고》 등이 있다.

127 젊은……되었네 : 깃발을 잡는다는 말은 병권을 장악한다는 뜻으로, 관찰사가 된 것을 말한다. 이시발은 1602년(선조35)에 경상도 관찰사, 1605년에 함경도 관찰사, 1608년에 평안도 관찰사에 제수되었다.

128 북로(北路)에……갔으니 : 함경도 관찰사가 되어 부모를 모시고 갔다가 이제 평안도 관찰사가 되어 부모를 모시고 갔다는 말이다. 북로는 함경도를, 서로(西路)는 평안도를 말한다.

존전에 다시 영춘의 수명을 바치니	尊前更獻靈椿壽
금년을 첫 번째 봄이라고 새로 세리라[130]	新數今年第一春

129 알음(遏音) : 임금이 승하하여 온 세상에 음악 소리가 끊어졌다는 뜻이다. 《서경》 〈순전(舜典)〉에 "요 임금이 돌아가시니 백성들은 부모를 잃은 것처럼 슬퍼하였고, 삼 년 동안 온 세상에 음악소리가 끊어져 고요하였다.〔帝乃殂落百姓如喪考妣, 三載四海遏密八音.〕"라고 하였다. 여기서는 선조(宣祖)의 승하를 뜻한다.

130 존전(尊前)에……세리라 : 오래 살기를 기원하는 말이다. 영춘(靈椿)은 신령스러운 대춘(大椿) 나무라는 뜻으로, 장수를 상징한다. 《장자》 〈소요유(逍遙遊)〉에 "태고에 대춘이 있었는데, 이 나무는 봄이 8천 년이요 가을이 8천 년이다."라고 하였다.

일찍 양책관[131]을 나서다

早發良策館

밤새 한줄기 비가 무더위를 씻으니	連宵一雨洗炎蒸
천리 돌아가는 여정 새벽녘에 올랐네	千里歸程拂曉登
먼 이내 맑게 개니 산 모습 다 드러나고	遠靄際晴山盡出
높은 노을 짙게 물드니 달이 막 떠오르네	高霞閃映月初升
달리는 준마는 가벼운 진흙을 뿌리고	騶騰逸足輕泥濺
적삼에 스민 서늘한 기운은 잠시 졸음 불러오네	衫逗微涼小睡凝
들밥 내오자 전준이 기뻐하는 모습[132]을 보니	饁畝正看田畯喜
샘물 콸콸 흘러 도랑과 밭두둑에 가득하구나	泉流㶁㶁滿溝塍

131 양책관(良策館) : 평안도 용천(龍川)에 있던 객사이다.

132 들밥……모습 : 농사철 농가의 풍경을 묘사한 말이다. 《시경》 〈칠월(七月)〉에 "우리 처자식과 함께, 저 남쪽 이랑으로 들밥 내오면, 전준이 와서 기뻐한다네.〔同我婦子, 饁彼南畝, 田畯至喜.〕"라고 한 구절을 변용한 것이다. 전준은 권농관(勸農官)을 말한다.

차련관[133]에서

車輦館

겹겹의 청산이 역관을 에워싸는데	重疊靑山繞驛亭
나그네 서로 마주하며 바람 드는 창에 기대네	客來相對倚風櫺
부생의 먼 행역을 어느 때나 마칠까	浮生遠役幾時了
이곳을 육년 동안 세 번이나 지났네	此地六年三度經
숲 밖 꾀꼬리 노래는 아름답게 지저귀고	林外鶯歌工睍睆
베개 가의 솔 바람은 고요하여 청랭하네	枕邊松籟肅淸泠
신선이 사는 굴을 엿본 사람이 없으니	無人覰得神仙窟
누가 운근에서 복령을 캤겠는가[134]	誰向雲根採茯苓

133 차련관(車輦館) : 평안도 철산(鐵山)에 소속된 역관으로, 많은 사신들이 이곳을 거쳐 가며 시문을 지었다. 또 이 관 앞의 반송(盤松)이 유명하였다.

134 신선이……캤겠는가 : 아무도 신선이 먹는 약초를 캔 사람이 없다는 말이다. 운근(雲根)은 산 위의 바위에 구름이 부딪혀서 일어난다고 하여 구름의 뿌리라고 불린다. 두보(杜甫)의 시에 "충주 고을은 삼협 안에 있는지라, 마을 인가가 운근 아래 모여 있네.〔忠州三峽內, 井邑聚雲根.〕"라고 하였다.《杜少陵詩集 卷14 題忠州龍興寺所居院壁》 복령(茯苓)은 소나무 뿌리에 기생하는 균류(菌類)로, 옛날 사람들은 신선들이 이 약초를 먹고 산다고 여겼다. 차련관 앞의 반송(盤松)이 유명하므로 복령을 말한 것이다.

백사[135] 윤훤 의 시에 차운하다

次白沙韻 尹暄

객탑은 잠자리가 편하도록 하지 말라	客榻休教枕簟安
정담은 흥미진진한데 밤이 이슥해지려 하네	情談亹亹夜將闌
등화에 눈 어지러워 글자 이루기 어렵고	燈花眩眼艱成字
술맛이 흥을 돋우어 의관 정제하지 못하네	酒味撩人不整冠
화각 소리 잦아들 제 뜰에 비 그치고	畫角吹殘庭雨歇
은하수 그림자 돌 제 바다 하늘이 넓네	明河影轉海天寬
그대 아니면 어떻게 호방한 시흥 얻으리오	非君那得豪詩興
풍상이 붓끝 휘감음을 문득 깨닫누나	斗覺風霜繞筆端

135 백사(白沙) : 윤훤(尹暄, 1573~1627)의 호이다. 본관은 해평(海平), 자는 차야(次野)이다. 영의정 윤두수(尹斗壽)의 4남이다. 1597년(선조30) 문과에 급제하여 정주 목사, 평안도 관찰사 등을 역임하였다. 저서에 《백사집》이 있다.

납청정[136]에서
納清亭

푸른 솔에 기댄 화려한 처마 문득 보고서	忽見華簷倚碧松
안장 풀고 올라 보니 답답했던 가슴 트이네	卸鞍登眺豁煩胸
시냇가의 수면은 바람 머금어 물결 일고	沿溪水面含風皺
언덕 곁의 산 모습은 비에 젖어 짙어라	傍岸山容着雨濃
시내 버들잎 무성하니 아름다운 새 노래하고	溪柳葉深歌好鳥
해당화 시드니 노니는 벌 시끄럽네	野棠花老鬧游蜂
조정의 시인이 지나갔던 곳이라	紫微詞客經過處
물색이 나에게 아무것도 제공해주지 않네[137]	物色全無與我供

사인(舍人) 김숙도(金叔度)가 하루 전날 이곳을 지나갔다.

136 납청정(納清亭) : 평안도 정주군(定州郡) 마산면(馬山面) 북쪽에 소재한 정자로, 중국 사신 당고(唐皐)가 이름을 지었다고 한다.

137 물색(物色)이……않네 : 전날 김상헌(金尙憲)이 이곳의 경물을 대상으로 읊었기 때문에, 자신은 읊을 거리가 없다는 말이다.

김숙도가 준 시[138]에 차운하다

次金叔度見贈韻

일 년에 태반이 서쪽 고을의 나그네였다가	一年强半西州客
천 리 길 돌아와 오래된 벗을 보았네	千里歸來見故人
곧은 도 지닌 천하의 선비를 누가 용납할까	直道誰容天下士
높은 재주에도 막중의 빈객[139]으로 오래 묻혔네	高才久屈幕中賓
따로 나는 제비 기러기 나란히 가기 어렵지만	分飛燕雁難相竝
자유로운 솔과 대는 부질없이 이웃이 되었네	自在松筠謾作隣
이불 가지고서 함께 자는 것 사양 말게	携被莫辭聯枕寐
몇 번이나 변방에서 자주 꿈꾸었던가	幾回關塞夢魂頻

138 김숙도가 준 시 : 김상헌(金尙憲)의 《청음집(淸陰集)》 권5에 〈경성에서 전문(箋文)을 받들고 서울로 들어와 이숙에게 주다〔自鏡城奉箋入京 贈怡叔〕〉라는 제목으로 실려 있다.

139 막중(幕中)의 빈객(賓客) : 막부(幕府)의 참모를 가리키는 말로, 김상헌(金尙憲)이 1609년(광해군1)에 칙사(勅使) 웅화(熊化)의 원접사 종사관이 된 것을 가리킨다.

목은의 시[140]에 차운하다

次牧隱韻

우수수 내리는 비가 저녁 서늘함을 보내니	一雨蕭蕭送晩涼
나그네 회포 쓸쓸하여 서당 문을 닫았네	客懷寥落掩書堂
찬바람 헤치던 기러기 떼는 얼마 뒤 사라지고	雁排寒陣移時沒
첫서리 이겨낸 국화는 흡족하게 향기롭네	菊傲新霜滿意香
세상일 사람과 관계되어 마음 어지럽더니	世事關人心錯莫
호산이 눈에 들어와 흥취가 한량없구나	湖山入眼興蒼茫
표표히 사명 받들고 떠나는 강남길	飄然行李江南路
멀리 오성의 법성창[141]을 향하누나	遙向筽城法聖倉

140 목은(牧隱)의 시 : 목은은 이색(李穡)의 호이다. 이 시는 《목은시고(牧隱詩藁)》 권22에 〈새벽에 일어나다〔晨興〕〉라는 제목으로 실려 있다.

141 오성(筽城)의 법성창(法聖倉) : 오성(筽城)은 전라도 영광(靈光)의 고호(古號)이고, 법성창은 1512년(중종7)에 세곡(稅穀)의 수송 및 보관을 위해 수로 강변에 만들어 놓은 창고로, 전라도 영광 주변 12개 지역의 전세(田稅)와 대동미를 거두어 서울로 운송하는 데 이용되었다. 조희일은 1606년(선조39)부터 1608년까지 충청도와 전라도의 조운(漕運) 업무를 맡아보던 해운 판관(海運判官)을 지냈는데, 이 시는 이때 지은 듯하다.

무장현[142]에서. 심덕현[143]이 자신[144]에게 준 시에 차운하다

자신이 이때 순영에 갔으므로 만나지 못하였다.

茂長縣 次沈德顯贈子愼韻 子愼時往巡營故不遇

천애의 세월 속에 계절이 바뀌니	天涯甲子換炎涼
무한한 강산을 눈에 담기 바쁘네	無限江山着眼忙
작은 누대에 홀로 올라 지는 해를 보니	獨上小樓看落日
찬 대가 된서리 맞는 것 더욱 가엾구나	更憐寒籜抱嚴霜
진운[145]은 아득하여 공연히 꿈속에서 날고	秦雲杳杳空飛夢
초국[146]은 멀고 멀어 참으로 애간장 끊어지네	楚國迢迢正斷腸
기러기와 제비가 어긋나듯 기다려주지 않으니[147]	鴻燕差池不相待

142 무장현(茂長縣) : 현재 전라북도 고창군(高敞郡)에 속한 지명이다.

143 심덕현(沈德顯) : 심광세(沈光世, 1577~1624)로, 덕현은 그의 자이다. 본관은 청송(青松), 호는 휴옹(休翁)이다. 저서에 《휴옹집(休翁集)》이 있다.

144 자신(子愼) : 임서(林惰, 1570~1624)의 자이다. 본관은 나주(羅州), 호는 석촌(石村), 나주 출생이다. 1599년(선조32) 정시 문과에 병과로 급제한 뒤, 1601년 승정원 주서에 제수되었다가 전라도 안핵사, 무장 현감(茂長縣監), 황해도 관찰사 등을 역임하였다. 저서에 《석촌유고》 1권이 있다. 임서는 1604년(선조37)부터 1609년(광해군1)까지 무장 현감을 지냈는데, 이 시는 이 기간에 지은 듯하다.

145 진운(秦雲) : 진(秦)나라 서울 장안(長安)의 하늘에 뜬 구름으로, 곧 우리나라 도성을 가리킨다.

146 초국(楚國) : 춘추 전국시대 초(楚)나라가 남쪽 지역에 있었기 때문에 남쪽 지방을 가리키는 말로 흔히 쓰인다. 여기서는 무장현(茂長縣)을 가리킨다.

147 기러기와……않으니 : 기러기는 가을에 추위를 피해 우리나라에 왔다가 봄에 더위를 피해 북쪽으로 돌아가며, 제비는 추운 겨울을 따뜻한 곳에서 보내기 위해 늦가을에

한가한 시름 적막하여 맑은 술잔 대하였네　　　　閑愁寂寞對清觴

남쪽으로 떠났다가 봄이 되어 우리나라로 돌아오기 때문에 이렇게 말한 것이다.

또 짓다
又

무단히도 나그네 회포가 배나 처량하니	無端羈思倍凄涼
한가한 마음으로 왔다가 곧 바쁘다는 걸 알았네	纔到閑來便覺忙
남은 밤 먼 소리 바다에 썰물이 지고	殘夜遠聲潮落海
석양에 찬 그림자 서리에 기러기가 가로지르네	夕陽寒影雁橫霜
세상 구제할 큰 뜻으로도 장구한 계책 못 세웠지만	匡時壯志抛長策
군주 사모하는 간절한 정성은 촌심에 빛난다오	戀主危忱耿寸腸
굽은 난간에 기대서니 아무도 보이지 않는데	徙倚曲闌人不見
가련토다 상락주[148]가 괜히 잔에 가득하구나	可憐桑落謾盈觴

148 상락주(桑落酒) : 술 이름으로, 특히 중양절(重陽節)에 이 술을 마신다고 한다. 하동(河東)의 상락(桑落) 고을에 우물이 있는데 뽕잎이 지는 시기에 그 물을 길어다 술을 빚으면 그 술맛이 매우 좋다고 한다. 《霏雪錄》

이덕여[149]의 축하연에 나아가 재차 차운하다

赴李德餘慶席再疊

월장과 성구[150]가 한바탕 시끄럽고	月杖星毬鬧一場
사화와 현부[151]가 뒤섞여 줄을 이루었네	使華賢府錯成行
기생의 노랫소리 늘어진 이유 알고 싶다면	欲知艶妓歌聲緩
긴 소매로 춤추고 있는 선랑[152]을 보게나	看取仙郎舞袖長
모친의 존전에는 기쁜 기운이 넘치고	萱室尊前漫喜氣
계화 꽂은 머리에는 은광이 빛나누나	桂花頭上爛恩光
명경의 후손인 한산 이씨	名卿之後韓山李
가업이 이제 다시 번창하리라	舊業如今屬再昌

149 이덕여(李德餘) : 이경탁(李慶倬, 1572~?)으로, 덕여는 그의 자이다. 본관은 한산(韓山), 호는 반금(伴琴)이다. 1606년(선조 39) 문과에 급제하였다.

150 월장(月杖)과 성구(星毬) : 월장은 격구(擊毬)할 때의 공의 채를 말하고, 성구는 수를 놓은 공 모양의 등(燈)을 말한다. 모두 부유한 사람들만이 지니는 것으로, 여기서는 부유한 사람을 가리킨다. 정약용(丁若鏞)의 《다산 시문집(茶山詩文集)》에 "부잣집 아이가 평생 한 글자도 읽지 않고 오로지 교만한 자세로 유협(游俠)만을 일삼아, 월장과 성구에 금안장과 옥굴레로 삼삼오오 짝을 지어 주야로 큰 거리를 활보하면서 휘젓고 다니는데, 이를 구경하는 자들이 담처럼 늘어서 있으니, 딱하도다."라고 한 천책선사(天頙禪師)의 말이 보인다. 《茶山詩文集 卷17 爲草衣僧意洵贈言》

151 사화(使華)와 현부(賢府) : 사화는 사신을 가리키고, 현부는 수령을 가리키는 말로, 여기서는 존귀한 사람을 가리킨다.

152 선랑(仙郎) : 축하연에서 신선처럼 춤을 추고 있는 이덕여(李德餘)를 가리킨다.

심자건[153]의 시에 차운하여 강가 정자 주인에게 주다
次沈子虔韻 贈江亭主人

세속 자취 한가한 곳에 감추고 물새와 뒤섞여	閑斂塵蹤混鷺鷗
맑은 흥취로 즐겁게 창주를 차지하였네[154]	好將淸興占滄洲
도화 춘수[155]에 신선 집 감추어져 있고	桃花春水仙莊祕
귤리 어촌에 작은 집이 고즈넉하네	橘里漁村小築幽
명승지 거닐며 승경 거두어 담으려다	擬躡名區收勝槩
되려 형체에 얽매여 좋은 유람 저버렸네	却因形役負奇遊
석양이 나루터 비춰 발걸음 재촉하니	斜陽渡口催行色
끝없이 펼쳐진 안개 낀 물결에 일엽편주라	無限煙波一葉舟

153 심자건(沈子虔) : 심각(沈恪, 1571～?)으로, 자건은 그의 자이다. 본관은 청송(靑松)이고 1606년(선조39) 진사시에 합격하였다. 조희일의 인숙(姻叔)이다.

154 창주(滄州)를 차지하였네 : 창주는 물가를 뜻하는 말로, 은자의 거처를 가리킨다. 두보(杜甫)의 〈서각 이수(西閣二首)〉에 "게으른 마음이 강물 같아, 밤낮으로 창주로 향해 가네.〔懶心似江水, 日夜向滄洲.〕"라고 하였다. 《杜詩詳註 卷17》

155 도화(桃花) 춘수(春水) : 복사꽃이 떠 있는 봄물이라는 뜻으로, 무릉도원(武陵桃源)의 고사를 차용하여 선경(仙境)을 나타낸 것이다. 진(晉)나라 때 무릉(武陵)의 어부가 복사꽃이 흘러 내려오는 물길을 따라 거슬러 올라갔다가 진(秦)나라의 난리를 피해 들어온 사람들을 만났는데, 그곳이 워낙 선경(仙境)이라서 바깥세상의 변천과 세월의 흐름도 잊고 살았다고 한다.

장성에서. 홍군옥[156] 천경 의 시에 차운하다
長城 次洪群玉 千璟 韻

북두성과 남두성[157]이 서로 바라보다가	北斗相望南斗星
서로 만나서 말없이 은 술병 기울이네	逢場不語瀉銀瓶
궁벽한 산에 눈 몰아칠 제 찬 소나무 지조요	窮山虐雪寒松操
시든 풀에 가을바람 불 제 늙은 준마 모습이라	病草秋風老驥形
객수가 남몰래 이어지니 거문고 가락 오열하고	客恨暗連琴韻咽
춘정이 유독 괴로우니 등잔 불꽃 떨어지네	春情偏惱燭花零
유유한 세상사야 어찌 말할 것 있으랴	悠悠世事何堪說
그저 술 취해 노래하고 깨지 않았으면	但願酣歌不願醒

156 홍군옥(洪群玉) : 홍천경(洪千璟, 1553~1632)으로, 군옥은 그의 자이다. 본관은 풍산(豊山), 호는 반항당(盤恒堂)이다. 1609년(광해군1) 증광 문과(增廣文科)에 장원으로 급제하였고, 전적, 나주 교수(羅州敎授), 남원 교수(南原敎授) 등을 역임하였다. 월정서원(月井書院)에 제향되었다.

157 북두성(北斗星)과 남두성(南斗星) : 북두성은 북두칠성(北斗七星)을 말하고, 남두는 이십팔수(二十八宿)의 하나인 두수(斗宿)로, 남쪽 하늘에 여섯 개의 별로 구성되어 있다. 여기서는 북방과 남방 지역의 사람을 말한다.

관란정에서 차운하여 주인 유 동지 영공에게 주다[158]

觀瀾亭 次贈主人柳同知令公

산세는 휘어 돌고 물은 멀리 퍼져 있는데	山勢縈紆水勢遙
정자 높아서 뜨거운 햇살 들어오지 않네	亭高不受亢陽驕
숲에 어두움 생길 제 중은 동부[159]로 돌아가고	僧歸洞府林生暝
물가에 썰물 질 제 백로는 어량에 모이네	鷺集漁梁渚落潮
원통한 칼은 오래 묻혔으나 빛은 두성을 쏘고[160]	冤劍久埋光射斗
꿋꿋한 날개는 비록 꺾였으나 뜻은 하늘을 뚫네	健翎雖鎩志沖霄
풍악소리 귓전에 울리고 술통에 술 가득하니	笙歌咽耳尊罍滿
산수에서 한가히 지냄은 성조의 은혜라오	丘壑棲遲荷聖朝

158 관란정(觀瀾亭)에서……주다 : 이 시의 원운은 최현(崔晛, 1563~1640)의 《인재집(訒齋集)》권1에 실린 〈관란정에 오르다〔登觀瀾亭〕〉라는 제목의 시이다. 관란정은 고려 의종(毅宗)이 지은 정자로, 개성부(開城府) 태평정(太平亭) 남쪽에 있다. 그리고 이 시에 차운한 시가 권필(權韠)의 《석주집(石洲集)》 권4에 〈관란정에서 조이숙 희일의 시에 차운하여 유 첨지 춘발을 위해 제하다〔觀瀾亭 次趙怡叔希逸韻爲柳僉知春發題〕〉라는 제목으로 실려 있는 것으로 보아, 유 동지(柳同知)는 유춘발(柳春發, 1536~1609)을 가리키는 것으로 보인다.

159 동부(洞府) : 도교(道敎)의 용어로, 신선이 산다는 선경(仙境)을 가리킨다. 여기서는 절을 말한다.

160 원통한……쏘고 : 뛰어난 재능을 가지고도 오래도록 세상에 알려지지 못했다는 말이다. 오(吳)나라 때 북두성과 견우성 사이에 늘 자기(紫氣)가 감돌기에 장화(張華)가 예장(豫章)의 점성가(占星家) 뇌환(雷煥)에게 물었더니 보검의 빛이라 하였다. 이에 풍성(豐城) 감옥 터의 땅 속에서 보검인 용천검(龍泉劍)과 태아검(太阿劍) 두 보검을 발굴했다 한다. 《晉書 張華傳》

금강에서 운을 불러 심덕현 이자릉[161] 경엄 에게 지어 드리다
金江押呼 錄奉沈德顯李子陵 景嚴

빈 시내에 어지러이 바람 불어 작은 물결 일렁이고	空溪亂颭生微波
시내 위 긴 다리에 사람들 이따금씩 지나가네	溪上長橋人稍過
가는 풀 위에 자리 까니 저녁 이슬 촉촉하고	細草承茵夕露重
높다란 나무 달 가리니 맑은 그늘이 짙구나	高樹翳月淸陰多
만사는 취함만 못하다는 걸 이미 알았으니	已知萬事不如醉
우선 한 잔 술 다 마시고 다른 것 묻지 마오	且盡一杯休問他
내일 아침 큰 강을 사이에 두고 헤어지면	明朝分手大江隔
가서 따르고 싶지만 어찌할 수 없다오	欲往從之無奈何

161 이자릉(李子陵) : 이경엄(李景嚴, 1579~1652)으로, 자릉은 그의 자이다. 본관은 연안(延安), 호는 현기(玄磯)이다. 연릉부원군(延陵府院君) 이호민(李好閔)의 아들이다. 배천 군수(白川郡守), 사옹원 정(司饔院正) 등을 역임하였고, 기로소(耆老所)에 들어갔다.

이자선[162]이 세 차례 편지를 보내 철쭉을 감상하러 오라고 초청하였는데 이르렀더니 꽃이 이미 시들어 있었다

李子善三枉書邀賞躑躅 比至花已衰矣

나지막이 읊조리며 옛 성 가를 천천히 지나니	沈吟緩過古城頭
비 젖은 교외 들판에 보리가 익어가네	雨宿郊原麥送秋
게으름 심해 멋진 흥취 적음을 괴로이 탄식하고	懶劇苦歎佳興少
편지 자주 받아 후한 정의 지극함에 깊이 부끄럽네	書頻深愧厚情稠
봄빛은 쉬이 지나가는데 누가 기다려줄거나	春光容易誰相待
꽃구경 때 놓쳐 남아있지 않은 게 한스럽네	花事蹉跎悵莫留
참으로 고마워라 세찬 바람이 다 불지 않아	多謝狂風吹不盡
남은 꽃 한 점이 청안에 가까이 있는 것이	殘紅一點近青眸

162 이자선(李子善) : 이영원(李榮元, 1565~1623)으로, 자선은 그의 자이다. 본관은 함평(咸平), 호는 용계(龍溪)이다. 사계(沙溪) 김장생(金長生)의 문인이다.

장계부원군[163] 황정욱 에 대한 만시

挽長溪府院君 黃廷彧

유유한 세도 누가 그 물결을 돌릴까 悠悠世道孰回瀾
천지가 똑같이 봄이어도 서곡[164]은 차다네 天地同春黍谷寒
부질없이 문장 지어 당대를 놀라게 하였고 謾有文章驚一代
예전에는 봉작이 높은 반열에 올랐다 했지 舊聞封爵陟巍班
위험한 길에서 스스로 명절을 온전히 지켰지만 危途自是全名節
밝은 태양이 속마음을 비출 길이 없었다오[165] 白日無由照肺肝

163 장계부원군(長溪府院君) : 황정욱(黃廷彧, 1532~1607)으로, 자는 경문(景文), 호는 지천(芝川), 시호는 문정(文貞)이다. 1584년(선조17)에 주청사(奏請使)로 명나라에 가서 오랫동안 문젯거리였던 종계변무(宗系辨誣)의 일을 해결하고 돌아왔고, 1590년에 종계변무의 공을 인정받아 광국공신(光國功臣) 1등으로 장계부원군에 봉해졌다. 저서에 《지천집(芝川集)》이 있다.

164 서곡(黍谷) : 중국 하북(河北) 밀운현(密雲縣)에 있는 지명으로, 본래 이름은 한곡(寒谷)이었다. 너무 추워서 오곡이 자라지 않았는데, 제(齊)나라 음양가(陰陽家) 추연(鄒衍)이 율관(律管)을 부니 따뜻한 기운이 퍼져 기장을 심을 수 있게 되어 서곡이란 이름이 생겼다고 한다. 《列子 湯問》

165 위험한……없었다오 : 위험한 상황 속에서 절의를 지켰으나 그 충정이 임금에게 전달되지 못하였다는 말이다. 1592년(선조25)에 임진왜란이 일어나자 황정욱(黃廷彧)은 호소사(號召使)가 되어 왕자 순화군(順和君)을 배종(陪從)하여 관동으로 피신하였다가 지역 토착민인 국경인(鞠景仁)에게 사로잡혀 일본군에 보내졌다. 그러자 왜장 가토 기요마사(加藤淸正)가 선조에게 항복 권유문을 쓰도록 하였는데, 그가 편지를 쓰지 않자 왜적은 그의 손자와 왕자를 죽이겠다고 위협하여 아들 황혁(黃赫)이 대신 항복 권유문을 썼다. 그 후 항복 권유문이 겁박에 의해 쓴 것임을 밝히는 글을 썼으나 선조에게 전달되지 못하였다. 황정욱은 비록 왕의 특명으로 석방이 되었으나 끝내 복권되지 못하였다.

영욕이 담긴 예전의 일 논하지 마오　　榮辱莫論疇昔事
청산 어디인들 그대 관을 받아들여주지 않겠는가　　青山何處不容棺

이자선을 방문했다가 밤 중에 돌아가다

訪李子善 冒夜而歸

머무르는 동안 황혼이 깃든 줄 몰랐는데	留連不覺已黃昏
이별할 제 뜰에서 다시 술을 명하였네	臨別庭中更命尊
말 멈춤은 대숲 언덕 보기 위해서이고	駐馬爲緣看竹塢
산을 나서서 여전히 솔문을 바라본다오	出山猶自望松門
작은 다리 흐르는 물가 혼자 돌아가는 길	小橋流水獨歸路
밝은 달 맑은 다듬이 소리는 어느 마을인가	明月淸砧何處村
취기가 점차 가시고 바람이 얼굴을 치니	酒力漸消風掠面
온 숲 단풍잎에서 찬 까마귀 번듯치네	一林霜葉凍鴉翻

영광에 도착해서 동짓달에 매화를 보다

到靈光 至月見梅

동짓날 외딴 성 바닷가 산에서	至日孤城海上山
매화 보니 문득 근심 사라지누나	觀梅忽覺破愁顔
꽃 소식 봄 전에 온 건 이미 알았으나	已知芳信先春漏
향기가 납월 전에 돌아왔다고 누가 말했나	誰道香魂未臘還
대 너머 비낀 가지는 화보를 훔친 듯[166]	竹外斜枝偸畫譜
눈 속의 찬 자태는 시반을 괴롭히네[167]	雪中寒態惱詩斑
삼성 비끼고 달 졌는데도[168] 돌아감을 잊고	參橫月落忘歸去
취흥이 도도하여 다시 산에 오른다오	酒興撩人更遣攀

166 화보(畫譜)를 훔친 듯 : 매화의 모습이 그림처럼 아름답다는 말이다.

167 시반(詩斑)을 괴롭히네 : 고심하여 시를 짓는다는 말이다. 시반은 시를 짓느라 노심초사하여 머리카락이 희끗희끗해진 것을 말한다. 당(唐)나라 승려의 시에 "시를 짓느라 머리털 반백이 되었네.〔髮爲作詩斑.〕"라고 한 데서 온 말이다. 《山堂肆考 卷127 詩斑》

168 삼성(參星)……졌는데도 : 새벽이 되었다는 말이다. 수(隋)나라 개황(開皇) 연간에 조사웅(趙師雄)이 나부산(羅浮山)에 갔다가 황홀한 경지에서 향기가 감도는 어여쁜 미인을 만나 즐겁게 환담하고 술을 마시며 하룻밤을 보내고는 그다음 날 아침에 보니 큰 매화나무 아래에서 술에 취해 누워 있더라는 매화 선녀의 전설이 유종원(柳宗元)의 《용성록(龍城錄)》에 전하는데, 거기에 "동방이 벌써 환해졌다.〔東方已白〕"라는 말과 "달이 지고 삼성이 비꼈다.〔月落參橫〕"라는 말이 나오기 때문에, 새벽녘의 매화를 읊을 때에 이 표현을 자주 쓰곤 한다. 《事文類聚 花 梅花》

승려의 시축에 쓰다

題僧軸

사립문은 종일토록 누굴 위해 열렸나　　柴扉終日爲誰開
이은[169]의 집 앞에 시냇물이 도누나　　吏隱家前澗水回
조용히 앉아 스스로 서책을 찾고　　靜坐自能尋簡帙
홀로 노닐며 때때로 다시 노복을 물리치네　　獨遊時復屛輿臺
작은 골에 안개 잠기니 외딴 마을 어둑하고　　煙沈小洞孤村暝
성긴 숲에 가을 오니 많은 골짜기 애처롭네　　秋着疏林衆壑哀
십년 간 진세에 매였는데도 벗어나지 못해　　塵累十年猶未脫
꿈에서나 승려 석장 따라 천태[170]에 들어가네　　夢隨僧杖入天台

오봉(五峯)[171]이 간절히 바라는 바이다.

169 이은(吏隱) : 은자(隱者)이면서 관직에 있는 자로, 이익과 녹봉에 마음을 두지 않아 벼슬살이를 하면서도 초야의 은자처럼 처신하는 사람을 일컫는다.

170 천태(天台) : 절강성(浙江省) 천태현(天台縣)에 있는 천태산으로, 도교와 불교의 명산이다.

171 오봉(五峯) : 이호민(李好閔, 1553~1634)의 호이다. 1606년(선조39)에 중국의 한림학사(翰林學士) 주지번(朱之蕃)이 원손(元孫)의 탄생을 알리는 조서를 가지고 조선에 왔을 때, 조희일은 원접사(遠接使) 유근(柳根)의 종사관이 되어 관반(館伴) 이호민과 함께 중국 사신을 맞이한 인연이 있다.

늦여름 그믐 되려 할 적에 비가 오다 기유년(1609, 광해군1) 서당의 삭제이다.[172]

季夏將晦得雨 己酉年書堂朔製

이글거리는 태양이 뻗쳐 쇠를 녹일 듯하더니	赫赫驕陽亘爍金
절기가 다한 늦여름에야 음기가 교차하누나	節窮三夏始交陰
괴룡이 기둥에 숨지만 우렛소리 세차고[173]	乖龍竄柱雷聲厲
놀란 제비 바람에 뒤집히니 낮 풍경 사라졌네	驚燕翻風晝景沈
소나기 만나 열기 씻어서 잠시 좋아했는데	濯熱乍憐逢驟雨
장맛비 되어 진흙 튈까봐 끝내 두려워라	濺泥終怕作霪霖
하늘이 만물 적심이 어찌 그리 늦은가	天公澤物何嗟晩
농가에서 풍년 바라는 마음 위로 못하네	未慰田家望歲心

172 기유년 서당(書堂)의 삭제(朔製)이다 : 서당은 호당(湖堂), 즉 독서당을 말하고, 삭제는 매달 초하루에 보이던 제술(製述) 시험이다. 조희일은 1608년(선조41) 11월 사가독서(賜暇讀書)에 선발되었는데, 이 시는 이 기간에 지은 듯하다.

173 괴룡(乖龍)이……세차고 : 괴룡은 전설에 나오는 나쁜 용으로, 비를 내려주기를 싫어해서 온갖 방법으로 사람의 몸속이나 고목(古木), 기둥에 숨지만 결국 뇌신(雷神)에게 붙잡히고 만다고 한다. 《古今事文類聚前集 卷4 天道部 雷》

호상[174]에서 앞 시에 재차 차운하다

湖上再疊前韻

한여름 무더위가 복일[175]이 되었는데	朱夏窮炎際伏金
비 머금은 먹구름에 뭇 음기가 가득하네	頑雲逗雨鬱群陰
성긴 발 저녁에 거둘 제 앞 강물이 불더니	疏簾暮捲前江漲
높은 난간 아침에 기댈 제 큰 들판 잠겼네	危檻朝憑大野沈
다행히 이때 가뭄 귀신 몰아냈으니	幸及此時驅旱魃
몇 번이나 예전에 단비 오길 빌었던가	幾從他日禱甘霖
서생은 풍년의 소원 더욱 간절하니	書生更切年豐願
나라 근심하는 두로의 마음[176] 이제야 알겠네	憂國方知杜老心

174 호상(湖上) : 호당(湖堂)을 말한다.

175 복일(伏日) : 원문의 '금복(金伏)'은 금(金)의 기운이 잠복해 있다는 말로, 여름철의 복일을 뜻한다. 《역기석(曆忌釋)》에 "복(伏)은 무엇인가? 금의 기운이 그 속에 잠복해 있는 날이라는 말이다.〔伏者何也? 金氣伏藏之日也.〕"라고 하였다. 금은 사시(四時) 중 가을에 해당한다.

176 나라……마음 : 두로(杜老)는 두보(杜甫)를 가리킨다. 그는 안록산(安祿山)의 난이라는 혼란기를 살면서 우국충정(憂國衷情)에 불타는 마음을 열렬히 시로 노래하였다. 이 때문에 후세의 사람들이 그의 시를 평하여 '시사(詩史)'라고 하였다.

비 갠 뒤에 세 번째로 금자에 차운하다

霽後 三次金字

낙조에 물결 뒤집혀 황금처럼 부서지니	波飜落照碎如金
고각은 아주 서늘하고 노목은 그늘졌네	高閣涼多老木陰
바람이 돌아가는 배 보내니 돛의 배 불룩하고[177]	風送歸舟帆腹滿
물결이 먼 물가에 생기니 돌 모서리 잠겼네	水生遙渚石稜沈
가을빛은 그야말로 오늘 밤 달을 토하고	秋光正放今宵月
천기는 비로소 열흘의 장마를 거두었네	天氣初收十日霖
봉도에서 한가히 지냄은 두터운 성은 덕분이니	蓬島棲遲恩澤厚
백구야 돌아가지 않는 마음 비웃지 마라	白鷗休笑未歸心

177 바람이……불룩하고 : 돛의 배는 돛 중에 바람을 받으면 부풀어 올라 불룩해지는 부분, 즉 돛폭을 가리킨다. 송(宋)나라 소식(蘇軾)의 시에 "긴 바람이 객을 보내니 돛의 배 더 불룩하고, 오랜 비에 배 띄우니 돌비늘이 줄었도다.〔長風送客添帆腹, 積雨浮舟減石鱗.〕"라고 하였다. 《東坡詩集註 卷1 八月七日初入贛過惶恐灘》

밤에 앉다
夜坐

강가 누각에 오르니 생각이 아득한데	江閣登臨思杳然
이때 강가에는 모든 집 잠 들었어라	此時江上萬家眠
어룡은 천 길 굴에서 세차게 울부짖고	魚龍叫嘯千尋窟
별들은 오경 밤 하늘에 빼곡히 벌려있네	星斗森羅五夜天
어량 몇 곳에는 외롭게 비추는 불이요	幾處漁梁孤照火
부드럽게 노 젓는 소리에 홀로 돌아가는 배라	數聲柔櫓獨歸船
기분이 상쾌하여 전혀 잠이 없는데	胸襟颯爽渾無夢
맑디맑은 솔바람에 흰 달이 걸렸네	松籟泠泠白月懸

보은사[178]를 바라보다

望報恩寺

한강 남쪽 가 광릉[179]의 동쪽	漢江南畔廣陵東
운수가 울창하여 범궁을 보호하네	雲樹蒼蒼護梵宮
이때 난간에 기대 눈 가득 바라보니	憑檻此時勞極目
언제나 돛을 걸고 거센 바람 빌릴까[180]	挂帆何日借長風
큰 종이 새벽에 울리니 못의 용이 응하고	華鍾曉動潭龍應
황금 전각이 밤에 비니 물새가 통과하네	金殿宵空渚鳥通
높은 가을 하늘 기다려 찾아간다면	待得高秋相訪去
석문에 서리 이슬이 단풍에 반짝이리	石門霜露耀丹楓

178 보은사(報恩寺) : 여주(驪州)의 여강(驪江) 동쪽 기슭 봉미산(鳳尾山)에 있는 절로, 신륵사(神勒寺)의 예전 이름이다. 《新增東國輿地勝覽 卷7 京畿 驪州牧》

179 광릉(廣陵) : 경기도 광주(廣州)의 이칭이다.

180 언제나……빌릴까 : 장부(丈夫)의 원대한 포부를 한번 펴보고 싶다는 말이다. 이백(李白)의 〈행로난(行路難)〉에 "거센 바람에 풍랑 헤쳐나갈 기회가 오면, 곧장 구름 돛 걸고 큰 바다를 건너리라.〔長風波浪會有時, 直掛雲帆濟滄海.〕"라고 하였다. 《李太白集 卷2》

입추절에 호정에 앉다

立秋節 坐湖亭

흥건한 옥 이슬이 은하수를 씻고	離離玉露洗銀河
마름 끝 맑은 바람이 밤 되어 세차네	蘋末淸風入夜多
한 해의 가을 경치 저무는 것을 어이하지 못해	無奈一年頹晩景
부질없이 두 눈으로 흐르는 물 바라본다오	謾將雙眼注流波
별은 먼 포구에 드리워 고깃배 불과 다투고	星垂極浦爭漁火
새는 긴 물가에서 울어 뱃노래 어지럽히네	禽喚長洲亂棹歌
솔 사이 달이 주렴에 가득해 잠 못 드는데	松月滿簾人不寐
계절 벌레는 무슨 뜻으로 곁에서 울어대나	候蟲何意傍吟哦

뜰의 소나무를 읊다

詠庭松

작은 뜰에 외로운 소나무 한 그루	一樹孤松半畝庭
구름 뚫고 곧장 올라가니 그 기세 곧아라	干雲直上勢亭亭
규룡 가지 휘어지고 딱딱한 껍질 벗겨지며	虬枝屈曲頑鱗剝
향기로운 잎 무성하고 누운 가지 푸르네[181]	香葉髼鬆偃蓋靑
그늘질 때 돌 이내는 가볍게 어리고	陰際石嵐輕苒苒
소리 섞인 강여울은 맑아 시원하네	響交江瀨肅泠泠
맑은 새벽에 솔에 맺힌 이슬방울 가져다	淸晨滴取垂珠露
손수 주묵 갈아 《역경》에 권점 찍네[182]	手自研朱點易經

181 규룡(虬龍)……푸르네 : 소나무의 모습을 형용하는 말이다. 규룡 가지는 굽은 소나무 가지가 규룡의 모습과 같은 것을 가리키고, 누운 가지는 소나무 가지가 옆으로 뻗어 일산(日傘) 모양으로 자란 것을 가리킨다. 두보(杜甫)의 〈이 존사가 그린 소나무 그림 족자에 쓴 노래〔題李尊師松樹障子歌〕〉에 "그늘진 벼랑에 서리와 눈을 안은 줄기, 누운 가지는 반대로 달아나는 규룡의 모습.〔陰崖卻承霜雪幹, 偃蓋反走虬龍形.〕"이라고 하였다. 《杜少陵詩集 卷6》

182 맑은……찍네 : 소나무에 맺힌 이슬을 보고 고변(高駢)의 〈보허사(步虛詞)〉를 연상한 것이다. 거기에 "청계산 도사를 사람들은 알지 못하니, 하늘을 오르내리는 학 한 마리뿐이로다. 동굴 문 깊이 잠기고 푸른 창은 춥기만 한데, 이슬방울로 주묵 갈아 《주역》에 권점 찍노라.〔靑溪道士人不識, 上天下天鶴一隻. 洞門深鎖碧窓寒, 滴露研朱點周易.〕"라고 하였다. 권점을 찍는다는 말은 공부를 한다는 뜻이다. 《古文眞寶前集 卷4》

'소' 자에 차운하다

次疏字韻

봉래에 뭇 신선들 산다고 들었으니	蓬萊聞說衆仙居
열두 난간[183]이 아로새긴 창 보호하리라	十二闌干護綺疏
금 쟁반에 놓인 항해를 실컷 마시고[184]	飽吸金盤分沆瀣
진주 책 상자에 간직된 도서를 익숙히 보리라	慣窺珠笈祕圖書
곤란을 겪은 뒤에야 사문의 도가 더욱 중시되고	文猷益重艱屯後
계술[185]한 뒤에야 성대한 일이 이에 완성되는 법	盛事仍脩繼述餘
신은 가장 재주 없는데도 되려 녹봉 받았으니	臣最不才還忝竊
은혜 입은 덕분에 은거할 마음 없습니다	荷恩無計返耕漁

183 열두 난간 : 거대한 누각의 난간에 곡절(曲折)이 많은 것을 가리킨다. 송(宋)나라 장선(張先)의 〈접련화(蝶戀花)〉에 "누각 위 동풍에 봄이 얕지 않으니, 열두 난간에 진종일 주렴이 걷혔어라.〔樓上東風春不淺, 十二闌干, 盡日珠簾捲.〕"라고 하였다.

184 항해(沆瀣)를 실컷 마시고 : 신선(神仙)이 되는 수련법의 하나이다. 항해는 신선이 마신다고 하는 야간의 수기(水氣)가 엉긴 맑은 이슬을 말한다. 《초사(楚辭)》 〈원유(遠遊)〉에 "육기(六氣)를 먹고 항해를 마시며, 정양(正陽)으로 양치하고 아침놀을 머금는다.〔餐六氣而飮沆瀣兮, 漱正陽而含朝霞.〕"라고 하였고, 《한서(漢書)》 〈사마상여전(司馬相如傳)〉에도 "항해를 마시고 아침놀을 먹는다.〔呼吸沆瀣兮餐朝霞.〕"라고 하였다.

185 계술(繼述) : 계지술사(繼志述事)의 준말로, 어버이의 뜻을 잘 계승하고 어버이의 일을 잘 따라서 하는 것을 말한다. "효라는 것은 어버이의 뜻을 잘 계승하며, 어버이의 일을 잘 따라 행하는 것이다.〔夫孝者, 善繼人之志, 善述人之事者也.〕"라고 한 데서 온 말이다. 《中庸章句 第19章》

재차 차운하다

再疊

집이 한강에 있어 강가에 거처하니	堂在漢江江上居
강은 하우의 치수[186] 이전부터 통했으리라	江從夏禹以前疏
구름 안개는 자태 있어 붓 휘두르게 하고	雲煙有態供揮筆
갈매기 백로는 시샘 없어 독서하는 곁에 있네[187]	鷗鷺無猜傍讀書
성대의 은광은 하늘처럼 덮어주는 가운데 빛나고	聖代恩光天覆裏
고향 산의 가을빛은 빗소리 들린 뒤라 선명하네	故山秋色雨聲餘
가을바람이 밤마다 돌아가는 꿈에 부니	西風夜夜吹歸夢
찬 포구에서 농어를 꼭 잡을 수 있으리라[188]	寒浦鱸魚正可漁

186 하우(夏禹)의 치수(治水) : 하우는 하(夏)나라의 우(禹)임금으로, 그가 임금이 되기 전에 9년 동안 치수에 공적을 많이 쌓아서 순(舜)임금의 선양을 받아 임금이 되었다.

187 갈매기……있네 : 갈매기와 백로는 강호(江湖)에 사는 새로, 이 새들이 자신을 강호에서 한적하게 지내며 독서하도록 허락해 준다는 의미이다.

188 가을바람이……있으리라 : 고향에 돌아가고 싶은 마음을 표현한 것이다. 진(晉)나라 때 맑은 지조로 이름 높았던 장한(張翰)이 고향인 오강(吳江) 지방을 떠나 낙양(洛陽)에서 벼슬살이하던 중 가을바람이 부는 것을 보자 오중(吳中)의 순챗국과 농어회가 생각나서 말하기를 "인생살이는 뜻에 맞게 사는 것이 귀한 법인데, 어찌 벼슬에 얽매여서 수천 리 밖을 떠돌면서 명예와 관작을 노리겠는가." 하고는 수레를 타고 고향으로 돌아간 고사가 있다. 《晉書 文苑列傳 張翰》

사계정사 시에 차운하여 방군에게 주다[189]

次沙溪精舍詩韻 贈房君

방장의 신선 산[190]이 가까이 동쪽에 있으니	方丈仙山近在東
사계의 형승이 남쪽에서 으뜸이라네	沙溪形勝冠南中
한겨울 푸른빛은 담장의 대와 이어졌고	玄冬翠色連墻竹
한여름 서늘한 그늘은 골짝 솔이 얽혀있네	朱夏涼陰架壑松
소매에 스민 들 매화는 향기가 향긋하고	入袂野梅香裛裛
갓끈 씻은 샘물은 소리가 영롱하네	濯纓泉水響瓏瓏
부럽구려 그대 일찍 일신 용납할 곳 얻은 게	多君早卜容身地
인간 세상은 지금 참으로 고달프다네	人世如今盡路窮

189 사계정사(沙溪精舍)……주다 : 사계정사는 남원군(南原郡) 주생면(周生面) 영천리(嶺川里)에 소재한 정사이다. 주인은 방응현(房應賢, 1523~1589)으로, 본관은 남양(南陽), 자는 준부(俊夫), 호는 사계(沙溪)이다. 전라도 남원 출신이다. 조식(曺植), 이항(李恒)에게 수학하였고, 효성과 행실이 뛰어났다. 사계정사 시는 그의 여러 친구들이 이 정사를 두고 읊은 시이다. 방군(房君)은 방응현의 손자인 방원진(房元震, ?~?)으로, 병화(兵火)로 소실된 정사를 방원진이 다시 수축하였다.

190 방장(方丈)의 신선 산 : 방장산은 신선이 살고 있다는 삼신산(三神山) 중의 하나로, 여기서는 지리산(智異山)을 가리킨다.

어버이를 봉양하기 위해 고을 수령으로 가는 벗을 보내며 주다

送贈友人奉親之縣

팔월이라 한강의 강물 맑으니	八月漢江江水清
마름 바람 가늘게 불어 가는 깃발 흔드네	蘋風嫋嫋動行旌
부생은 가을을 맞은 감회에 자족하지만	浮生自足逢秋感
병 많으니 객을 보내는 마음 어이 감당하랴	多病何堪送客情
남극의 수성은 채색옷을 비추고[191]	南極壽星輝綵服
북신의 위두는 요경을 덮는구나[192]	北辰威斗覆瑤京
임금과 어버이의 은의는 경중이 없으니	君親恩義無輕重
이곳 떠나면 공사 간에 정성 다하리라	此去公私可盡誠

191 남극(南極)의……비추고 : 어버이를 효성으로 봉양하여 장수를 바란다는 말이다. 남극의 수성은 수명을 주관하는 별 이름으로 남극성(南極星), 노인성(老人星), 남극노인(南極老人)이라고도 한다. 채색 옷은 춘추시대 초(楚)나라의 은사(隱士)인 노래자(老萊子)가 나이 70에도 어버이의 마음을 기쁘게 해 드리려고 채색 옷을 입고서 춤을 추며 재롱을 떨었던 고사를 말한다. 《初學記 卷17 孝子傳》

192 북신(北辰)의……덮는구나 : 임금의 위엄이 조정에 미친다는 말이다. 북신(北辰)은 북극성으로, 흔히 임금을 가리키고, 위두(威斗)는 왕망(王莽)이 위엄을 드러내 보이기 위해서 만든 기물(器物)로, 동(銅) 5석(石)으로 만들었고 길이는 2척 5촌이었으며, 모양이 북두칠성과 유사했다고 한다. 《漢書 王莽傳》 여기서는 임금의 위엄을 가리킨다. 요경(瑤京)은 하늘 위에 있다는 옥황상제의 궁궐을 말하는 것으로, 여기서는 조정을 말한다.

설수로 달인 차 월과이다. 경술년(1610, 광해군2)

雪水煎茶 月課 庚戌年

맑은 새벽 정화수 긷는 일 괴로워하지 않고	淸曉無煩汲井華
벽돌 화로에 눈 채우고 새 차를 달여 보네	磚爐貯雪試新茶
물이 깊은 구멍에 쏟아지니 비로소 부는 것 보고	浪驚幽竇看初漲
바람이 찬 솔에 들어오니 들을수록 더욱 머네	風入寒松聽更賒
가는 손으로 받들고 오니 사발에 기포가 끓는데	纖手捧來甌潑乳
마른 창자에 다 쏟으니 붓에 꽃이 생기네[193]	枯腸搜盡筆生花
시인은 오래도록 문원에 갈증을 품고 있었으니	詞人久抱文園渴
소박하게 읊은 노랑의 시[194]를 아주 사랑한다오	苦愛盧郎詠不奢

193 붓에 꽃이 생기네 : 문재(文才)가 솟아오른다는 말이다. 오대(五代) 왕인유(王仁裕)의 《개원천보유사(開元天寶遺事)》 권2 〈몽필두생화(夢筆頭生花)〉에 "이태백이 어릴 적에 자신이 쓰던 붓끝에서 꽃이 피어나는 꿈을 꾸었는데, 그 뒤로 천부적인 재능이 유감없이 발휘되어 천하에 이름을 떨치게 되었다.〔李太白少時, 夢所用之筆頭上生花, 後天才贍逸, 名聞天下.〕"라고 하였다.

194 노랑(盧郎)의 시 : 노랑은 당(唐)나라의 시인인 노동(盧仝)을 가리킨다. 노랑의 시는 차 일곱 잔을 음미하는 내용을 읊은 시인 〈다가(茶歌)〉를 말한다. 《古文眞寶前集 卷8》

늦은 계절에도 향기 나는 국화

寒花晩節香

좋은 시절 저물어 온갖 꽃 바삐 시들고	年華銷歇百花忙
두견새 먼저 울어 혜초가 향긋하지 않네	鶗鴂先鳴蕙不芳
홀로 성긴 울타리 곁에서 찬 꽃을 보고	獨傍疏籬看冷艶
그윽한 향기 품은 제철 국화를 가장 사랑하네	最憐時菊抱幽香
꽃잎 따먹고는 이미 시인의 흥취에 의탁하고[195]	餐英旣托騷人興
이슬 머금은 꽃잎을 되려 처사의 술잔에 띄우네[196]	挹露還供處士觴
쓸쓸하여라 늘그막에 마음으로 감상하지만	寥落暮途心賞在
밤 되면 된서리 맞을까 참으로 근심스럽네	夜來愁殺有嚴霜

195 꽃잎……의탁하고 : 굴원(屈原)의 〈이소경(離騷經)〉에 "아침에는 모란의 이슬방울 마시고, 저녁에는 가을 국화 떨어진 꽃잎 먹네.〔朝飮木蘭之墜露兮, 夕餐秋菊之落英.〕"라고 한 구절을 차용한 것이다. 《古文眞寶後集 卷1》

196 이슬……띄우네 : 도잠(陶潛)의 〈음주(飮酒)〉에 "가을 국화는 아름다운 빛깔 있어, 이슬 머금은 그 꽃잎을 따다가, 이 근심 잊게 하는 물건에 띄워서, 나의 세상 버린 정을 더 멀리하노라.〔秋菊有佳色, 裛露掇其英. 泛此忘憂物, 遠我遺世情.〕"라고 한 구절을 변용한 것이다. 《陶淵明集 卷3》

청총[197]

青塚

몸은 오랑캐 조정에 있으나 마음은 한나라 조정	身在胡庭心漢庭
단심은 사라지지 않고 그저 몸만 묻혔어라	丹忱不死但埋形
하늘까지 닿은 뭇 풀들은 사시사철 희지만	連天衆草四時白
특별한 땅의 외로운 무덤은 천고토록 푸르네	特地孤墳千古青
성주는 되려 지극한 총애 아꼈지만[198]	聖主尙慳垂寵渥
동군은 그 정령에 감동할 줄 알았구나	東君能解感精靈
춘풍 같은 얼굴이 꽃가지에 홀로 붙었는데[199]	芳枝獨寄春風面
옛 곡조를 법부의 악공에게 공연히 전했구나[200]	舊曲空傳法部伶

197 청총(青塚) : 한(漢)나라 왕소군(王昭君)의 묘(墓)이다. 한나라 궁녀였던 왕소군은 흉노(匈奴)의 선우(單于)에게 보내져 그곳에서 죽었는데, 그 지방의 풀들은 다 백초(白草)뿐이나 오직 왕소군의 무덤에는 청초(青草)가 돋았다고 한다.

198 성주(聖主)는……아꼈지만 : 한 원제(漢元帝)는 화공(畫工)에게 궁인(宮人)의 초상화를 그리게 하여 그림을 보고 마음에 든 궁인의 처소에서 자곤 하였는데, 화공 모연수(毛延壽)가 자신에게 뇌물을 주지 않은 왕소군을 밉게 그린 탓에, 왕소군은 원제의 사랑을 받지 못해 흉노(匈奴)의 선우(單于)에게 보내졌다. 《漢書 匈奴傳》

199 춘풍(春風)……붙었는데 : 왕소군(王昭君)의 혼이 청초(青草)에 깃들었다는 말이다. 춘풍 같은 얼굴은 두보(杜甫)가 왕소군의 고적(古跡)을 회고하며 쓴 〈영회고적(詠懷古跡)〉 세 번째 수에 "그릴 적에 춘풍 같은 얼굴 보아 알 것인데, 미인의 혼은 달밤에 부질없이 돌아갔네.〔畫圖省識春風面, 環珮空歸月夜魂.〕"라고 하였다. 《杜少陵詩集 卷17》

200 옛……전했구나 : 옛 곡조는 왕소군(王昭君)이 탄 비파곡(琵琶曲)을 말한다. 왕소군이 흉노의 땅으로 갈 적에 비파를 들고 변방 땅을 지나면서 다시는 돌아오지 못할 것을 생각하고는 눈물을 흘리면서 비파를 탔는데, 이것이 법부(法部)에 전해져 지금까

지 남아 있다는 말이다. 법부는 당 현종(唐玄宗)이 설치하였던 이원법부(梨園法部)의 약칭으로, 궁중음악을 가르치던 부서이다. 왕안석(王安石)이 왕소군의 고사를 노래한 〈명비곡(明妃曲)〉에 "가련하다 청총은 이미 무성한 풀로 덮였으나, 슬픈 비파 가락은 아직도 남아 있다오.〔可憐靑冢已蕪沒, 尙留哀絃留至今.〕"라고 하였고, 두보(杜甫)의 〈영회고적(詠懷古跡)〉에 "천년 동안 비파에 담긴 오랑캐의 말, 분명 그 곡조 가운데 원한을 이야기하고 있으리.〔千載琵琶作胡語, 分明怨恨曲中論.〕"라고 하였다. 《古文眞寶前集 卷12》《杜少陵詩集 卷17》

위성의 버들[201]

渭城柳

관아 버들 들쑥날쑥한 가운데 강 비가 개니 官柳參差江雨晴
푸른 안개가 휘감아 강가 성이 어둡네 青煙繚繞暗江城
가벼운 실은 가는 사람의 발길을 잡지 못하는데 輕絲不繫征人駐
어지러운 솜은 유독 이별의 한을 얽매이게 하네 亂絮偏教別恨縈
삼첩 양관[202]은 정이 다하지 않았는데 三疊陽關情未盡
한 가지의 봄빛은 떠나려는 사람을 보내누나 一枝春色送將行
이별 얼굴은 쉬이 바뀌나 버들은 그대로이니 離顏易改柳如故
날마다 동풍이 불고 또 생기리라 日日東風吹又生

201 위성(渭城)의 버들 : 이 시는 위성의 버들을 주제로 하여 이별의 슬픈 심사를 노래한 작품으로, 왕유(王維)의 〈안서로 사신 가는 원이를 전송하다〔送元二使安西〕〉를 소재로 한 〈양관곡(陽關曲)〉이다. 거기에 "위성의 아침 비가 가벼운 먼지를 적시니, 객사는 푸르고 푸르러 버들 빛이 새롭구나. 권하노니 그대여 다시 한 잔 술 다 드시게나, 서쪽으로 양관을 나서면 벗이 없으니.〔渭城朝雨浥輕塵, 客舍青青柳色新. 勸君更盡一盃酒, 西出陽關無故人.〕"라고 하였다. 위성은 함양(咸陽)을 가리킨다.

202 삼첩 양관(三疊陽關) : 삼첩은 옛날의 곡을 연주하는 방법으로, 어떤 구에 이르면 두 번 세 번 반복하는 것을 말한다. 양관은 〈양관곡(陽關曲)〉이다.

변방으로 옷을 부치다
寄邊衣

맑은 다듬이질 멈추자 달이 휘장에 드니	擣罷清砧月入幃
수심 머금고 작년에 지은 옷을 다시 만드네	含愁重作去年衣
쇠칼 소리 잠깐 울렸는데 창자 먼저 끊어지고	金刀乍響腸先斷
촛불이 재가 되었는데 눈물이 마르지 않네	玉燭成灰淚未晞
재단할 때는 그저 예전 옷 모양 따르지만	裁處秪依曾製樣
입으면 응당 옛날 허리둘레 보다 줄었겠지	着來應減舊腰圍
첩의 근심은 바로 덥고 추운 때에 있는데	妾憂正在炎涼際
가을바람 불기 전에 여전히 못 돌아오누나	莫到秋風猶未歸

벼루에는 금정의 물이 차다[203]

硯寒金井水

천자의 미목이 야윈 얼굴 비추니 天人眉目映蒼顏
관사 넓어 반딧불이를 받아 주었네[204] 容得秋螢廨宇寬
비단 자리에서 채색 붓 휘두르고 싶어 欲向錦筵揮彩筆
짐짓 금정에 임하여 조각 난간 굽어보네 故臨金井俯彫欄
병 속에 달을 담으니 청신한 기운 일렁이고 甁心貯月淸華動
벼루 위에 구슬 튕기니 묽은 액체 차구나 硯面跳珠嫩液寒
천 년 동안 아름다운 말이 인구에 회자되어 千載瑰辭人膾炙
지금까지 남은 향기가 문단을 적시누나 至今餘馥潤詞壇

203 벼루에는……차다 : 이 시는 당 현종(唐玄宗)의 조카인 여양왕(汝陽王) 이진(李璡)이 특진에 임명되었을 때, 두보(杜甫)가 준 시인 〈특진 여양왕에게 주다 이십운〔贈特進汝陽王二十韻〕〉을 소재로 한 작품이다. 거기에 "벼루에는 금정의 물이 차고, 처마에는 옥호의 얼음이 움직이네.〔硯寒金井水, 簷動玉壺氷.〕"라고 하였다. 금정은 아로새긴 난간을 설치한 우물로, 일반적으로 궁정(宮庭) 원림(園林) 안의 우물을 가리킨다. 《杜少陵詩集 卷1》

204 천자의……주었네 : 풍류가 뛰어나고 술을 잘 먹었던 이진(李璡)을 천자가 궁궐에 살도록 두었다는 말이다. 반딧불이를 받아 주었다는 말은 두보(杜甫)가 장안(長安)을 떠나 봉선현(奉先縣)의 역소(投所)에 우거(寓居)할 때 지은 〈교릉시 삼십운(橋陵詩三十韻)〉에 "주인이 노마 같은 나를 동정하여, 관사에 반딧불이 잡아 글 읽는 나를 받아 주었네.〔主人念老馬, 廨宇容秋螢.〕"라고 한 데서 온 말이다. 《杜少陵詩集 卷3》

천악을 다시 듣고 마음을 가누지 못하다[205]

重聞天樂不勝情

단봉루 앞에 상서로운 빛 맑으니[206]	丹鳳樓前瑞旭晴
구중궁궐의 봄빛이 예정[207]에 빛나네	九重春色耀霓旌
연곡[208]에 살아 돌아오니 정신이 비로소 들고	生還輦轂心初醒
운소[209]를 들으니 귀가 잠시 맑아지네	聽到雲韶耳暫淸
이십 년 전에 들었던 천상의 곡조요	二十年前天上曲
삼천리 밖에서 들었던 꿈속의 소리라	三千里外夢中聲
현도의 꽃나무 모두 새로 감상하니[210]	玄都花樹渾新賞

205 천악(天樂)을……못하다 : 당(唐)나라 시인 유우석(劉禹錫)이 처음에 폄척 되었다가 소환되었는데, 또 재상의 의중을 거슬러 10년 동안 축출되었다가 다시 소환되어 가인(歌人) 하감(何戡)에게 준 시인 〈가인 하감에게 주다〔與歌者何戡〕〉를 소재로 한 작품이다. 거기에 "이십여 년 동안 도성을 떠났다가 천악을 다시 들으니 마음 가누지 못하겠네. 오랜 벗 중에 오직 하감만이 남아 있어, 다시 은근하게 〈위성곡〉을 불러주네. 〔二十餘年別帝京, 重聞天樂不勝情. 舊人唯有何戡在, 更與殷勤唱渭城.〕"라고 하였다. 천악은 균천광악(鈞天廣樂)의 준말로, 곧 천상의 음악에 비견되는 궁중의 음악을 뜻한다. 《山西通志 卷229》

206 단봉루(丹鳳樓)……맑으니 : 대궐 위에 서기(瑞氣)가 감돌고 있다는 말이다. 단봉루(丹鳳樓)는 황제의 도성이나 조정을 비유할 때 흔히 쓰는 표현이다.

207 예정(霓旌) : 오색의 깃털로 만든 깃발로, 임금의 의장(儀仗) 가운데 하나이다.

208 연곡(輦轂) : 천자가 타는 수레 이름으로, 여기서는 도성(都城)을 의미한다.

209 운소(雲韶) : 황제(黃帝)의 음악인 〈운문(雲門)〉과 순(舜) 임금의 음악인 〈대소(大韶)〉를 병칭한 것으로, 궁궐의 음악을 가리킨다.

210 현도(玄都)의……감상하니 : 현도는 현도관(玄都觀)으로, 장안(長安)에 있던 도교

유독 옛 정분 있는 하감만이 있구나　　唯有何戡獨舊情

사원이다. 유우석(劉禹錫)의 〈꽃구경하는 여러 군자에게 장난삼아 주다〔戲贈看花諸君子〕〉에 "현도관 안의 복숭아나무 천 그루는, 모두가 이 유랑이 떠난 후에 심은 것이라네.〔玄都觀裏桃千樹, 盡是劉郎去後栽.〕"라고 하였다. 유랑은 유우석을 가리킨다. 《舊唐書 劉禹錫傳》

짧은 등잔대[211]

短檠

가련토다 등불이 사람 향해 밝게 비추니 可憐燈火向人明
반딧불이와 눈[212] 모두 짧은 등잔대만 못하리라 螢雪俱應讓短檠
옥충이 다 돋도록 옛 책을 펼쳐 읽고 挑盡玉蟲披古帙
금속이 다 꺼지도록 깊은 밤에 앉았네[213] 墮殘金粟坐深更
해가 다하도록 밤새워 공부하니 어찌 무료하랴 窮年繼晷寧無賴
몸을 따르는 그림자가 가장 정이 있구나 伴影隨身最有情
끝내 담장 귀퉁이에 버려짐을 싫어 말라 畢竟莫嫌墻角棄
세간의 영욕은 본래 서로 따르는 법이니 世間榮辱本相生

211 짧은 등잔대 : 한유(韓愈)의 〈단경가(短檠歌)〉를 소재로 한 작품이다. 젊었을 때는 짧은 등잔대 밑에서 학문에 정진하다가도 부귀해지고 나면 긴 등잔대 밑에서 스스로 방자하여 짧은 등잔대를 버리게 된다는 내용의 노래이다. 그 대략에 "어느 날 부귀해지면 스스로 방자해져서, 긴 등잔대 높이 걸어 진주와 비취 장식의 집을 비춘다오. 아 세상일이 모두 다 그러하니, 담장 모퉁이에 버려진 짧은 등잔대를 그대는 보았는가.〔一朝富貴還自恣, 長檠高張照珠翠. 吁嗟世事無不然, 牆角君看短檠棄.〕"라고 하였다. 《韓昌黎集 卷5》

212 반딧불이와 눈 : 모두 불을 밝히는 도구이다. 진(晉)나라 때 차윤(車胤)이 기름을 살 돈이 없어 여름에 반딧불이를 비단 주머니에 넣어서 그 빛으로 책을 보았고, 진나라 사람인 손강(孫康)은 학문에 힘썼는데 집이 가난하여 기름을 살 수 없는 형편이라 겨울에 눈빛에 비추어 책을 보았다. 《蒙求》

213 옥충(玉蟲)이……앉았네 : 옥충과 금속(金粟)은 모두 등잔 불꽃, 곧 등화(登花)를 형용하는 말이다. 한유(韓愈)의 〈영등화(詠燈花)〉에 "황색의 중간엔 금속을 늘어놓은 듯, 비녀 머리엔 옥충을 장식한 듯하네.〔黃裏排金粟, 釵頭綴玉蟲.〕"라고 하였다. 《東雅堂昌黎集註 卷10》

꽃을 재촉하는 비
催花雨

엷은 구름이 비 이루어 가벼운 먼지 씻으니	弱雲成雨洒輕塵
온 숲에 꽃소식 재촉하나 봄은 아직 오지 않았네	催泄千林未泄春
밤에 비 오는 소리 들을 때 마음 설렜는데	夜聽來時先意氣
아침에 젖은 곳을 보니 이미 정채롭구나	朝看濕處已精神
가랑비 내려 몰래 꽃술 터지도록 부르고	霏微暗喚芳心動
점점이 부어 온통 예쁜 얼굴 웃게 하네	點注全教嫩臉嚬
해 뜨자 채색 비단 무늬 어지러이 펼쳐지니	日出亂披文錦纈
성에는 온통 꽃구경하는 사람으로 가득하네	滿城都是賞花人

〈조조대명궁〉 시[214]에 차운하다

次早朝大明宮

날 밝아 대궐 문으로 관원들 들어오니 天開繡闥引班長
패옥소리 쟁쟁하여 수창[215]이 울리네 玉佩鏘鏘響水蒼
종고루에는 물시계 소리 재촉하고[216] 鍾鼓樓中催刻漏
기린전에는 문장을 지어 올리네[217] 麒麟殿上獻文章
해가 단의[218]에 임하니 그 기운 성대하고 日臨丹扆蔥蔥氣

214 조조대명궁(早朝大明宮) 시 : 당(唐)나라 시인 가지(賈至)가 지은 〈이른 아침 대명궁에 입조하여 두 성의 동료 벗에게 드리다〔早朝大明宮呈兩省僚友〕〉라는 제목의 시이다. 가지가 이 시를 지어 동료에게 전하자, 두보(杜甫), 왕유(王維), 잠삼(岑參)이 각각 화답하였다. 대명궁은 장안(長安)에 있던 궁궐 이름이다. 《全唐詩 卷235》

215 수창(水蒼) : 수창옥(水蒼玉)으로, 물의 빛깔처럼 푸른빛이 도는 옥을 말한다. 《예기》 〈옥조(玉藻)〉에 "대부는 수창옥을 차고 순조의 인끈을 늘어뜨리고, 세자는 유옥을 차고 기조의 인끈을 늘어뜨린다.〔大夫佩水蒼玉而純組綬, 世子佩瑜玉而綦組綬.〕"라고 하였다.

216 종고루(鍾鼓樓)에는……재촉하고 : 종고루는 종과 북을 걸어둔 누각이다. 백거이(白居易)가 일찍이 중서 사인(中書舍人)으로 있을 때 지은 〈자미화(紫微花)〉에 "사륜각에는 문서 정리 조용하고, 종고루에는 물시계 소리 오래 되었네.〔絲綸閣下文書靜, 鐘鼓樓中刻漏長.〕"라고 한 구절을 차용한 것이다. 《全唐詩 卷442》

217 기린전(麒麟殿)에는……올리네 : 기린전은 한(漢)나라 때 미앙궁(未央宮)에 속해 있던 궁전으로, 아름다운 궁전의 범칭이다. 이백의 〈야랑으로 유배 가며 신 판관에게 드리다〔流夜郎贈辛判官〕〉에 "문장 지어 기린전에 올렸고, 가무하며 대모 자리에 머물렀다오.〔文章獻納麒麟殿, 歌舞淹留玳瑁筵.〕"라고 한 구절을 차용한 것이다. 《全唐詩 卷170》

218 단의(丹扆) : 임금이 조회할 때 쓰는 붉은 병풍을 말하는데, 바로 임금을 가리키기도 한다.

연기가 금로[219]에서 피어오르니 향기 물씬 풍기네　　煙吐金爐苒苒香
태평 시절 노래하면서 공효 없어 부끄러워　　歌頌太平慙未效
그저 거북과 학[220]으로 우리 임금 축수하네　　但將龜鶴祝吾王

219 금로(金爐) : 대궐의 향로(香爐)이다.

220 거북과 학 : 둘 다 천 년의 수를 누린다 하여 예로부터 장수를 상징한다. 백거이(白居易)의 〈도잠의 시체를 본받다 16수〔效陶潛體詩十六首〕〉 가운데 첫째 수에 "소나무와 잣나무 거북과 학은, 그 수명이 모두 천년이나 된다네.〔松柏與龜鶴, 其壽皆千年.〕"라고 하였다. 《全唐詩 卷428》

남훈금[221]

南薰琴

다섯 개 현 중에 하나를 누르니	五箇弦中一箇欽
무위의 교화가 거문고 소리에 있구나	無爲化在有聲琴
어진 교화는 참으로 우리 백성의 울분 풀어 주고	仁風政解吾民慍
온화한 기운은 아주 순수한 마음 일게 하네	和氣能陶太樸心
아침저녁으로 해와 달이 빛나고[222]	日月光華朝復暮
예나 지금이나 천지가 덮고 실어 주네	乾坤覆載古猶今
동쪽 사람들 구준의 은택[223] 입었으니	東人屬被衢尊澤
천년토록 남훈의 소리 끊어지지 않으리	千載南薰未絶音

221 남훈금(南薰琴) : 순(舜) 임금의 오현금(五絃琴)을 말한다. 순 임금이 오현금을 타면서 부른 〈남풍가(南風歌)〉에 "남풍이 훈훈하게 불어옴이여! 우리 백성들의 울분을 풀 수 있겠구나. 남풍이 때맞추어 불어옴이여! 우리 백성들의 재산을 풍족하게 할 수 있겠구나.〔南風之薰兮, 可以解吾民之慍兮. 南風之時兮, 可以阜吾民之財兮.〕"라고 하였다. 《孔子家語 辯樂解》

222 아침저녁으로……빛나고 : 임금의 덕휘(德輝)를 형용하는 말이다. 순(舜) 임금이 신하들과 태평을 노래한 〈경운가(卿雲歌)〉에 "오색구름이 찬란함이여, 얽히어 늘어졌도다. 해와 달이 빛남이여, 아침이요 또 아침이로다.〔卿雲爛兮, 糺縵縵兮. 日月光華, 旦復旦兮.〕"라고 하였다. 《文體明辨 卷1 古歌謠辭》

223 구준(衢尊)의 은택 : 임금의 어진 정사를 말한다. 구준은 누구나 마실 수 있도록 길거리에 마련해 놓은 술동이를 가리킨다. 《淮南子 繆稱訓》

능성[224] 도중에

綾城途中

도로가 울퉁불퉁 험하고 초목이 짙으니	道路崎嶇草樹昏
행객은 산 깊어 서글피 마음 상하네	山深行客悄傷魂
잎 사이 어지러운 꽃은 흐드러지게 피었고	葉間亂蕊垂垂發
바위 아래 차가운 물은 콸콸 쏟아지누나	巖底寒淙滮滮奔
곁에서 우는 꾀꼬리[225] 소리에 절서 바뀌어 놀라고	吟傍栗留驚節序
시름 잡아끄는 뻐꾸기 소리에 고향이 그립구나	愁牽布穀憶田園
신선 집에서 만나기로 한 어젯밤 약속에	仙莊賴有前宵約
말을 재촉해 동문에 들어왔다네	催却征鞍入洞門

224 능성(綾城) : 전라남도 화순군(和順郡) 능주면(綾州面)의 옛 지명이다.

225 꾀꼬리 : 원문의 '율류(栗留)'는 '황율류(黃栗留)'의 줄인 말로 꾀꼬리를 이른다.

능성에서 점필재 시[226]에 차운하여 홍군과 정군 두 사람에게 주다
綾城 次佔畢齋韻 贈洪鄭兩君

산세는 빙 돌아들고 수세는 서렸는데	山勢縈回水勢盤
고을은 아주 깨끗해 밤에 한기마저 이네	邑居淸絶夜生寒
대 찢을 듯한 두견새 소리 들으니 가슴 떨리고	鵑聲裂竹驚心聽
꽃 뚫을 듯한 달그림자 보니 눈이 어지럽네	月影穿花亂眼看
세상일은 시 구절에 의지해 말하고	世事可憑詩句說
이별 회포는 잠시 술잔에 부쳐 푼다오	離懷暫付酒杯寬
내일 아침 말 타고 서쪽으로 돌아가는 길에	明朝跋馬西歸路
외딴 성 고개 돌리면 나무 빛 어우러졌으리	回首孤城樹色團

226 점필재(佔畢齋) 시 : 점필재는 김종직(金宗直)의 호이다. 이 시는 그의 문집인 《점필재집(佔畢齋集)》 권21에 〈능성의 봉서루에 올랐는데, 공무에 바쁜 중이라 달이 동쪽 봉우리에 올라서야 비로소 오늘이 중추임을 깨닫고, 도사 이승복과 동년 최철석과 함께 조촐하게 술을 마시다〔登綾城鳳棲樓倥傯中月上東峯始悟今日爲中秋 與李都事承福崔同年哲錫小飮〕〉라는 제목으로 실려 있다.

임자중[227] 환에 대한 만시
挽林子中 懽

그대 그리워 병든 몸으로 백화정[228]에 갔더니	憶君扶病百花亭
매화 피려할 때에 반갑게 맞아주었지	梅花欲開雙眼青
꽃 지고 매실 익었는데 그대 못 일어나니	花落梅黃君不起
생리사별에 눈물만 공연히 떨어지누나	生離死別涕空零
세상에서 어떤 사람을 지기로 의탁할까	海內何人託知己
술잔 앞에 더는 함께할 망형의 벗[229] 없네	尊前無復共忘形
호남아가 떠나버려 의기가 소침해진 탓에	好男兒去意氣少
가을바람 맞으며 해곡[230]을 듣지 못하겠네	秋風薤曲不堪聽

227 임자중(林子中) : 임환(林懽 : 1561~1608)으로, 자중은 그의 자이다. 본관은 나주(羅州), 호는 습정(習靜)·백화정(百花亭)이다. 임진왜란과 정유재란 때의 공로를 인정받아 공조 좌랑이 되었다.

228 백화정(百花亭) : 임환(林懽)의 형인 임훤(林愃, 1552~?)의 정자이다. 임훤은 벼슬을 하지 않고 정자에 백화(百花)를 심어 놓고서 거문고를 타고 시만 읊었다고 한다. 《石洲別集 卷2 師友錄》

229 망형(忘形)의 벗 : 외형적인 예법이나 나이 따위를 잊고 한마음 한뜻이 된 아주 친밀한 사귐을 말한다. 당(唐)나라 두보(杜甫)가 친구 정건(鄭虔)에게 준 〈취시가(醉時歌)〉에 "형식 잊고서 너니 나니 하는 사이, 통음하는 것이 진정 나의 스승이라네.〔忘形到爾汝, 痛飮眞吾師.〕"라는 구절이 있다. 《杜少陵詩集 卷3》

230 해곡(薤曲) : 해로가(薤露歌)로, 사람의 죽음을 애도하는 만가(輓歌)이다. 상여가 나갈 때 부르는 노래인데, 사람의 목숨이 염교〔薤〕 잎 위의 이슬 같아서 쉽사리 없어진다는 내용을 담고 있다.

병중에 김숙도에게 부치다
病中 寄金叔度

한 이웃이 산 중턱 가에 나누어 사니	一隣分占半山隈
돌길에는 인적 드물어 푸른 이끼 자라네	石徑人稀長綠苔
병들어 누우니 공연히 오래 격조해 근심되고	病臥謾愁淸眄阻
떨어져 사니 누구와 사이좋게 흉금을 터놓을까	索居誰與好懷開
가을 소리는 궁궐의 메아리에 잠시 울리고	商聲乍動禁林響
시냇물은 가을비가 와서 새로 더해졌네	澗水新添秋雨來
점차 서쪽 고을 가는 여정이 닥쳐오니	漸覺西州行路迫
여기에서 얼마나 서로 어울릴 수 있으려나	此間能得幾追陪

재차 차운하다

再疊

대은암[231] 앞의 시냇가에	大隱巖前澗水隈
사립문이 종일토록 푸른 이끼에 덮여 있네	柴扉盡日掩蒼苔
바람 막 일어 솔 소리 스산하고	松聲淅瀝風初起
비 개지 않아 산빛이 흐릿하네	山意朦朧雨不開
이웃집에 좋은 흥취 일어 가려는데	旁舍擬乘佳興去
서늘한 기운이 또 낮잠을 불러 오네	微涼又引午眠來
마음을 전하는 데는 시편이 있으니	論心賴有詩篇在
어울려 담소 못 나눈다고 어찌 한탄하랴	言笑何須恨未陪

231 대은암(大隱巖) : 북악산(北岳山) 남쪽 기슭에 있는 바위 이름으로, 대은암동(大隱巖洞)을 가리킨다. 지정(止亭) 남곤(南袞)이 이곳에 살아서 대은암이란 이름이 생겼다.

양자점의 시[232]에 차운하다

次梁子漸韻

홍진 속에 실의하여 평소 소원 어긋났으니	潦倒紅塵素願違
이내 몸 세상과 더불어 옮겨가기 어렵구나[233]	此身難與世推移
공명은 분수에 없어 고개 저은 지 오래니	功名無分掉頭久
날 좋아하는 사람과 손잡고 돌아가리라[234]	惠好有人携手歸
가을비가 갓 싹튼 순채[235] 자라게 하는 날이요	秋雨長蓴初嫩日
가을바람이 반쯤 익은 벼에 불 때라	西風吹稻半黃時
용렬하여 이미 한가히 지낼 계획 세웠으니	疏慵已辦投閑計
재촉해서 산중으로 가 마름 옷[236] 지으리	催向山中製芰衣

232 양자점(梁子漸)의 시 : 이 시는 《제호집(霽湖集)》 권8에 〈밤 창가에서 회포가 있어 청음 학사에게 지어 드리다〔夜窓有懷錄呈淸陰學士〕〉라는 제목으로 실려 있다.

233 이내……어렵구나 : 세속의 사물에 구속을 받지 않고 세상의 흐름에 따라 자연스럽게 사는 것이 어렵다는 말이다. 굴원(屈原)의 〈어부사(漁父辭)〉에 "성인은 사물에 구속받지 않아 세상과 더불어 옮겨간다.〔聖人不凝滯於物, 而能與世推移.〕"라고 한 데서 온 말이다. 《古文眞寶後集 卷1》

234 날……돌아가리라 : 좋은 벗과 함께 자연을 찾아 은거하고 싶은 마음을 표현한 것이다. 《시경》 〈북문(北門)〉에 "사랑하여 나를 좋아하는 이와 손잡고 함께 돌아가리라.〔惠而好我, 携手同歸.〕"라고 한 데서 온 말이다.

235 순채 : 수련과의 여러해살이 수초(水草)로, 줄기는 물에 잠겨 있고 잎은 물 위에 떠 있다. 7~8월에 꽃이 긴 꽃대 끝에 하나씩 피고 열매는 달걀 모양으로 물속에서 익는다. 어린잎은 식용한다.

236 마름 옷 : 은사(隱士)가 입는 옷을 말한다. 굴원(屈原)의 〈이소경(離騷經)〉에 "마름과 연잎으로 저고리를 만들고, 부용을 엮어 바지를 만들어 입는다.〔製芰荷以爲衣兮, 集芙

蓉以爲裳.〕"라고 하였다.《古文眞寶後集 卷1》

또 짓다
又

문 닫고 편히 누우매 심신이 편안하니	閉門高枕合怡神
고관들 산인[237] 찾아오는 일 전혀 없구나	冠蓋都無訪散人
가을 햇빛에 좀 말리니 서책이 수북하고	蠹晒秋陽書亂帙
낡은 갑에 용 서려 있으니 검에 먼지 쌓였네[238]	龍蟠古匣劍生塵
세상은 명리를 아껴서 우리들 농락하지만	世慳名利籠吾輩
하늘은 바람 안개 빌려주어 이 몸 누리게 하네	天借風煙餉此身
숲 기슭에 저물녘 되니 찬 경치 스산한데	林麓晚來涼景肅
종일토록 북쪽 산 마주하며 친하게 지낸다오	北山終日對相親

237 산인(散人) : 쓸모없는 사람 또는 한가한 사람이란 뜻으로, 자신을 가리키는 겸사(謙辭)이다.

238 낡은……쌓였네 : 뛰어난 재능을 가지고도 묻혀 지낸다는 말이다. 보검(寶劍)인 용천검(龍泉劍)과 태아검(太阿劍)의 고사를 인용하였다.《晉書 張華傳》

문흥군[239]에 대한 만장

文興君挽章

예전 왕명으로 호서에 가 공을 따랐는데	湖西行李昔從公
일을 마치고는 대 한 떨기 가질 뿐이었네	竣事唯將竹一叢
차군이 세속 물건 아님을[240] 사랑하였고	爲愛此君非俗物
곧은 지조가 충정에 부합함을 잘 알았네	足知貞操契危衷
백 년간 이어진 번복의 삼군이 북으로 올라오니[241]	百年藩服三軍北
천정에서 한 번 고함쳐 수많은 병력 동쪽으로 오게 했네[242]	

239 문흥군(文興君) : 유사원(柳思瑗, 1541~1608)이다. 본관은 문화(文化), 자는 운보(雲甫) 또는 경오(景悟)이다. 1604년(선조37) 명(明)나라에 가서 원병을 청한 공로로, 선무공신(宣武功臣) 3등으로 문흥군에 봉해졌다.

240 차군(此君)이……아님을 : 대나무의 고아한 품성을 말한다. 차군은 대나무를 가리킨다. 소식(蘇軾)의 〈녹균헌(綠筠軒)〉에 "밥에 고기가 없는 것은 괜찮지만, 사는 곳에 대가 없어서는 안 되네. 고기가 없으면 사람을 야위게 할 뿐이지만, 대가 없으면 사람을 속되게 한다네.〔可使食無肉, 不可居無竹. 無肉令人瘦, 無竹令人俗.〕"라고 한 데서 온 말이다. 《蘇東坡詩集 卷9》

241 백……올라오니 : 일본군이 우리나라를 침략한 임진왜란을 말하는 듯하다. 번복(藩服)은 주(周)나라 왕성(王城)에서 5천 리 떨어진 곳의 사방 5백 리의 땅을 말하는데, 여기서는 중국에서 가장 멀리 떨어진 해외(海外)에 있는 일본을 말하는 듯하다.

242 천정(天庭)에서……했네 : 천정은 명(明)나라 조정을 말한다. 1596년(선조29)에 유사원(柳思瑗)은 서장관(書狀官)으로서 정기원(鄭期遠)과 함께 연경(燕京)에 가서 원병을 요청하였는데, 명나라 병부 상서(兵部尙書) 석성(石星)이 한창 화의(和議)를 주장하면서 원병을 파견할 뜻이 없자, 유사원은 명의 여러 관원에게 글을 올려 원병을 청하여, 결국 10만의 원병을 조선에 출병하게 하였다. 《白沙集 卷2 贈效忠仗義宣武功臣資憲大夫兵曹判書兼知經筵義禁府春秋館事世子左賓客行嘉善大夫文興君柳公墓誌》

一叫天庭萬甲東

훈업은 적막한 채 옛집만 남았으니　　勳業寂寥餘古宅

가을바람에 울리는 찬 대만 볼 뿐이네　　秖看寒籜響秋風

탐라 막하 김사정[243] 치 반자[244]에 부치다

寄耽羅幕下金士[245]精 緻 半剌

외딴 섬 탐라는 겹겹 바다로 막혔으니 耽羅孤島隔重溟
홍정[246]이 사방으로 늘어서 지형을 열었네 汞鼎旁開坼地形
일월의 빛이 흐릿하니 장기가 가득하고 日月霾光陰溢瘴
고래가 물결 일으키니 비린내 진동하네 鯨鯢簸浪氣騰腥
남아가 이번 걸음에 큰 뜻을 이룰 것이니 男兒此去詶奇志
어부는 와서 독성을 찾지 말라[247] 漁父休來問獨醒

243 탐라 막하(耽羅幕下) 김사정(金士精) : 제주 판관(濟州判官) 김치(金緻, 1577~1625)로, 사정은 그의 자이다. 본관은 안동(安東), 호는 남봉(南峰) 또는 심곡(深谷)이다. 1597년(선조30) 알성 문과에 병과로 급제하였고, 1609년(광해군1) 1월 7일에 이조 좌랑에서 제주 판관에 제수되었다. 조희일과는 1608년(광해군 즉위년)에 사가독서(賜暇讀書) 인원에 함께 선발된 인연이 있다.

244 반자(半剌) : 중국에서 주군(州郡)의 장관(長官) 아래의 직함인 통판(通判)을 지칭하는 말인데, 우리나라에서는 판관에 해당된다.

245 士 : 대본에는 '子'로 되어 있는데, 《죽음집(竹陰集)》 권5 〈영남 방백 김사정에게 주다〔贈嶺南方伯金士精〕〉와 다수의 용례에 의거하여 바로잡았다.

246 홍정(汞鼎) : 홍연(汞鉛)이다. 도가(道家)에서 수은과 납을 솥에 넣어 만든 단(丹)을 말하는 것으로, 이것을 먹으면 장생할 수 있다고 한다.

247 어부는……말라 : 제주 판관으로 온 것은 큰 뜻을 이룰 수 있는 기회이지 굴원(屈原)처럼 좌천되어 온 것이 아니라는 말이다. 독성(獨醒)은 절조를 굽히지 않다가 조정에서 쫓겨난 굴원을 가리킨다. 전국시대 초(楚)의 대부(大夫) 굴원이 소인의 참소로 쫓겨나 초라한 행색으로 못가를 거닐다가 어부를 만나서 "온 세상이 다 탁한데 나만 홀로 맑고, 사람들이 다 취해있는데 나만 홀로 깨어 있어 이 때문에 내가 추방되었네.〔擧世皆濁, 我獨淸, 衆人皆醉, 我獨醒. 是以見放.〕"라고 한 말을 인용한 것이다. 《古文眞寶後集 卷1

한라산 정상에 높직이 기대어	高倚漢挐山絶頂
남극노인성[248]을 웃으며 보리라	笑看南極老人星

漁父辭》

248 남극노인성(南極老人星) : 인간의 수명을 관장한다는 별로, 남극성(南極星) 또는 노인성(老人星)이라고도 한다. 《史記 天官書》

심상지[249]에 대한 만시

沈尙志甫挽

의젓하여 고인의 풍모가 남아있는 분	休休然有古人風
말세에 내가 이 노인을 겨우 보았네	叔季吾纔見此翁
심사가 꾸밈이 없어 모두 사랑했는데	心事共憐無表襮
갈림길 어느 곳에서 서로 헤어지는가	路岐何處有西東
삼년 동안 오랜 이별이 구천에 막히니	三年闊別重泉阻
반세 동안 사귄 즐거움 일장춘몽이네	半世交歡一夢空
일 끝난 뒤 바쁜 여정에 상여 끈 못 잡으니	役後嚴程辜執紼
눈물 뿌리며 슬픈 마음 쏟아내지 못하겠네	不堪揮淚寫哀衷

249 심상지(沈尙志) : 심엄(沈掩, 1563~1609)으로, 상지는 그의 자이다. 본관은 청송(靑松)이며, 심광세(沈光世)의 부친이다.

양산[250] 사군이 안부를 물은 데 대해 사례하다
謝楊山使君寄問

한 말의 좋은 삼과 두 마리 생선　一斗瓊麻兩尾魚
마음 담은 선물임을 알았으니 더 바랄 게 없네　已知心貺不求餘
바삐 하얀 쌀밥 지은 뒤 아침에 반찬으로 올리고　忙炊白飯朝供膳
재촉해 향유 짜서 밤에 책을 비추리라　催壓香油夜照書
노모께서 근래 매우 쇠약해지셨는데　老母年來衰已甚
정다운 벗이 염려해주니 그 감개 어떻겠나　情朋念及感何如
아 나는 전성의 봉양도 이루지 못하고서　嗟吾未遂專城養
저녁에 나가서 공연히 부모께 걱정 끼쳐 드렸구나[251]　暮出空勞望倚閭

250 양산(楊山) : 경기도 양주(楊州)의 별칭이다.

251 나는……드렸구나 : 지방 수령으로 나가 부모를 봉양하지 못하고 다른 일로 지방에 나가 부모를 걱정스럽게 하였다는 말이다. 전성(專城)의 봉양은 고을 수령이 되어 녹봉으로 부모를 봉양하는 것을 말한다. 원문의 '망의려(望倚閭)'는 왕손가(王孫賈)의 고사에서 나온 말이다. 왕손가의 어머니가 왕손가에게 "네가 아침에 나가서 저녁에 돌아올 때는 나는 집 문에 기대어 기다리고, 네가 저녁에 나가 돌아오지 않을 때는 나는 마을 문에 기대 기다린다.〔女朝出而晩來, 則吾倚門而望, 女暮出而不還, 則吾倚閭而望.〕"라고 하였다. 《戰國策 齊策6》

영상시 동전에서

迎祥詩 東殿

봄 돌아오니 만물이 뚜렷하게 소생하고	春回萬物劃昭蘇
한 기운 성대하여 천하에 두루 퍼지네	一氣洋洋遍九區
소양이 발육 돕는 것을 점차 보겠고	漸看小陽資發育
감로가 적셔주는 도움을 다시 베푸리라[252]	更施甘露助霑濡
중광의 영예는 원래 한나라 뛰어넘고[253]	重光令譽元超漢
임금과 합치된 큰 인은 우순 본받기 원하네[254]	協帝深仁願法虞
요상한 기운이 덕을 이기기 어렵다는 걸 잘 아니	妖孼固知難勝德
도판에 새로운 부적을 걸 필요 없으리[255]	不須桃板揭新符

252 소양(小陽)이……베푸리라 : 성명(聖明)한 군주가 백성들에게 은택을 베푸는 것을 비유한 말로, 여기에서는 태자의 은택을 말한다. 소양은 소양춘(小陽春)의 준말로, 보통은 음력 10월을 가리키는데, 여기에서는 양기(陽氣)가 발동하기 시작하는 것을 말한다. 《초학기(初學記)》에 "겨울철에 양기가 발동하면서 만물이 귀의할 곳을 얻게 되는데, 그 기운이 봄처럼 따뜻하게 되기 때문에 소춘(小春) 혹은 소양춘이라고 한다."라고 하였다. 감로(甘露)는 태평시대의 조짐으로 하늘이 내린다는 단 이슬을 말한다.

253 중광(重光)의……뛰어넘고 : 태자의 성덕(盛德)을 찬미한 말이다. 중광은 태자를 가리키는 말로, 한(漢)나라 명제(明帝)가 태자로 있을 때 악인(樂人)이 태자를 위하여 〈일중광(日重光)〉·〈월중륜(月重輪)〉·〈성중휘(星重輝)〉·〈해중윤(海重潤)〉의 4장의 악장을 바쳤던 데서 유래하였다. 《古今注 音樂》

254 임금과……원하네 : 성명(聖明)한 임금이 서로 이어지기를 바라는 말이다. 《서경》 〈요전(堯典)〉에 "옛날 순 임금을 상고하건대 거듭 빛남이 요 임금에게 합치되었다.〔曰若稽古帝舜, 曰重華協于帝.〕"라고 한 데서 온 말이다.

255 요상한……없으리 : 덕이 있기 때문에 요상한 기운을 물리치는 부적을 걸 필요가

없다는 말이다. 옛 풍속에 신년(新年) 원일(元日)이면 복숭아나무 판자〔桃板〕 두 개에다 신도(神荼), 울루(鬱壘)라는 두 신명(神名)을 써서 문 양쪽에 걸어 사귀(邪鬼)를 물리쳤는데, 해마다 섣달 그믐날이면 이것을 새것으로 바꾸어 걸었다. 《說郛》

이양백[256]이 감태를 부쳐준 데 대해 사례하다

謝李養伯寄甘苔

찬 조수 얼음 밑에 이끼 무늬 자라니	寒潮氷下長苔紋
정강이까지 찬 깊은 갯벌에서 열심히 채취하네	沒脛深泥採擷勤
가늘게 자르니 선녀의 삼각 모양 머리요	細翦仙娥三角髻
푸르게 펼치니 기수[257]에 걸린 한 끈 구름이라	綠披琪樹一緺雲
새 꾸러미 매번 부쳐오니 봄이 생동하려 하고	新苞每寄春將動
좋은 맛 자주 입에 적시니 술에 반쯤 취한 듯	佳味頻霑酒半醺
바다는 지대가 넓어 관아에서 금하지 못하니	海渚地寬官不禁
그대와 돌아가 응당 공평하게 나누리라	與君歸去會平分

256 이양백(李養伯) : 이배원(李培元, 1575~1653)으로, 양백은 그의 자이다. 본관은 함평(咸平), 호는 귀휴당(歸休堂)이다.

257 기수(琪樹) : 구슬을 드리우고 있다는 선경(仙境)의 옥수(玉樹)이다.

급제하여 고향으로 돌아가는 권원보[258] 도 에게 주어 작별하다

贈別權遠甫 濤 上第還鄉

쓸쓸한 성 북쪽 옛날 허름한 집에	寥落城陰舊弊廬
벗이 때때로 그윽한 거처 방문했었지	故人時復訪幽居
활 맞았던 새는 꺾인 날개를 분수로 여기는데[259]	摧頹自分傷弓鳥
지느러미 뗀 물고기는 변화한 모습이 보기 좋네[260]	變化忻看脫鬣魚
백발이 기약한 대로 찾아와 나는 늙었고	白髮如期吾老矣
청산과 약속이 있어 그대는 돌아가누나	青山有約子歸歟
이별의 심정 말하려다 되려 말이 없는데	離懷欲訴還無語
달빛이 다정하게 이별 자리 비춰주누나	月色多情照摻裾

258 권원보(權遠甫) : 권도(權濤, 1575~1644)로, 원보는 그의 다른 자인 듯하다. 본관은 안동(安東), 자는 정포(靜浦), 호는 동계(東溪)이다. 정구(鄭逑)와 장현광(張顯光)의 문인이다. 《죽음집(竹陰集)》 시의 편차로 봤을 때, 이 시는 1610년(광해군2) 그가 진사시에 합격하였을 때 준 시인 듯하다. 권도는 산청군(山淸郡) 신등면(新等面) 단계(丹溪)에 거주하였는데, 여기에서 말하는 고향은 이곳을 가리킨다.

259 활……여기는데 : 일찍이 화환(禍患)을 겪어 두려워하고 경계하는 마음을 가지고 있었다는 말이다. 당(唐)나라 부혁(傅奕)이 한왕(漢王) 양(諒)에게 아뢴 말 가운데 "끓는 국에 덴 자는 냉채를 불어 마시고, 화살에 상한 새는 굽은 나무를 보고도 놀란다.〔懲沸羹者吹冷虀, 傷弓之鳥驚曲木.〕"라고 한 데서 온 말이다. 《新唐書 傅奕列傳》

260 지느러미……좋네 : 과거에 급제한 상대를 비유한 말이다. 당(唐)나라 한유(韓愈)의 〈답장철(荅張徹)〉에 "물고기 지느러미가 등에서 떼어지려 하네〔魚鬣欲脫背.〕"라고 하였는데, 그 주에 "등에서 떼어지려 함은 변화하여 용이 되려는 것이다.〔欲脫背言將化爲龍也.〕"라고 하였다. 《全唐詩 卷337》

회포를 읊다
詠懷

늘 그리운 마음은 절로 평온하기 어려운데	幽懷耿耿自難平
밤 되어 멀리서 금루 소리 들리누나	入夜遙聞禁漏聲
달은 벗처럼 신의 있어 찾아오건만	月似故人來有信
세월은 과객처럼 무정하게 가누나	年如過客去無情
늙고 쇠한 몸이라 외로운 충정은 무디나	衰顔短髮孤忠老
청천의 태양 아래 작은 정성만은 밝아라	白日青天寸悃明
《춘추》 경서 제일 권을 손수 펼치고서	手閱春秋經一卷
등불 마주하고 단정히 앉아 왕정을 읽네[261]	對燈端坐讀王正

261 춘추……읽네 : 《춘추》를 처음부터 읽는다는 말이다. 왕정(王正)은 춘왕정월(春王正月)의 준말로, 공자가 《춘추(春秋)》를 편찬할 때 주(周)나라 왕실을 높이고 대일통(大一統)의 사상을 표시하기 위해 노(魯)나라 은공(隱公) 원년 조에 쓴 말이다.

우거
僑居

귀를 시끄럽게 하는 말발굽 소리 실컷 듣고	厭聽蹄聲聒耳讙
무릎 앞에는 서성일 수 있는 땅도 없다네	膝前無地可盤桓
띠 엮어 덮은 지붕은 엉성해 눈이 들어오고	編茅蓋屋疏穿雪
자리 걸어 막은 문은 얇아서 한기가 스미네	懸席遮門薄透寒
오늘 옮겨 다니는 괴로움을 맛보지 않았다면	今日未嘗遷次苦
예전에 집에 있던 것이 편한 줄 어찌 알았으랴	向來那識在家安
돈 들고 나와 언제나 돌아갈까 점치고[262]	持錢出卜何當返
주렴 밖의 청산을 안석에 기대 보노라	簾外青山隱几看

262 돈……점치고 : 《시경》 〈소완(小宛)〉에 "곡식을 한 움큼 쥐고 나와 어떻게 해야 좋을지 점치노라.〔握粟出卜, 是何能穀?〕"라는 구절을 변용한 것이다.

유거
幽居

홀로 문 닫고 적막하게 묻혀 지내노라니	幽居岑寂獨關門
햇살 점차 따스해져 뜰의 눈 다 녹았네	庭雪全銷日漸暄
시서 익숙히 읽으니 터득함이 있는 듯하지만	熟讀詩書如有得
우환 두루 겪은 것은 말하고 싶지 않구나	飽經憂患欲無言
곤궁한 상황에 저술함은 다 여사이고	窮途著述渾餘事
늘그막에 구가함은 모두 성은이라네	衰境謳吟摠聖恩
원하는 것은 태평 시대에 변방 조용해져서	唯願太平邊圉靜
이내 몸 산림에서 경착하는 거라오[263]	此身耕鑿臥林園

263 원하는……거라오 : 태평 시절을 만나 한가롭고 여유롭게 살고 싶다는 말이다. 경착(耕鑿)은 밭을 갈고 우물을 판다는 말로, 요(堯) 임금 때 〈격양가(擊壤歌)〉에 "해 뜨면 일어나고 해 지면 쉬며, 샘을 파서 물 마시고 밭 갈아 밥 먹으니, 요 임금의 공력이 내게 무슨 상관이랴.〔吾日出而作, 日入而息, 鑿井而飮, 耕田而食, 堯何等力?〕"라고 한 데서 온 말이다. 《論衡 卷5 感虛》

옛집에 돌아오다
還舊家

오늘 밤은 새해 정월 이십사일	今夕新正二十四
점괘에 길하다고 하여 집에 돌아왔네	卜云其吉乃還家
담장 그늘에 늘어진 찬 솔잎을 좋아하고	墻陰愛嚲寒松鬣
섬돌 위에 돋아난 가는 풀싹을 사랑하네	階面憐抽細草芽
석양빛 창에 가득할 제 서책을 읽다가	西日滿窓擎縹帙
남쪽 산이 눈에 들어와 오사모 젖혔네	南山入眼岸烏紗
몇 해 전 집 둘레에 도리 심었으니	年前繞屋栽桃李
봄바람에 하나하나 꽃이 피리라	能向東風一一花

또 짓다

又

신산(辛酸)한 타향살이 한 해가 지났지만	僑寓酸寒閱歲時
허름한 집은 탈이 없어 돌아가길 좋아하네	弊廬無恙好言歸
먼저 창 아래 오피궤[264]에 기댔다가	先憑窓下烏皮几
서둘러 상자 속 학창의[265]를 입노라	催攬箱中鶴氅衣
서책 속에 있는 옛 사람을 보는 듯하고	如見故人書籍在
세속의 때 드문 그윽한 흥취 기뻐하네	喜陶幽興俗塵稀
봄새가 또 어여쁘게 지저귀다가	春禽又作間關響
그치자 처마 앞에 새벽 해가 밝아오네	啼了簷前曉日輝

264 오피궤(烏皮几) : 검은 염소 가죽을 덮은 작은 궤안(几案)인데, 한가하게 노니는 생활을 의미한다. 두보(杜甫)의 시에 "금관성 서쪽 초당 생활 빈궁하지만, 오피궤 있으니 돌아가고 싶어라.〔錦官城西生事微, 烏皮几在還思歸.〕"라고 하였다. 《杜少陵詩集 卷13 將赴成都草堂途中有作先寄嚴鄭公五首》

265 학창의(鶴氅衣) : 학의 깃털로 만들었다고 하여 신선이나 도사가 입는 옷으로, 은자의 복장을 말한다.

회포를 서술하다

述懷

향불 연기 비낀 곳에 작은 창 밝은데	篆煙橫處小窓明
눈 감고 정신 집중하니 기운이 맑구나	閉目凝神氣味淸
인의예지에서 천지의 본성을 찾고	仁義禮尋天地性
시서역에서 성현의 마음 징험하네	詩書易驗聖賢情
근심이 심지를 어지럽히도록 두겠는가	憂端肯許攖心志
학문의 힘으로 오직 사생에 편할 수 있네	學力唯應定死生
약 절구 차 화로에 봄 낮이 고요한데	藥臼茶爐春晝靜
처마에 들어 온 산새가 가까이서 우네	入簷山鳥近人鳴

성 북쪽에서 우연히 읊다

城北偶吟

신무문 앞 백악산[266] 기슭 아래	神武門前白麓下
죽음 선생 작은 정자 열었네	竹陰先生開小亭
졸졸졸 북쪽 시내는 맑은 축 울리는 듯	北澗琤琮響淸筑
첩첩의 서쪽 산은 긴 병풍을 두른 듯	西山倚疊遶長屛
고금의 온갖 일들이 내 뜻 같지 않은데	古今萬事不如意
천지 사이에 공연히 형체 부치고 있네	天地兩間空寓形
거나하게 취해서 안석에 기대 누웠는데	陶然一醉臥隱几
해 저물녘 동풍이 불어 또 술 깨누나	日暮東風吹又醒

266 신무문(神武門) 앞 백악산(白岳山) : 신무문은 경복궁의 북문이고, 백악산은 경복궁의 주산(主山)인 북악산(北岳山)을 말한다.

고을 사람이 술을 들고 찾아와 새 쑥으로 국을 끓이다
鄕人佩酒來訪 湯新艾

촌 늙은이가 소 등에 촌 술을 매달고서	村翁牛背繫村醪
숨어 사는 사람 찾아와 적료함 달래주네	來訪幽人慰寂寥
곱게 찧은 향긋한 쌀을 올려 알맞게 익히고	香粳鑿精供穩煮
갓 싹튼 싱싱한 쑥을 넣어 가볍게 데치네	新蔬抽嫩入輕挑
한가한 정취로 다시 농사 이야기를 하고	閑情更與農談敍
시상도 이로 인해 취흥과 함께 도도하네	詩思仍兼醉興陶
나 또한 늙었으니 이곳 버리고 어디로 가랴	舍此何之吾亦老
그대와 동쪽 언덕에 올라 휘파람 불리라[267]	共君舒嘯上東皐

267 동쪽……불리라 : 여유롭고 한적한 삶을 표현한 말이다. 도잠(陶潛)의 〈귀거래사(歸去來辭)〉에 "동쪽 언덕에 올라 휘파람 불고, 맑은 물가 굽어보며 시를 읊조리리라.〔登東皐以舒嘯, 臨淸流而賦詩.〕"라고 한 데서 온 말이다. 《陶淵明集 卷5》

호서로 출발하다

發湖西行

평생토록 이 몸 바쳐 충효를 다했지만	忠孝平生判此身
군친에 보답할 힘이 없는 게 부끄럽네	自慙無力報君親
더디게 도성 떠나니[268] 누가 나를 알아줄까	遲遲去國誰知我
돌돌이라고 허공에 쓰니[269] 우스운 사람이라	咄咄書空可笑人
새벽녘 사원[270]에는 구름 낀 해가 붉게 비추고	雲日射紅沙院曉
봄철 한강에는 안개 낀 물결이 푸르게 불었네	煙波漲綠漢江春
긴 여정 언제쯤 돌아갈까 조용히 헤아려보니	長程默數何時返
삼월의 풍광도 상순이 지났구나	三月風光過上旬

268 더디게 도성 떠나니 : 도성을 뒤로하고 차마 빨리 떠나지 못하는 마음을 읊은 것이다. 원문의 '거국(去國)'은 원래 고국을 떠난다는 뜻인데 여기서는 도성을 떠난다는 의미이다. 《맹자》 〈만장 하(萬章下)〉에 "공자가 노나라를 떠날 때 '더디고 더디도다, 나의 이 걸음이여.' 하셨다. 이는 부모의 나라를 떠나는 도리이다.〔孔子之去魯曰 遲遲吾行也, 去父母國之道也.〕"라고 한 데서 온 말이다.

269 돌돌(咄咄)이라고 허공에 쓰니 : 매우 어처구니없거나 억울한 일을 당하였을 때 쓰는 말이다. 돌돌은 돌돌괴사(咄咄怪事)의 준말로, 뜻밖의 놀랄 만한 괴이쩍은 일이란 뜻이다. 진(晉)나라 때 은호(殷浩)가 조정에서 쫓겨난 뒤로 집에서 종일토록 허공에다 '돌돌괴사' 네 글자만 쓰고 있었다는 고사에서 온 말이다. 《晉書 殷浩列傳》

270 사원(沙院) : 경기도 광주(廣州)에 위치한 지명으로, 사평원(沙平院)이라고도 한다. 한강 남쪽 기슭에 있다. 《新增東國輿地勝覽 卷6 廣州牧》

취중에 입에서 나오는 대로 붓을 달리다
醉中 口呼走筆

아득한 완적의 길에서 통곡을 하지 말라[271]	休哭蒼茫阮藉途
흥이 무르익으면 오히려 효로[272]를 다툰다오	興酣猶自鬪梟盧
풍도는 기남자로 자부하고	風期自負奇男子
명리는 모두 천장부[273]에게 보냈다오	名利都輸賤丈夫
반평생 생애 동안 쓸모없는 신세 되니	半世生涯堪濩落
한 통 술에 담소하며 영고성쇠를 맡긴다오	一尊談笑任榮枯
띠풀과 서까래로 신교[274] 가에 집 짓고서	茅椽擬卜薪橋畔
가을 오면 신선한 회의 뱃살을 가르고 싶네	鮮膾秋來斫玉膚

271 아득한……말라 : 곤궁한 상황에 처해 있지만 완적(阮籍)처럼 통곡하지 않았다는 말이다. 삼국 시대 위(魏)나라 완적(阮籍)이 시대를 한탄하며 답답한 마음을 풀기 위해 혼자 수레를 몰고 다니다가 막다른 길에 다다르면 문득 통곡을 하고 돌아왔다는 궁도곡(窮途哭)의 고사가 전한다. 이 고사로 인하여 왕발(王勃)의 〈등왕각서(滕王閣序)〉에 "완적은 창광하니 어찌 궁도의 통곡을 본받으랴.〔阮籍猖狂, 豈效窮途之哭?〕"라고 하였다.《晉書 阮籍列傳》《古文眞寶後集 卷2》

272 효로(梟盧) : 옛날 저포(樗蒲)놀이에서 제일 높은 점수를 효(梟)라 하고, 그 다음을 로(盧)라 하였다. 두보(杜甫)의 〈금석행(今夕行)〉에 "의기양양 큰 소리로 오백을 외쳐대며, 웃통 벗고 맨발로 뛰지만 효로는 이뤄지질 않네.〔馮陵大叫呼五白, 袒跣不肯成梟盧.〕"라고 하였다.《杜少陵詩集 卷1》

273 천장부(賤丈夫) : 탐욕스럽고 비루한 사내로, 소박하게 물물교환하던 시장에 천장부가 나타나 교묘하게 술수를 써서 이익을 독점하였다는 이야기가《맹자》〈공손추 하(公孫丑下)〉에 나온다.

274 신교(薪橋) : 충청남도 덕산현(德山縣) 신교천(薪橋川)을 말한다.

목은의 시[275]에 차운하다

次牧隱韻

맑게 갠 봄날 깊은 마을에 서재를 닫으니	春晴深巷掩書齋
문에 들어온 산 빛이 저물녘에 아름답네	入戶山光向夕佳
마을 여인은 광주리 끼고 어린 나물 뜯고	村女挾筐挑嫩菜
시골 아이는 허리에 새끼 차고 마른 섶 묶네	野童腰索束枯柴
문장은 작은 기예이니[276] 장차 어디에 쓸까	文章小技將何用
조물주는 생각 많아 본래 어그러뜨리기 좋아하네	造物多心本喜乖
오늘 밤 완전히 둥근 보름달 떠 있어	今夜正圓三五月
짧은 지팡이 짚고서 앞 계단 거닌다네	短筇扶我步前階

275 목은(牧隱)의 시 : 《목은시고(牧隱詩藁)》 권8에 실린 〈즉사(卽事)〉라는 제목의 시이다.

276 문장은 작은 기예이니 : 성인의 도에 비하면 문장은 보잘것없는 작은 기예에 불과하다는 뜻으로, 보통 자신의 문장을 낮추어 조충소기(雕蟲小技)라고 한다. 두보(杜甫)의 〈화양의 유소부에게 남기다〔貽華陽柳少府〕〉에 "문장은 하나의 작은 기예라, 도에 있어서 존귀하지 못하다네.〔文章一小技, 於道未爲尊.〕"라고 하였다. 《杜少陵詩集 卷15》

우연히 읊다

偶吟

근래 수레 멈추고 교유를 끊고서	年來休駕絶交游
돌아와 호촌에 누우니 경내 더욱 그윽하네	歸臥湖村境更幽
술잔 주고받는 봄날에는 좋은 시구 없는데	酬酢靑春無好句
자라난 백발[277]에는 새로운 근심 있다네	栽培白髮有新愁
한가한 구름 지친 새 보니 천기가 충만하고[278]	閑雲倦鳥天機熟
낮에 자고 아침에 취하니 성은이 두텁구나	午睡朝醺聖渥優
손수 작은 창 열고 문득 한 번 웃으니	手拓小窓翻一笑
팔봉산[279]의 산빛이 두 눈에 가깝구나	八峯山色近雙眸

277 자라난 백발 : 왕안석(王安石)의 〈우연히 짓다〔偶成〕〉에 "세월이 흐르니 홍안이 사라지고, 세상사 신경 쓰니 백발이 생기누나.〔年光斷送朱顔去, 世事栽培白髮生.〕"라고 한 구절을 차용한 것이다. 《王安石集 卷20》

278 한가한……충만하고 : 사물의 움직임에서 천지조화의 작용을 알 수 있다는 말이다.

279 팔봉산(八峯山) : 충청남도 덕산현(德山縣)에 소재한 산 이름이다.

용계가 준 시에 차운하다

次龍溪贈韻

주렴 장막 침침하여 단잠에 빠졌다가	簾幕沈沈睡正濃
깨어나니 골목에 해가 저물었네[280]	覺來門巷日高舂
어제 전해온 집 소식에는 채소밭 열었다 하고	昨傳家信聞開圃
함께 받은 아이 편지에는 솔 심었다고 알려 왔네	兼得兒書報植松
유랑하는 신세는 구름 같으니 어디에 정착할까	浪跡似雲何住着
돌아가는 마음은 물 같아 절로 바다로 흘러가네	歸心如水自朝宗
남은 봄에 고향 돌아가는 행장 정돈하려 하니	殘春欲整還鄉旆
연화 길 만 겹을 다 지나갔네	行盡煙花路萬重

280 해가 저물었네 : 원문의 ‘고용(高舂)’은 해 그림자가 서쪽에 낮게 드리워져 황혼에 가까운 때를 말한다. 《회남자(淮南子)》 〈천문훈(天文訓)〉에 “해가 연우(淵虞)에 이르는 것을 ‘고용(高舂)’이라 하고 연석(連石)에 이르는 것을 ‘하용(下舂)’이라 한다.〔日至於淵虞, 是謂高舂. 至於連石, 是謂下舂.〕”라고 하였는데, 고유(高誘)의 주(注)에 “고용(高舂)은 수졸(戍卒)들을 더 내는 때이니 백성들이 방아를 찧는 때이다.”라고 하였다.

장차 용계와 약속한 모임에 가려다 먼저 시를 부쳐 뜻을 전하다

將赴龍溪約會 先寄致意

촌닭이 아침저녁으로 횃대에 올라 깃드는데	村鷄日夕上塒棲
마을 북쪽 밥 짓는 연기가 서쪽까지 이어졌네	巷北炊煙接巷西
한바탕 봄 꿈에 푹 빠져들어	春夢一場方爛熳
새 시는 한 글자도 안배하지 못하였네	新詩隻字未安排
경영하는 일은 모두 다 소의 꼬리이고[281]	經營何莫非牛後
방광한 성품은 요컨대 〈마제〉를 알아야 하리[282]	放曠要須識馬蹄
버들 밖 따스한 바람이 얼굴에 불어오니	柳外和風吹入面
창에 기대 읊는 곳에서 마음 다해 시 쓴다오	倚窓吟處盡情題

281 경영하는……꼬리이고 : 행하는 모든 일이 남보다 앞에 있지 못하고 남의 뒤에 있다는 말이다. 《전국책(戰國策)》 〈한책(韓策)〉에 "차라리 닭의 입이 될지언정, 소의 꼬리는 되지 말아야 한다.〔寧爲鷄口, 無爲牛後.〕"라고 하였다.

282 방광한……하리 : 〈마제(馬蹄)〉는 《장자(莊子)》의 편명으로, 인위(人爲)의 굴레에서 벗어나 자연 그대로 사는 생활을 희구한다는 내용이다. 두보(杜甫)의 시에 "야박한 풍속은 사람 만나길 회피하나니, 몸 보전하려면 〈마제〉를 배워야 하리.〔薄俗防人面, 全身學馬蹄.〕"라고 하였다. 《杜少陵詩集 卷20 課小豎鉏斫舍北果林》

병중에 일어나 벗을 대하여 짓다

病起對友人作

창 밝아 문득 깨니 아침 해 떠오르는데	牕明忽覺上朝昕
온갖 생각 맑아지고 향 연기 피어오르네	萬慮澄來小篆熏
근심은 가난에 있지 않아 옛 도를 생각하고	憂不在貧懷古道
뜻은 부귀를 구하지 않아 뜬 구름처럼 보네[283]	志非求富視浮雲
강산과 약속 있으니 나는 거기에서 늙어가고	江山有約吾將老
천지는 사심 없으니 사물은 절로 기뻐하네	天地無私物自欣
누가 알랴 평생토록 병고 많은 이유가	誰識百年多病故
하나는 어버이 늙어서이고 하나는 임금 때문인 걸	一緣親老一緣君

283 뜻은……보네 : 뜬구름 같은 부귀를 추구하지 않는다는 말이다. 《논어》 〈술이(述而)〉에 "거친 밥에 물을 마시고 팔을 베고 눕더라도 즐거움이 또한 그 속에 있으니, 의롭지 못한 부귀는 나에게 뜬구름과 같다.〔飯疏食飮水, 曲肱而枕之, 樂亦在其中矣, 不義而富且貴, 於我如浮雲.〕"라고 한 데서 온 말이다.

또 짓다
又

문 열고 턱 괸 채로 남쪽 향해 앉으니	開戶持頤坐向南
짙푸른 팔봉산이 가벼운 이내에 젖었네	八峯濃翠潤輕嵐
허름한 집에서 멀리 북쪽 〈북산〉[284]을 생각하고	弊廬緬憶北山北
좋은 절기에 공연히 삼월 삼짇날 저버렸네	佳節謾拋三月三
시구는 진부하니 범인이 싫어하고	詩句老蒼凡眼厭
언어는 제멋대로이니 고인에 부끄럽네	語言狂易古人慙
누구 집에 바다처럼 많은 주화[285]가 있나	誰家有酒花如海
석양에 말 달려 찾아가고 싶네	走馬斜陽欲往探

284 북산(北山) : 《시경》의 편명으로, 국사에 바빠 부모를 봉양할 수 없는 것을 읊은 시이다. 여기서는 부모를 그리워한다는 뜻으로 쓰였다.

285 주화(酒花) : 술 위에 뜬 거품을 가리킨 것으로 술을 말한다.

목은의 시[286]에 차운하다 병이 나은 뒤에 우연히 읊은 것이다.

次牧隱詩韻 病後偶吟

오늘 아침 신기가 배나 화평하니 今朝神氣倍和平
창밖에서 지저귀는 새 소리 들리누나 窓外喃喃聽鳥聲
장부는 가난을 걱정하지 않는다고 자신하지만 自信丈夫貧不病
양마는 늙어도 잘 달린다는 것을 누가 알려나 誰知良驥老能行
마음으로 사귄 벗과는 그저 망우물[287]이 있고 心交但有忘憂物
시에 대한 벽이 태수생으로 만들었구나[288] 詩癖從敎太瘦生
한 번 읊고 한 번 술 마셔 내 일 마쳤으니 一詠一觴吾事了
정원 가득 봄빛에 꽃들이 산뜻하구나 滿園春色雜花明

286 목은(牧隱)의 시 : 《목은시고(牧隱詩藁)》 권16에 실린 〈새벽에 일어나다〔曉起〕〉라는 제목의 시이다.

287 망우물(忘憂物) : 근심을 잊게 하는 물건이란 뜻으로, 술의 이칭이다.

288 시에……만들었구나 : 시를 짓느라 너무 고심한 탓에 비쩍 말랐다는 말이다. 태수생(太瘦生)은 수척함을 일컫는 말로, 이백(李白)의 〈장난삼아 두보에게 주다〔戲贈杜甫〕〉에 "묻노니 작별한 뒤로 어찌 태수생이 되었나, 모두가 전부터 시 짓느라 고심해서리라.〔借問別來太瘦生, 總爲從前作詩苦.〕"라고 하였다. 《李太白集 卷25》

또 짓다
又

봄 가득한 호촌에 좋은 경치 더디고	春滿湖村麗景遲
숲 너머 새 울음소리 어지러이 들리네	隔林啼鳥響參差
노년의 근력에는 편히 눕는 게 좋고	暮年筋力宜高枕
삼월의 풍광은 사시 중에서 으뜸이네	三月風光最四時
고사리 한창 살찔 때에 송주 익어가고	蕨正肥時松酒熟
버들이 조는 듯한 곳에 살구꽃 여리네	柳如眠處杏花癡
한가한 중의 정취를 누가 알겠는가	何人識得閑中趣
길이 청산 마주하며 짧은 시 읊조리리라	長對靑山詠小詩

회포가 있어

有懷

근래 일을 사절하고 경영을 단절하니	年來謝事絶經營
편안하게 이내 삶 보양함이 아주 좋아라	恬靜偏宜養此生
버들 묻고 꽃 찾는 데는 오히려 뜻이 있고	問柳尋花猶有意
가는 구름 흐르는 물에는 본래 마음 없다네	行雲流水本無情
석잔 술로 도가 통하니 심신이 편안하고	三杯通道心神泰
하루 동안 시 안 지으니 비린한 마음 싹트네	一日逋詩鄙吝萌
두 가지 또한 응당 달절[289] 아니니	二者亦應非達節
빈방에 절로 흰빛 생기는 것[290] 보고 싶네	擬觀虛室自生明

289 달절(達節) : 보통의 규범에 구애되지 않으면서도 절의에 맞는 것을 말한다. 《춘추좌씨전(春秋左氏傳)》 성공(成公) 15년 조에 "성인은 천명(天命)에 따라 행동할 뿐 분수에 구애받지 않고, 다음가는 현인은 분수를 잘 지키고, 그 아래 어리석은 사람은 분수를 지키려 하지 않는다.〔聖達節, 次守節, 下失節.〕"라고 한 데서 온 말이다.

290 빈……것 : 마음이 청허(淸虛)하여 욕심이 없으면 도심(道心)이 절로 생겨나는 것을 의미한다. 《장자》 〈인간세(人間世)〉에 "빈방에는 흰빛이 생기고 거기에는 좋은 징조가 깃든다.〔虛室生白, 吉祥止止.〕"라고 하였다.

용계에게 부치다

寄龍溪

용계의 생각이 특출남을 사랑하니	爲愛龍溪思不群
얼마나 난실에서 남은 향기에 젖었겠나[291]	幾從蘭室襲餘薰
흉금은 멀리 외로운 둥근달을 비추고	襟懷逈照孤輪月
시구는 새로 오색구름을 재단하였네	詩句新裁五色雲
창밖에 핀 매화는 세속 물건 아니고	窓外梅花非俗物
술잔 속 죽엽주에선 맑은 향기 나네	尊中竹葉亦淸芬
풍상에 잎 떨어져도 솔은 여전히 푸르니[292]	風霜搖落松猶碧
백수에 지기는 나와 그대뿐이라	白首相知我與君

291 얼마나……젖었겠나 : 훌륭한 사람들과 자주 어울렸다는 말이다. 난실(蘭室)은 난초 향기가 가득한 방으로 현사(賢士)가 거처하는 곳을 비유한다. 《공자가어(孔子家語)》 〈육본(六本)〉에 "선한 사람과 함께 지내는 것은 마치 지초와 난초의 방에 들어간 것과 같아 오래되면 그 향기를 맡지 못하니, 바로 자신이 그 향기와 동화되었기 때문이다.〔與善人居, 如入芝蘭之室, 久而不聞其香, 卽與之化矣.〕"라고 하였다.

292 풍상(風霜)에……푸르니 : 변치 않는 우정을 소나무에 빗대어 말한 것이다. 당(唐)나라 왕유(王維)의 〈봄날 계수나무와 문답하다 2수〔春桂問答二首〕〉에 "풍상에 흔들려 떨어질 때 나 홀로 피는 것을 그대는 아는가?〔風霜搖落時, 獨秀君知不?〕"라고 한 데서 온 말이다. 《古文眞寶前集 卷1》

우연히 읊다
偶吟

천리 진성의 객[293]은 못 돌아가는데	千里秦城客未還
배꽃은 피려 하고 살구꽃은 시들었네	梨花欲動杏花殘
칠십이 되기까지 이미 반이 지났고	七旬可到已過半
가장 좋은 삼월도 이제 저물려 하네	三月最佳今向闌
취해서 몽당붓 휘두르니 자획이 큼직하고	破筆醉揮書畫大
야위어서 봄옷 입으니 허리띠가 헐렁하네	春衣瘦着帶圍寬
비 머금은 짙은 구름을 바람이 거두어가니	濃雲釀雨風吹捲
전처럼 처마 앞에 푸른 산을 나타났네	依舊簷前送碧巒

293 천리(千里) 진성(秦城)의 객 : 호서(湖西)로 온 저자 자신을 말한다. 진성은 한양 도성을 가리킨다.

즉흥으로 읊다

口呼

석양빛이 날아올라 잡을 수 없는데 暮景飛騰不可攀
청동 거울 속 노쇠해 가는 얼굴 멈출 길 없네 青銅無計駐衰顔
깊은 봄 꽃과 버들은 마을 언덕에 희미하고 深春花柳迷村塢
옛 변방의 바람과 안개는 바다에 이어졌네 古塞風煙接海寰
예전에는 시서를 업으로 삼아 공부했는데 舊日詩書規事業
이내 몸 천지 사이에서 늙어가누나 此身天地老中間
술잔 멈추고 마시지 않은 채 두 눈 응시하니 停杯不飮凝雙睇
아스라한 긴 하늘에 지친 새 돌아오누나 杳杳長空倦鳥還

도중에

途中

팔봉산에 고개 돌리니 점차 흐릿한데	八峯回首漸朦朧
신창[294]에 도착하기도 전에 해가 중천에 떴네	未到新昌日正中
우는 새는 정이 있어 나그네 전송하는 듯	啼鳥有情如送客
지는 꽃은 힘이 없어 바람 따라 흩날리네	落花無力任隨風
야윈 말과 지친 종도 임금 은혜 충분하고	羸驂倦僕君恩足
한북과 호서는 길이 서로 통하였구나	漢北湖西路脈通
역정에서 나를 아느냐고 물었더니	爲問驛亭知我否
이번 걸음 무슨 일로 그리 바쁘냐고 하네	此行何事又悤悤

294 신창(新昌) : 충청남도 아산군(牙山郡)에 있었던 현 이름이다.

봄날을 보내면서 답청 시에 차운하여 청음에게 주다[295]

送春日 次踏青韻 贈淸陰

천리 호서에서 객이 막 돌아오니	湖西千里客初廻
적막한 궁도가 노병을 재촉하네	寂寞窮途老病催
봄빛을 머물게 할 방법이 없는데	無計可將春色住
누가 좋은 시를 부쳐 올 마음 있으랴	有情誰寄好詩來
책상에 버려진 옛 책에 파묻혀 외로운 잠 들고	床抛古帙成孤睡
바람 몰아친 남은 꽃 보며 술 한 잔 드네	風滾殘花可一杯
압도[296] 동쪽 가에 나의 별업이 있으니	鴨島東邊吾別業
푸른 도롱이 입고 돌아가 낚시터 물으리	綠蓑歸去問漁隈

295 봄날을……주다 : 답청 시는 보이지 않고, 이 시의 운자를 쓴 작품으로 《청음집(淸陰集)》 권5에 〈차운하여 이숙에게 주다〔次韻贈怡叔〕〉라는 제목의 시가 보인다.

296 압도(鴨島) : 지금의 서울시 마포구 상암동에 있던 섬으로, 물 위에 떠 있는 오리와 같다고 해서 붙여진 이름이다. 조희일의 별업이 있었던 서호(西湖) 가와 가까이 있었다.

7월 8일 밤에

七月八日夜

작은 누각 산과 가까워 흰 구름 머물고	小閣近山棲白雲
한바탕 가을바람이 나는 모기 날려버리네	金風一陣掃飛蚊
천손의 이별 눈물[297]에 비가 막 개고	天孫別淚雨初霽
금원의 종소리에 밤이 깊지 않았네	禁苑鍾聲宵未分
벌레 소리는 일부러 서늘한 곳 찾느라 시끄럽고	蟲語故尋涼處鬧
연꽃 향기는 유독 고요할 때 짙게 풍겨 오네	荷香偏到靜時聞
적막한 가을하늘에 달빛이 축축이 젖었는데	秋空寥闃月波濕
누워서 종횡으로 펼쳐진 하늘의 별을 보노라	臥看縱橫星斗文

297 천손(天孫)의 이별 눈물 : 천손은 직녀성의 별칭으로, 7월 7일에 견우성과 만났다가 헤어졌기 때문에 이별을 슬퍼하며 눈물을 흘린 것이다.

홀로 술 마시며 즉석에서 읊다

獨酌口占

맑은 가을 북쪽 산기슭에서 비가 서늘함 보내오니	北麓淸秋雨送涼
그윽한 회포 쓸쓸하여 서당 문을 닫았네	幽懷錯莫掩書堂
제비는 추사일 다가오니 이내 신세 나그네 같고	燕將逢社身如客
기러기는 양기를 따르니 이슬이 서리 되려 하네[298]	雁又隨陽露欲霜
우리 도는 예로부터 원래 유유범범하거늘	吾道由來元泛泛
부생은 무슨 일로 괴로이 허둥대는가	浮生何事苦遑遑
거나하게 취한 뒤 외로운 잠에 빠져	陶然醉後成孤寢
잠시 희황을 한바탕 꿈꾸노라[299]	暫向羲皇夢一場

298 제비는……하네 : 제비는 추운 겨울을 따뜻한 곳에서 보내기 위해 남쪽으로 떠나고, 기러기는 가을에 추위를 피해 북쪽에서 남쪽으로 온다는 말이다. 사일(社日)은 입춘(立春) 이후 다섯 번째 무일(戊日)인 춘사일(春社日)과, 입추(立秋) 이후 다섯 번째 무일인 추사일(秋社日)이 있는데, 흔히들 제비는 추사일에 떠났다가 춘사일에 오고 기러기는 추사일에 왔다가 춘사일에 떠난다고 한다.

299 잠시……꿈꾸노라 : 은자(隱者)처럼 한가로이 지내며 아무 근심 없이 순박하게 살고 싶다는 말이다. 희황(羲皇)은 태곳적의 복희씨(伏羲氏)를 말한다. 도연명(陶淵明)의 〈아들 엄 등에게 주는 글〔與子儼等疏〕〉에 "오뉴월에 북창 아래 누워 있으면 서늘한 바람이 잠시 불어오는데, 스스로 희황 때의 사람이 아닌가 하는 생각이 든다.〔五六月中, 北窓下臥, 遇涼風暫至, 自謂是羲皇上人.〕"라고 하였다. 《陶淵明集 卷7》

유거하는 중에 회포가 있어 서산 수령 김득지[300] 대덕 에게 부치다
幽居有懷 寄瑞山倅金得之 大德

그대의 신기는 두루 흘러 어디든 통하나	神氣周流觸處通
고인은 일이 많아 길 막히면 통곡하였네[301]	古人多事哭途窮
악착스러운 당시의 태도[302]를 부끄럽게 여기고	羞爲齪齪當時態
도량 넓은 장자의 풍모 유독 사랑한다오	獨愛休休長者風
본래 흉금을 터놓을 수 있는 사이이니	自是襟期元有托
과거에 우연히 함께 합격한 일 감히 말하랴[303]	敢言科第偶然同
들썩이는 부석 그림자[304] 언제나 돌아가려나	差池鳧影歸何日

300 김득지(金得之) : 김대덕(金大德, 1577~1639)으로, 득지는 그의 자이다. 본관은 광산(光山), 호는 소봉(蘇峰)이다. 김대덕은 1613년(광해군5)에 서산 군수(瑞山郡守)에 임명되었는데, 재임기간 동안 곡식을 많이 비축한 공로로 호조 참의에 임명되었다.《樂全堂集 卷12 刑曹參判金公墓碣銘》

301 고인(古人)은……통곡하였네 : 고인은 완적(阮籍)으로, 궁도곡(窮途哭)의 고사를 말한다.

302 악착스러운 당시의 태도 : 자신의 일신(一身)만 걱정할 뿐 나라에 보답하거나 세상을 걱정하는 뜻이 없는 세태를 말한다. 한유(韓愈)의 〈악착스러움〔齪齪〕〉에 "악착스러운 당시의 선비들은, 걱정하는 바가 굶주림과 추위에 있다오.〔齪齪當世士, 所憂在飢寒.〕"라고 한 데서 온 말이다.《韓昌黎集 卷2》

303 과거에……말하랴 : 김대덕(金大德)과 함께 급제한 것에 대한 자신의 겸사이다. 김대덕과 조희일은 1601년(선조34) 함께 진사시에 합격하였다.

304 들썩이는 부석(鳧舃) 그림자 : 부석은 신선들이 신는 신발로, 지방관을 비유하는 말이다. 여기서는 서산(瑞山) 수령 김대덕(金大德)을 가리킨다. 후한(後漢)의 왕교(王

가을빛 창망한데 푸른 바다 비었구나　　　　　　秋色蒼茫碧海空

喬)가 섭 현령(葉縣令)으로 있을 때, 매월 삭망(朔望)이면 수레도 타지 않고 와서 조회에 참석하였다. 그것을 괴이하게 여긴 임금이 내막을 알아보게 하니, 그가 올 때마다 오리 두 마리가 동남쪽에서 날아왔다. 그물을 쳐서 그 오리를 잡아 놓고 보니, 바로 왕교의 신발이더라는 고사가 전한다.《後漢書 方術列傳 王喬》 두보의 시에 "저물녘 술 취해 손님 머물러 춤추게 하니, 부석이 함께 들썩이는구나.〔晩酣留客舞, 鳧舃共差池.〕"라고 하였다.《杜少陵詩集 卷4 九日楊奉先會白水崔明府》

또 짓다
又

문단에서 일찍이 으뜸으로 추대되었고	藝苑曾推第一名
당시 사론은 찬 서리처럼 맑다 하였네	當時士論凜霜淸
곧은 몸은 세상에 용납되기 어려움 이미 알았고	直躬已辦難容世
적은 봉록은 겨우 경작을 대신할 수 있었네	微祿纔能足代耕
시름 속 꿈에서 매번 호서 길을 찾았으나	愁夢每尋湖外路
장기 낀 구름에 해변 성이 굳게 닫혔어라	瘴雲深鎖海邊城
어떻게 쓸쓸히 삼경의 빗소리 들을거나	那堪聽到三更雨
가을 산에 졸졸 시냇물 소리 들리누나	淅瀝秋山澗水聲

김포 현령이 게를 보내온 데 대해 사례하다

謝金浦倅饋蟹

가을 깊어 곽삭[305]이 강호로 내려와　秋深郭索下江湖
비틀비틀 옆걸음 치다가 집게 발 더듬네　橫步蹣跚獵手摸
술꾼들에게 유독 흥미를 더하고　偏向酒徒添興味
아낙이 그 모습에 웃어도 상관 않네　不妨愚婦笑形模
단제[306]를 잘게 가르니 황금빛 액체가 흐르고　團臍細劈流金液
단단한 껍질 서서히 여니 옥 살결이 드러나네　頑甲徐開露玉膚
삼십 마리 부쳐주어 참으로 감사하니　多謝寄將三十輩
사또의 진중한 선물에 가난한 주방 호화로워졌네　使君珍重侈貧廚

305 곽삭(郭索) : 게의 별칭이다.

306 단제(團臍) : 둥근 배딱지를 가리킨다.

목은의 시[307]에 차운하다

次牧隱韻

여러 달 동안 사운의 연구 짓지 않다가	累月休排四韻聯
흥 일어 붓을 적시니 뜻이 아득하구나	興來濡筆意茫然
화와 복은 원래 서로 따름을 분명히 알고 있고	分知禍福元相倚
몸과 명예 누가 둘 다 온전한지 조용히 헤아리네	默數身名孰兩全
젊은 날 장대한 뜻은 후배에게 보내버리고	少日壯圖輸後輩
늙은 날 깊은 우의는 전현에 의탁한다오	暮年深契托前賢
조용히 내리는 가랑비가 꽃 소식 재촉하는데	愔愔小雨催花信
청산 곁에서 시 읊노라니 정오가 가까웠구나	吟傍春山近午天

307 목은(牧隱)의 시 : 《목은시고(牧隱詩藁)》 권7에 실린 〈잊은 것을 기록하다〔記忘〕〉라는 제목의 시이다.

또 짓다
又

미치광이 모습에다 늙은 모습까지 더해지니	狂態相將老態兼
뒤섞인 책 정돈하고 붓 드는 것에 게으르네	亂書慵整筆慵拈
떨어진 꽃이 땅에 가득하니 봄철에 무료하고	落花滿地春無賴
맛 좋은 술을 통에 담노라니 병든 몸 싫구나	佳釀登槽病可嫌
버들은 온화한 바람 이끌어 낮잠을 유도하고	柳引和風供午枕
제비는 새집 짓느라 앞 처마에서 시끄럽네	燕營新壘鬧前簷
팔봉산의 산빛을 보니 그림 같은데	八峯山色看如畫
부슬거리는 푸른 이내가 비 온 뒤 짙어지누나	嵐翠霏霏雨後添

밤에 읊다 장차 서호의 별장으로 가려다 그대로 추석에 성묘하였다.

夜詠 將向西莊仍掃墓秋夕

비 온 뒤 산빛이 저녁에 더욱 좋으니	雨後山光夕更佳
어지러운 구름 탁 트여 음산한 기운 개었네	亂雲披豁霽陰霾
바람 이는 골짝엔 졸졸졸 샘물 소리 들리고	泉聲淅瀝風生壑
달빛 가득한 계단엔 너울너울 대 그림자 비치네	竹影婆娑月滿階
서검으로 결국 어떤 사업을 이루었나[308]	書劍竟成何事業
천지 사이에 헛되이 이내 몸 늙었구나	乾坤虛老此形骸
내일 아침 홀로 가능으로 향하는 길에	明朝獨向佳[309]陵道
멀리 선영 바라보고 특별히 감회 일리라	遙望松楸別有懷

308 서검(書劍)으로……이루었나 : 문재(文才)와 무재(武才)를 모두 이루지 못하였다는 말이다. 서검은 글과 칼로, 문무(文武)를 뜻한다. 맹호연(孟浩然)의 〈낙양에서 월로 가다〔自洛之越〕〉에 "허둥지둥 삼십 년 세월 동안, 글과 칼 모두 이루지 못하였네.〔遑遑三十年, 書劍兩無成.〕"라고 하였다. 《全唐詩 卷160》

309 佳 : 대본에는 '佳'로 되어 있는데, 조희일의 선영이 있었던 경기도 고양(高陽)과 그다지 멀지 않은 현재 경기도 의정부시 가능동(佳陵洞)을 가리키는 듯하여 수정하였다.

8월의 서리

八月霜

드넓은 하늘에 햇빛이 서늘한데	天容寥廓日蒼涼
기러기 남쪽으로 돌아오기도 전에 서리 내렸네	雁未南歸已有霜
찬 그림자는 새벽 달빛 맞아 잠시 흩날리고	寒影乍飄承曉月
흰 흔적은 아침 햇빛 받아 가볍게 걷히누나	素痕輕斂被朝陽
담장 밑 시든 풀은 푸른 빛 짙지 않고	墻根病草無多碧
잎 아래 그윽한 꽃은 잠시 향기 날 뿐	葉底幽花只暫香
난초 혜초 꺾였다고 다시 근심할 겨를도 없이	不暇更愁蘭蕙折
벼가 모두 고스러졌다고 함께 전하누나	共傳禾稼盡凋傷

우연히 읊다

偶吟

빈집에서 배 드러내고 배불리 먹으며 기뻐하니	坦腹空軒飽食嬉
시와 술 아니면 바로 거문고와 바둑이라오	若非詩酒卽琴棊
새 소리는 베개 기댄 뒤에 유난히 시끄럽고	鳥聲偏鬧枕欹後
산빛은 발을 거둘 때에 참으로 짙다오	山色正濃簾卷時
명리는 저 세상에 이미 보내버렸고	名利已輸他世界
풍류는 이 생애에서 오로지 차지하네	風流專擅此生涯
임금 사모하는 꿈에 단심이 아직도 얽혀	丹忱尙結思君夢
패옥 울리며 때때로 옥지[310]에 오른다오	鳴佩時時上玉墀

310 옥지(玉墀) : 옥석(玉石)으로 만든 층계를 이르는 말로, 전하여 궁궐을 가리킨다.

술을 대하여 '다' 자 운을 얻다

對酒得多字

중양절 좋은 날이 바삐 지나가니	九日佳辰悤悤過
노년의 심사가 더욱 어긋나구나	暮年心事轉蹉跎
청산은 세상과 무심한 지 오래요	青山與世無心久
백주는 나에게 차지한 몫이 많다오	白酒於吾有分多
계단 위 찬 꽃은 늦가을 국화에 드리우고	階上寒花垂晚菊
난간 앞 마른 잎은 높은 가지에서 떨어지네	檻前枯葉墮危柯
고상한 정취는 그야말로 말 잊는 데 있으니	高情正在忘言處
얼마 안 되는 술에 짧은 노래 부른다오	淺淺杯兼短短歌

파양군[311] 윤안성 에 대한 만사

坡陽君挽詞 尹安性

문무겸전한 인재로서 태평성대에 필요하신 분	文武全才聖代需
풍모와 자질이 뛰어나 조잔한 선비들 비웃었지	風姿倜儻笑寒儒
삼군의 장수로 변방에서 이름 떨치고	名標雁塞三軍帥
한 폭의 그림으로 인대[312]에 그 모습 들어갔네	形入麟臺一幅圖
선대에 사귄 우정이 후손까지 이어지고	先世交情施後嗣
현달할 때 기쁜 뜻이 궁한 시절에도 이어졌네	達時歡意及窮途
큰 술잔에 가득 따른들 이제 누가 보랴	深杯引滿今誰見
바닷가로 향하는 붉은 명정 곡하며 전송하노라	哭送丹旌向海隅

311 파양군(坡陽君) : 윤안성(尹安性, 1542～1615)을 가리킨다. 본관은 파평(坡平), 자는 계초(季初), 호는 명관(冥觀)이다. 1583년(선조16)에 복병장(伏兵將)으로 여진족의 침입을 격퇴하였고, 남원 부사(南原府使)로 있을 때 임진왜란이 일어나자 군졸을 모아 왜적과 싸웠다. 또 1594년에 회령 부사(會寧府使)를 거쳐 이듬해 온성 부사(穩城府使)를 역임하는 동안 침입한 여진족 천여 명을 격파하고 선정을 베풀었다. 익사 공신(翼社功臣)에 책록되고 파양군에 봉해졌다. 저서에 《명관유고집(冥觀遺稿集)》이 있다.

312 인대(麟臺) : 기린각(麒麟閣)으로, 공신각(功臣閣)을 일컫는다. 한 선제(漢宣帝) 때 곽광(霍光)·소무(蘇武) 등 공신 11인의 초상화를 기린각에 봉안했던 고사에서 유래하였다. 《漢書 蘇武傳》

꽃과 대나무를 감싸다

藏花竹

산속 집의 꽃과 대나무는 참으로 맑은 부류라　山家花竹亦清流
그 곁에 온 한가한 사람은 세속 생각 사라지누나　來傍閑人俗念休
매번 가꿀 때마다 항상 힘을 쏟은 것은　每爲栽培常費力
떨어질 때가 되어서야 근심 많아져서가 아니었네　不緣搖落始多憂
따뜻한 절기 되돌릴 계획 없어 부끄럽지만　偸回暖律慙無計
된서리 맞아 시들도록 거두지 않겠는가　可冒嚴霜爛不收
칭칭 둘러 보호하는 일 되려 절로 우스우니　護得綢繆還自笑
너를 위한 계책이 나를 위한 계책보다 낫구나　爲渠謀勝爲身謀

앞 시에 차운하다
次

비온 뒤 높은 바람에 잎이 다 떨어지니 雨後高風葉盡流
좋은 시절 하루 저녁에 다 가서 서글프네 韶華一夕悵全休
국화는 이미 서리 견디는 뜻을 빼앗겼고 黃花已奪凌霜志
대나무는 되려 눈 맞을 근심까지 품고 있네 翠擇還兼抱雪憂
작은 텃밭의 찬 채소는 남은 힘으로 따고 小圃寒蔬餘力採
뜰 가득한 아름다운 꽃은 제때 거두노라 滿庭芳卉及時收
담장 그늘에 푸른 소나무가 있는 덕분에 墻陰賴有蒼髥在
세모의 쓸쓸한 회포를 홀로 그와 푸노라 歲暮襟懷獨與謀

권사중[313] 확 의 모친에 대한 만장

權士重 鑊 慈夫人挽章

현랑이 급제하여 잔치 자리 베풀 때[314]	賢郎登第設筵辰
나는 축하 손님으로 참석해 당에 올랐지	小子升堂忝賀賓
정구품의 박한 봉록만 겨우 받을 뿐이라[315]	薄祿纔霑正九品
대부인에게는 은혜로운 봉작 내려오지 않았네	恩封未及大夫人
동쪽 교외의 상여 길이 이제 막 열리고[316]	東郊祖道今初啓
남극성의 정기가 어제 이미 사라졌네[317]	南極星精昨已淪
한창 말 배우는 슬하의 젖먹이 손자	膝下乳孫方學語
울려다 되려 그치니 가만히 서글프구나	欲啼還止默悲辛

313 권사중(權士重) : 권확(權鑊, 1568~1638)으로, 사중은 그의 자이다. 본관은 안동(安東), 호는 석계(石溪)이다. 여주 목사(驪州牧使), 좌부승지, 동부승지 등을 역임하였다.

314 현랑(賢郎)이……때 : 현랑은 남의 자제에 대한 경칭(敬稱)으로, 여기서는 권확(權鑊)을 가리킨다. 권확은 1611년(광해군3) 별시 문과에 을과로 급제하였다.

315 정구품의……뿐이라 : 권확이 문과에 급제한 뒤에 승문원 부정자에 제수된 일을 말한다.

316 동쪽……열리고 : 동쪽 교외로 상여가 나간다는 말이다. 원문의 '조도(祖道)'는 먼 길을 떠나는 사람을 위하여 도로의 귀신에게 지내는 제사를 말한다.

317 남극성(南極星)의……사라졌네 : 권학(權鑊)의 모친이 장수를 누리다가 이제 죽었다는 말이다. 남극성은 노인의 장수를 상징하는 별로, 노인성(老人星)이라 한다.

청음에게 부치다

寄淸陰

근래 궁벽한 마을에서 팔베개하고 누우니	窮巷年來臥曲肱
노병에 더욱 무능함이 스스로 부끄럽구나	自慙衰病轉無能
건축월(建丑月)[318]이라 모진 추위 쌓이고	月維建丑頑陰積
바람으로 겨울을 울리니[319] 세찬 눈이 엉기네	風以鳴冬虐雪凝
쓸쓸하여라 장대한 뜻은 백발에 꺾여버렸고	牢落壯圖輸短髮
적막하여라 시 읊으며 꿈결에 찬 등불과 짝한다오	寂寥吟夢伴寒燈
그대 생각에 붓 준비해서 시구를 짓는데[320]	思君舐筆和詩句
화롯불이 재가 되어 자획이 얼어버렸네	爐火成灰字畫氷

318 건축월(建丑月) : 북두성 자루가 축방(丑方)을 가리키는 달로, 음력 12월을 말한다.

319 바람으로 겨울을 울리니 : 겨울임을 가장 잘 나태는 바람을 통해 겨울을 알린다는 말이다. 당(唐)나라 한유(韓愈)의 〈맹동야를 보내며 지은 서문〔送孟東野序〕〉에 "새로 봄을 울리고, 우레로 여름을 울리고, 벌레로 가을을 울리고, 바람으로 겨울을 울린다.〔以鳥鳴春, 以雷鳴夏, 以蟲鳴秋, 以風鳴冬.〕"라고 하였다. 《韓昌黎文集 卷19》

320 붓……짓는데 : 원문의 '지필(舐筆)'은 붓에 침을 바르고 글씨 쓸 준비를 하는 것이다. 《장자(莊子)》〈전자방(田子方)〉에 "붓에 침을 바르고 먹을 간다.〔舐筆和墨.〕"라고 한 표현을 변용한 것이다.

두 번째로 차운하다

二次

이불로 얼굴 가린 강굉[321]을 배운 적 없어	未曾韜面學姜肱
잠시 밝은 조정에서 작은 재능 바쳤네	暫向明庭效寸能
진주 책 상자에 감춰진 보록[322]을 늘 엿보고	寶籙慣窺珠笈祕
수라간에 엉긴 옥장[323]을 자주 마셨지	御廚頻吸玉漿凝
남은 생애 임금 그리워하다 삼년 동안 병들고	餘生戀主三年病
긴긴 밤 마음 알아준 것은 등잔불 하나였네	長夜知心一盞燈
좋은 시구로 갚고 싶지만 잔뜩 취하여	佳句欲訓人已醉
처마 눈 떨어져 얼음 어는 소리만 누워 듣노라	臥聞簷雪滴成氷

321 이불로……강굉(姜肱) : 강굉은 후한(後漢) 때의 명사(名士)로, 환제(桓帝)가 예를 갖추어 초빙하였으나 응하지 않았을 뿐만 아니라, 그의 얼굴을 그림으로 그려서 올리라는 조칙(詔勅)이 있자, 어두운 곳에 누워서 이불로 얼굴을 가려 버렸기 때문에 화공(畫工)도 결국 그의 얼굴을 보지 못했다고 한다. 《後漢書 姜肱列傳》

322 보록(寶籙) : 도가(道家)의 부록(符籙)으로 미래를 예언하거나 천자의 미래를 예언한 글이다.

323 옥장(玉漿) : 신선이 먹는 음료나 맛있는 술을 말한다.

세 번째로 차운하다
三次

우리 임금 보좌하여 고굉지신 되었으니	左右吾君作股肱
태평 시절 그대 아니면 다시 누가 능하랴	明時舍子復誰能
숨었던 양기 따뜻한 절기가 이제 막 동했지만	潛陽暖律今初動
저문 섣달 남은 추위가 단지 잠시 엉겨있네	殘臘餘寒只暫凝
양한의 전[324]으로 긴긴 여름날을 보내고	兩漢傳消長夏日
반산의 시[325]로 짧은 등잔 심지 돋우었지	半山詩翦短檠燈
청한한 맛을 맛본 지 얼마나 오래던가	淸閑一味何嘗久
번뇌 일면 맨발로 얼음 밟는 것 생각하리라[326]	煩惱應思脚踏氷

324 양한(兩漢)의 전(傳) : 양한은 전한(前漢)과 후한(後漢)으로, 반고(班固)의 《전한서(前漢書)》와 범엽(范曄)의 《후한서(後漢書)》에 수록된 열전(列傳)을 말한다.

325 반산(半山)의 시 : 반산은 송(宋)나라 왕안석(王安石)의 별호인데, 특히 절구시(絶句詩)를 잘 짓는 것으로 이름이 높았다. 양만리(楊萬里)의 〈독시(讀詩)〉에 "배 안에서의 생계는 단지 시편뿐이라, 당시를 읽고 나서 반산의 시를 읽노라. 이 늙은이는 아침을 안 먹은 게 아니로다. 반산의 절구시가 아침밥과 맞먹는구나.〔船中活計只詩編, 讀了唐詩讀半山. 不是老夫朝不食, 半山絶句當朝餐.〕"라고 하였다. 《誠齋集 卷31》

326 번뇌……생각하리라 : 더위를 시원하게 날려 버리듯이 번뇌를 깨끗하게 없애버릴 것을 생각한다는 말이다. 원문의 '각답빙(脚踏氷)'은 동한(東漢)의 마융(馬融)의 고사에 나온 말이다. 마융이 여름밤 관사에서 직숙하고 있었는데, 이날 저녁 솥에 앉은 것처럼 날이 찌는 듯하자, 동료에게 말하기를 "어떻게 하면 옷깃을 풀어헤치고 맨발로 음산의 두꺼운 얼음을 밟고서 먼지와 더위를 씻어버릴 수 있을까?〔安得披襟, 赤脚踏陰山之層冰, 以洗滌塵燠乎?〕"라고 한 데서 온 말이다. 음산(陰山)은 흉노족의 땅에 있던 산으로, 사철 눈과 얼음으로 덮여 있다 한다. 《山堂肆考 卷10》

네 번째로 차운하다
四次

의관도 정제하지 않고 팔다리도 게으르니	不整衣冠惰股肱
따뜻하고 배부름만 추구할 뿐 다시 무엇에 능하랴	只求溫飽更何能
몸뚱이 하나 남아 있으나 촌심은 죽었으니	一身雖在寸心死
만사를 막론하고 두 눈에 눈물이 어리네	萬事莫論雙涕凝
세모의 외로운 회포에 흰 머리 긁적이고	歲暮孤懷搔白首
눈 깊은 초가집에 푸른 등불이 비추네	雪深茅屋映靑燈
이제부터 영화와 치욕을 다 잊는다면	從今榮辱相忘盡
흉중에 숯과 얼음을 둘 수 있겠는가[327]	可置胸中炭與氷

327 이제부터……있겠는가 : 세상의 영욕(榮辱)을 잊는다면 마음속에서 갈등과 번뇌가 일지 않을 것이라는 말이다. 《장자》 〈인간세(人間世)〉에 "기쁨과 두려움의 감정이 흉중에서 싸우는 것은, 본디 오장 속에 얼음과 숯이 한데 뒤엉겨 있기 때문이다.〔喜懼戰于胸中, 固已結氷炭于五臟矣.〕"라고 하였다.

입춘 날에 회포가 있어 청음에게 주다

立春日有懷贈淸陰

온 천하가 오늘 아침은 똑같이 봄이니	四海今朝一樣春
만물이 균등하게 은광을 함께 입었네	恩光同被品流均
천지에 보답하려 하나 애석하게도 힘이 없고	乾坤報答嗟無力
글로 화답하려 하나 부질없이 마음만 있다오	文字賡酬謾有神
세상일은 계절의 변화를 따르지 않지만	世故不隨時候改
인생은 세월이 바뀜에 유독 느낌이누나	人生偏感歲華新
우리들은 이미 곤궁함 속에서 즐거움 얻었으니	吾儕已辦窮途樂
여유로움은 본래 자신에게 달렸음을 알아야 하리	須識優游自在身

두 번째로 차운하다

二次

재촉해서 작은 술통에 동정춘[328]을 거르니	小槽催壓洞庭春
햇무리가 아침 되어 얼굴에 고르게 물들었네	朱暈朝來襯面均
이미 화려함은 세속 사람에게 보내버렸으니	已取繁華輸俗子
오직 적막함 속에서 내 정신 기른다오	唯將寂寞養吾神
솔문에는 눈 녹아 맑은 이내 윤기나고	松門雪盡晴嵐潤
대밭에는 추위 옅어 고운 경치 새롭네	竹院寒輕麗景新
본래 북산은 은둔을 익힐 수 있으니	自是北山堪習隱
이내 생애 못 돌아가는 신세라 누가 말하나[329]	此生誰道未歸身

328 동정춘(洞庭春) : 입춘(立春)에 황감(黃柑)으로 담근 술로, 동정춘색(洞庭春色)이라고 한다.

329 본래……말하나 : 은거하고 싶은 마음을 〈북산이문(北山移文)〉의 고사에 빗대어 표현한 것이다. 남제(南齊) 때 주옹(周顒)이 일찍이 북산(北山)에 은거하다가 중간에 벼슬길에 나갔는데, 그 후 다시 북산으로 돌아오려고 하자, 북산에 은거하던 공치규(孔稚珪)가 주옹의 변절을 매우 못마땅하게 여긴 나머지, 북산 신령의 이름을 가탁하여 관청의 이문(移文)을 본떠서 다시는 북산에 발을 들여놓지 못하도록 하는 내용의 〈북산이문〉을 지었다. 《古文眞寶後集 卷2》

세 번째로 차운하다

三次

사십여 년의 세월을 살면서	行年四十有餘春
지나간 일 헤아려보니 득과 실이 같구나	往事思量得失均
박한 봉록은 비록 구복을 채울 수 있지만	薄祿縱能供口腹
부질없는 명성은 공연히 심신을 어지럽히네	浮名謾解擾心神
바람꽃이 순식간에 날아가니 어찌 잡을까	風花過瞬那堪捉
시든 풀은 봄을 맞이해 잠시 생기 돌려 하네	病草迎春乍欲新
술 마시고 시 읊다가 지칠 즈음 편히 누우니	觴詠倦時高枕臥
이내 생애 되려 한가한 몸을 바라는 듯하네	此生還似丐閑身

네 번째로 차운하다
四次

동풍이 매섭게 부는 도성의 봄날	東風料峭禁城春
살짝 따뜻해졌다가 추워져 조금도 일정치 않네	輕暖輕寒乍未均
시 짓기와 주수[330]는 도를 배우는 데 방해되나	詩課酒籌妨學道
약 화로와 차 절구는 정신을 편안하게 하네	藥爐茶臼可安神
청산이 나를 마주하니 정이 예전 같은데	靑山對我情如舊
태양이 빛을 재촉하니 한 해가 또 새롭네	白日催光歲又新
아무 일 없이 작은 난간에 한가로이 기대	閑倚小軒無箇事
멍하니 환구[331]같은 몸을 잊었어라	兀然忘却幻漚身

330 주수(酒籌) : 술 마실 때 몇 잔을 마셨는지를 표시하거나 벌주의 수를 표시하는 산가지이다.

331 환구(幻漚) : 허깨비와 물거품으로, 불교에서 세상 모든 현상이 헛되고 덧없음을 비유하는 말이다. 환포(幻泡)와 같은 말이다.

다섯 번째로 차운하다 선달그믐날 저녁

五次 除夕

선달그믐 저녁 어울려 이른 봄에 취하니 除夕相將醉早春
한바탕 만난 기쁨은 온 집이 똑같으리 一場歡會萬家均
잔 가운데 백엽주[332]는 크게 마셔야 하고 杯心柏葉須深酌
문 머리의 도부[333]는 어찌나 신령하던지 門首桃符有底神
겨울은 가만히 남은 촛불 따라 다하고 玄律暗隨殘燭盡
봄날은 다시 새벽 종 따라 새롭구나 青陽更逐曉鍾新
아침 되어도 잠에 빠져 있을 테니 찾지 말게 朝來睡熟休相問
전처럼 산중에서 누워 지내는 신세이니 依舊山中偃臥身

332 백엽주(栢葉酒) : 옛 풍속에 측백나무 잎을 담가 술을 빚어 설날에 나누어 마시면서 장수를 기원하고 사기(邪氣)를 물리쳤다고 한다.

333 도부(桃符) : 옛 풍속에 신년(新年) 원일(元日)이면 복숭아나무 판자 두 개에다 신도(神荼), 울루(鬱壘)라는 두 신명(神名)을 써서 문 양쪽에 걸어 사귀(邪鬼)를 물리쳤는데, 해마다 섣달그믐날이면 이것을 새것으로 바꾸어 걸었다. 《說郛》

여섯 번째로 차운하다 선달그믐날 밤

六次 除夜

그리워한 지 이미 해 넘어 봄 되었으니	相思已作隔年春
수일 동안의 이별 회포는 양쪽에서 같으리	數日離懷兩地均
오귀[334]를 몰아내지 못함이 걱정일 뿐이니	爲患未能驅五鬼
푸닥거리 명하여 삼신[335]을 쫓아낼 필요 있으랴	命儺何用逐三神
그저 시 힘에 의지해 곤궁할수록 더욱 건장하나	秪憑詩力窮逾健
어떻게 사귀는 정을 오랠수록 더욱 새롭게 할까	那使交情舊轉新
한 잔의 도소주를 만약 함께 마신다면	一盞屠蘇如共飮
먼저 따라서 내게 양보해야 하리[336]	也應先酌讓吾身

334 오귀(五鬼) : 한유(韓愈)의 〈송궁문(送窮文)〉에 나오는 지궁(智窮), 학궁(學窮), 문궁(文窮), 명궁(命窮), 교궁(交窮)으로 사람에게 붙어 곤궁하게 만드는 다섯 귀신을 말한다. 《古文眞寶後集 卷3》

335 삼신(三神) : 삼시신(三尸神)을 가리킨다. 도가(道家)의 설에 의하면, 사람 몸속에 빌미를 일으키는 세 신이 있는데, 경신일(庚申日)마다 사람의 잘못을 천신(天神)에게 아뢰면 천신이 그 사람의 수명을 줄인다고 하여 섣달 경신일에는 잠을 자지 않고 밤을 지킴으로써 복을 얻는다는 풍속〔庚申守歲〕이 있었다. 섣달그믐의 수세(守歲)는 여기에서 유래하였다고 한다.

336 한……하리 : 설날에 마시는 도소주(屠蘇酒)는 나이 어린 사람부터 마시는 풍습이 있기 때문에 이렇게 말한 것이다. 조희일은 김상헌보다 5세 연하이다.

일곱 번째로 차운하다

七次

우주에서 지금껏 얼마의 세월을 보냈나　宇宙如今閱幾春
온 세상은 똑같이 일 년씩 더해진다오　世間添却一年均
곤충과 초목이 생성하는 이치 오묘하고　昆蟲草木生成妙
일월과 풍운이 운행하는 이치 신묘하네　日月風雲運用神
서곡은 여전히 추워 볕이 이르지 않고[337]　黍谷尙寒陽不到
가회는 이미 비동해 음률이 새로워졌네[338]　葭灰已動律維新
술잔 앞에 특별히 자연의 화기가 있으니　尊前別有天和在
온갖 일 아무 상관하지 않고 흠뻑 취한다오　萬事無關爛醉身

337 서곡(黍谷)은……않고 : 아직 봄이 되지 않았다는 말이다. 전국시대 제(齊)나라 추연(鄒衍)의 고사에서 온 말이다.

338 가회(葭灰)는……새로워졌네 : 동짓달이 되었다는 말이다. 가회는 갈대 속의 엷은 막(膜)을 태운 재이다. 이 가회를 율관(律管)에 넣어 기후를 측정했는데, 동지의 절후가 황종(黃鍾)의 율에 해당하면 그 안에 든 가회가 비동(飛動)하였다 한다.《律呂新書 卷1》

이웃 어른 조 과천[339]께 올리다

奉趙果川隣丈

해가 넘도록 지루하게 병을 앓고 있으니	隔歲支離抱病中
작고 낮은 집이 겨우 한 몸 들일 만하네	小閨矮屋膝纔容
봄철 꽃 필 제 베개 가에 비 내리고	一春花信枕邊雨
한 밤 물시계 소리 날 제 창밖에 바람 부네	五夜漏聲窓外風
세세히 약방문 찾느라 시권을 폐하고	細討藥方詩卷廢
애써 차 사발 찾느라 술잔도 비었네	慣尋茶椀酒杯空
소싯적 즐겁게 지냈던 이들 중 지금 누가 건장한가	少時行樂今誰健
서쪽 이웃 칠순의 노인이 부럽구나	堪羡西隣七十翁

339 조 과천(趙果川) : 과천 현감(果川縣監)을 지낸 조호(趙浩, 1553~?)인 듯하다. 김상헌(金尙憲)의 《청음집(淸陰集)》 권5에 〈과천 현감 조심원 어른을 곡하다〔哭趙果川深源丈〕〉라는 제목의 시가 있고, 또 그의 문집에 조호의 시에 차운한 시가 여러 편 실려 있다. 심원(深源)은 조호의 자이다.

양재 도중에

良才途中

외딴 배로 저물녘 한강 어귀를 건너니	孤舟晩渡漢江口
삼월이라 복사꽃 피고 봄물이 많기도 해라	三月桃花春水多
갈 길 멀지만 해 지는 것이야 근심하지 않는데	路遠不愁白日隱
경내 아름다워 청산을 지나감이 더욱 애석하네	境佳更惜青山過
언덕 너머 촌 늙은이는 논에 물대며 말하고	村翁隔岸灌田語
숲 곁 들판 여인은 나물 캐며 노래하누나	野女傍林挑菜歌
남산에 고개 돌려 봉화를 바라보니	回首終南望烽火
북쪽 소식 지금 어떠한가	北來消息今如何

제천정[340]에서 옛일을 생각하다

濟川亭懷古

제천정은 이미 재와 먼지가 되었는데	濟川亭子已灰塵
기운 섬돌에 여기저기 풀빛이 싱그럽네	欹砌縱橫草色新
부질없이 강산에 승경 남겨 두어	謾有江山留勝槩
얼마나 노래 부르며 행인을 보냈던가	幾經歌吹送行人
낚시터 가의 흰 물결은 비 젖은 어부의 도롱이요	磯邊白浪漁蓑雨
버들 밖의 푸른 깃발은 봄날의 술 파는 집이라	柳外青帘酒肆春
본래 모래밭 갈매기는 수심 따윈 상관하지 않고	自是沙鷗愁不管
석양 속에 모래섬 위를 자주 왕래한다오	夕陽洲上去來頻

340 제천정(濟川亭) : 남산과 한강이 만나는 곳인 지금의 용산구 한남동에 있었던 정자로, 한강루(漢江樓), 한강정(漢江亭) 등으로도 불렸다. 1456년(세조2)에 세워진 왕실의 별장이자 중국 사신을 접대하던 곳으로, 경치가 아름다웠다.

우연히 읊다

偶吟

사립문 반쯤 열린 틈을 녹양이 막았는데 柴門半啓綠楊遮
우는 새 소리에 잠 귀신이 달아났어라 啼鳥聲中破睡魔
울창한 나무에는 절로 꽃이 피었다 지고 深樹自花還自落
숨어 사는 사람은 길게 휘파람 불었다 노래하네 幽人長嘯復長歌
어느덧 닥쳐온 노년을 마다하지 않지만 不辭老境看看逼
홀연히 지나가는 봄빛을 어이할거나 無奈春光忽忽過
흥을 타고 강가 찾아서 가려 하는데 乘興欲尋江上去
배에 가득 안개비가 어부의 도롱이 감싸네 滿船煙雨擁漁蓑

우중에 우연히 읊다

雨中偶吟

발 걷으니 서쪽 산에 빗줄기 가지런한데	簾捲西山雨脚齊
작은 집에 외로이 앉으니 처량하기 그지없네	小軒孤坐不勝凄
꽃이 옛 나무에서 떨어지니 봄이 가려 하고	花辭故樹將春去
새는 새로운 시름 때문에 술을 내 오란 듯 우네	鳥爲新愁喚酒啼
흐르는 세월은 빨리 돌아가고픈 마음과 꼭 같으니	流景正同歸意速
장한 뜻이 어찌 고개 떨군 늙은 얼굴과 함께하랴	壯心那共暮顔低
내일 아침이면 가까워진 샘물 소리를 점차 기뻐해	崇朝漸喜泉聲近
애써 일어나 문에 임하여 불어난 시내를 보리라	强起臨門看漲溪

윤생이 부쳐 준 시에 차운하다

次尹生見寄韻

대은암 앞은 처사의 집이니	大隱巖前處士家
대뿐 아니라 꽃도 가꾸었지	不唯栽竹亦栽花
맑은 그늘은 해 가린 채 볼수록 곧게 뻗고	淸陰礙日看看直
붉은 꽃비는 바람 따라 우수수 비껴 나네	紅雨隨風陣陣斜
봄 지나 좋은 풍광은 이미 저물었지만	春去韶光嗟已晚
세한의 곧은 지조는 그저 자랑할 만하네	歲寒貞操秪堪誇
그대 억지로라도 일어나 와서 취하게	君須强起來拚醉
만사가 지금 두 귀밑머리 센 것과 같으니	萬事如今兩鬢華

우중에 즉석에서 읊어 앵도원 주인 청음 에게 부치다

병진년(1616, 광해군8) 여름

雨中口占 寄櫻桃園主人 淸陰 丙辰夏

허공에 가득한 빗줄기가 삼대처럼 어지러운데	森空雨足亂如麻
밤낮없이 쏟아지니 기세가 갈수록 세차누나	竟日通宵勢轉加
대숲에 상쾌하게 들어오니 비단 죽순 펴지고	爽入竹林舒錦籜
오이 넝쿨 윤택하게 적시니 노란 꽃이 피누나	潤歸瓜蔓綴黃葩
우레 천둥에 세차게 쏟아지는 천 길의 폭포요	雷霆激瀉千尋瀑
북 피리 시끄럽게 우는 양부의 개구리라[341]	鼓吹喧闐兩部蛙
응당 앵도원 속으로 가서	會向櫻桃園裏去
진탕에 빠진 붉은 열매들을 함께 보리라	共看朱實墊泥沙

341 북……개구리라 : 개구리의 시끄러운 울음소리를 양부의 음악 연주에 비유한 것이다. 양부는 옛날 왕실의 성대한 연회 때에 좌부(坐部)와 입부(立部)로 나누어 합주하던 것을 지칭한다. 남제(南齊) 때 공치규(孔稚珪)가 일찍이 자기 문정(門庭)의 잡초를 제거하지 않아 그 안에서 개구리들이 매우 시끄럽게 울어대므로, 혹자가 그에게 묻기를 "그대는 진번(陳蕃)을 닮고자 해서 이리 두는가?" 하자, 공치규가 웃으면서 말하기를, "나는 이 개구리의 울음소리를 양부의 음악 연주로 삼는데, 어찌 반드시 중거를 본받으려 하겠는가.〔我以此當兩部鼓吹, 何必期效仲擧?〕"라고 한 데서 온 말이다.《南齊書 卷48》 중거는 후한(後漢) 때의 고사(高士)인 진번의 자로, 중거를 본받는다는 말은 진번이 15세 때에 자신의 방을 소제하지 않고 내버려두자 그의 부친의 친구가 이를 나무랐는데, 진번이 대장부가 천하를 소제해야지 어찌 방 하나를 소제하겠느냐고 말하였다는 고사에서 온 말이다.

계림 윤[342] 윤훤 에게 부치다

寄鷄林尹 尹暄

벗의 벼슬살이 정황은 근래 어떠한가 故人官況近何如
매번 이웃의 벗에게 안부를 물었네 每向隣朋問起居
천리에서 얼마나 많이 꿈속에서 그리워했던가 千里幾多勞夢想
일 년 중 태반은 소식이 끊겼었지 一年强半斷音書
삶을 도모함은 갈대 문 기러기에 부끄럽지만[343] 謀生自愧銜蘆雁
같은 걱정에 거품 적셔주는 물고기 기약했지[344] 同患相期呴沫魚
두 곳에서 오늘 밤 달을 함께 본다면 兩地共看今夜月
맑은 달빛 간직하여 옷과 소매에 가득하리 淸光留取滿衣裾

342 계림 윤(鷄林尹) : 경주 부윤(慶州府尹) 윤훤(尹暄, 1573~1627)을 가리킨다. 윤훤은 본관은 해평(海平), 자는 차야(次野)이다. 윤훤이 언제 경주 부윤에 제수되었는지는 자세하지 않으나, 《죽음집(竹陰集)》 시의 편차로 봤을 때 1616년(광해군8)에 이 시가 쓰여진 듯하다. 저서에 《백사집(白沙集)》이 있다.

343 삶을……부끄럽지만 : 기러기처럼 자신을 잘 보호하지 못했다는 말이다. 기러기는 그물이나 주살을 피하기 위해 입에 갈대를 물고 먹이를 먹지 않아 몸을 가볍게 한다고 한다. 《시자(尸子)》 권하(卷下)에 "기러기는 갈대를 입에 물어 그물을 피하고, 소는 진을 짜서 호랑이를 물리친다.〔雁銜蘆而捍網, 牛結陣以却虎.〕"라고 하였다.

344 같은……기약했지 : 곤경에 빠졌을 때 서로 도와주기로 약속했다는 말이다. 원문의 '후말(呴沫)'은 물고기들이 서로 습기를 불어 주고 거품으로 적셔주곤 하는 것을 이르는 말로, 《장자(莊子)》 〈대종사(大宗師)〉에 "샘물이 마르면 물고기들이 뭍에 있으면서 입 안의 습기로써 서로 불어 주고 거품으로써 서로 적셔 주는 것이 강호에서 서로 잊고 사는 것만 못하다.〔泉涸魚相與處於陸, 相呴以濕, 相濡以沫, 不如相忘於江湖.〕"라고 한 데서 온 말이다.

영동의 본가에 문안하러 가는 김 수찬[345] 세렴 과 작별하다

別金修撰 世濂 往省嶺東親庭

그대 은혜로운 휴가 받아 동쪽 끝으로 향하니	君承恩暇向東偏
영화로운 근친에 또 승경 감상까지 더하리라	榮覲還兼勝賞延
학사는 지금 국사로 추대되고 있고	學士當今推國士
유선[346]은 이날 진짜 신선을 찾아가누나	儒仙此日訪眞仙
하늘과 맞닿은 큰 바다는 동남북으로 펼쳐져 있고	粘天鉅海東南北
땅에서 솟은 기이한 봉우리는 일만 이천 개리라	拔地奇峯萬二千
윤음은 그야말로 대 문장가를 필요로 하니	綸綍正應須大手
난새와 학 따라 표표히 가지 말게[347]	莫隨鸞鶴去飄然

345 김 수찬(金修撰) : 김세렴(金世濂, 1593~1646)으로, 본관은 선산(善山), 자는 도원(道源), 호는 동명(東溟)이다. 김세렴은 1616년(광해군8) 9월 5일 수찬에 제수되었다.

346 유선(儒仙) : 선비이면서 신선의 풍모를 지닌 사람을 말하는 것으로, 여기서는 김세렴을 가리킨다.

347 난새와……말게 : 신선처럼 떠나지 말라는 말이다. 남조(南朝) 강엄(江淹)의 〈별부(別賦)〉에 "학을 타고 은하수에 오르고, 난새를 타고 하늘을 난다.〔駕鶴上漢, 驂鸞騰天.〕" 라고 하였다. 《文選 卷16》

주청사로 가는 월사[348]에게 받들어 올리다

奉贈月沙奏請之行

만상에서 머물던 갑진년을 기억하니[349]	灣上留連記甲辰
공은 바야흐로 장년이고 나는 청춘이었네	公方盛歲我青春
소리 높여 읊고 붓 놀려 때로 화답하고	高吟放筆時相和
실컷 큰 술잔 당기고 순배 세지 않았네	痛引深杯不計巡
물색은 여전히 예전 모습 그대로인데	物色依然前日面
얼굴은 더 이상 과거 모습 아니라네	容華非復向來身
언덕 곁에 외로운 배 노를 멈춘 곳	孤舟傍岸停橈處
당시 송별했던 사람을 응당 기억하리라	應憶當年送別人

348 주청사(奏請使)로 가는 월사(月沙) : 월사는 이정귀(李廷龜, 1564~1635)의 호로, 1616년(광해군8)에 공성왕후(恭聖王后) 관복 주청사(冠服奏請使)로 명나라에 갔다. 이정귀는 본관은 연안(延安), 자는 성징(聖徵), 시호는 문충(文忠)이다. 뛰어난 중국어 실력과 문학적 재능으로 인하여 여러 차례에 걸쳐 중국으로 사행을 다녀왔다.

349 만상(灣上)에서……기억하니 : 만상은 의주(義州)의 별칭이고, 갑진년은 1604년(선조37)이다. 1604년에 이정귀(李廷龜)는 세자 책봉주청사(世子冊封奏請使) 정사로 명나라에 갔고, 조희일은 자문점마(咨文點馬)로 관서(關西)에 갔는데, 이때 이정귀의 나이는 41세, 조희일(趙希逸)의 나이는 30세였다.

집에 돌아와 회포가 있어 이웃 어른께 받들어 올리다
還家有懷 奉呈隣丈

날마다 약속이나 한 듯 자주 왕래한 것은　跬步源源日有期
가장 가까이 사는 이웃이었기 때문이었네　爲緣居住最隣比
만나서는 마음 속 생각을 말하기 전에 알았고　逢場意緒言前得
창 너머 발자국 소리를 베개 가에서 알았네　隔戶跫音枕上知
바둑 두며 승부 겨루려[350] 아침 일찍 찾았고　棊局點籌朝訪早
토방에 군불 지피니 밤에 더디 돌아갔네　土床添火夜歸遲
집에 돌아오니 하는 일마다 참으로 즐거워　還家事事眞堪樂
그저 옛날 젊었을 때처럼 서로 어울린다오　只是相從少昔時

350 승부 겨루려 : 원문의 '점주(點籌)'는 주판을 놓아 숫자를 계산하여 승부를 겨룬다는 말이다. 당(唐)나라 중종(中宗)의 황후인 위씨(韋氏)가 무삼사(武三思)를 궁중에 끌어들여 쌍륙(雙陸)을 두면 중종은 옆에서 그들을 위하여 주판(산대)을 놓아 숫자를 헤아려 주었다고 한다. 《資治通鑑 卷208》

춘첩 동전에서

春帖 東殿

동룡[351]의 봄 경치가 시야 속에 아름다운데　　銅龍春景望中佳
조용한 구가[352]에 똑똑 새벽 물시계 소리[353]　　曉漏丁東靜九街
구름은 상서를 드러내 패궐[354]을 에워싸고　　雲意表祥籠貝闕
눈꽃은 상서를 펼쳐 옥섬돌을 덮누나　　雪華呈瑞覆瑤階
아득한 전성[355]은 다투어 빛을 발하고　　前星縹緲爭瞻耀
드넓은 소해[356]는 끝을 헤아릴 수 없네　　少海汪洋莫測涯
따뜻한 바람 잘 일으키면 발육에 도움 되니　　好扇仁風資發育

351 동룡(銅龍) : 세자궁을 이른다. 한(漢)나라 태자의 궁문(宮門)에 구리로 만든 용을 장식했다고 하여 이후 동궁 또는 궁궐을 뜻하게 되었다.

352 구가(九街) : 구규(九逵)와 같은 말로, 도성의 번화한 거리를 가리킨다.

353 똑똑……소리 : 원문의 '정동(丁東)'은 물시계의 물방울이 떨어지는 소리이다. 당(唐)나라 온정균(溫庭筠)의 〈비단을 짜는 노래〔織錦詞〕〉에 "똑똑 가는 물시계 소리 옥비파에 스미니, 그림자 옮겨간 높은 오동나무에 달이 막 떠오르네.〔丁東細漏侵瓊瑟, 影轉高梧月初出.〕"라고 하였다. 《全唐詩 卷575》

354 패궐(貝闕) : 조개껍데기로 만든 궁궐로, 용궁에 있다고 하는 궁궐인데, 흔히 대궐을 뜻하는 말로 쓰인다.

355 전성(前星) : 세자를 가리킨다. 《진서(晉書)》〈천문지(天文志)〉에 "심(心)이란 별이 있는데, 중간 별〔中星〕은 천자(天子)를, 앞의 별〔前星〕은 태자(太子)를, 뒤의 별〔後星〕은 서자(庶子)를 가리킨다."라고 하였다.

356 소해(少海) : 세자의 별칭이다. 송(宋)나라 섭정규(葉廷珪)의 《해록쇄사(海錄碎事)》〈제왕(帝王)〉에 "천자는 대해에 비유하고, 태자는 소해에 비유한다.〔天子比大海, 太子比少海.〕"라고 하였다.

삼양이 이미 숨은 풀뿌리를 틔웠으리라　　　　三陽應已動潛荄

수세일에 입춘을 만나다
守歲日 逢立春

작년에는 세전에 봄이 일찍 생동하더니	去歲歲前春動早
올해에는 온종일 봄이 돌아옴을 보게 되네	今年盡日見春廻
비로소 새 율관 불자[357] 봄빛이 예쁘더니	初吹新律煙光嫩
점차 밝은 햇살 퍼져 물색을 재촉하누나	漸布熙陽物色催
세상에서 온갖 괴로움 두루 맛보았으니	世味已嘗千苦遍
소반에는 오신[358]을 담아 올리지 말게	盤羞休飣五辛來
내일 아침이면 한 살 더 먹을 테니	明朝更覺添衰齒
도소주 몇 잔이나 잡는 것을 보려나	看把屠蘇第幾杯

357 비로소……불자 : 대지(大地)에 따뜻한 기운이 퍼졌다는 말이다. 전국 시대 제(齊)나라 추연(鄒衍)의 고사에서 온 말이다. 《列子 湯問》

358 오신(五辛) : 파, 마늘, 생강, 부추, 겨자 등 다섯 가지 매운 맛 나는 채소로, 이른바 오신채(五辛菜)이다. 옛날 풍속에 오신채를 오신반(五辛盤)에 담아 새해를 축하하며 오장(五臟)의 기운을 돋우기 위해 먹었다. 또 이 나물을 쟁반에 담아서 이웃에 나누어 주곤 하였다. 《古今事文類聚 卷6 五辛盤》

봄날이 추워 이웃에 보이다

春寒 示隣舍

날마다 동풍이 땅을 말 듯 사납게 부는데	日日東風捲地獰
언 붓을 녹이노라니 글자 이루기 어렵구나	染毫呵凍字難成
새소리는 잠시 바뀌었으나 완전히 바뀌진 않았고	禽聲乍變未全變
풀은 싹 틔우려다가 되려 틔우는 것 멈추었네	草意欲萌還禁萌
추위 두려워 늘 문을 닫고 있을 뿐 아니라	不獨畏寒常掩戶
가련하게 아무 일 없이 앉아서 정을 잊었네	自憐無事坐忘情
그대여 봄볕이 따뜻해지기를 잠시 기다렸다가	煩君稍待春陽暖
산 북쪽과 남쪽을 차례대로 다니세나	山北山南取次行

차운하다 정사년(1617, 광해군9) 봄에 이산으로 귀양 갔다.[359]

次韻 丁巳春謫理山

변방 성에 외로운 그림자 쓸쓸한데	孤影涼涼塞上城
등불 마주하고 베개 기대 남은 밤 헤아리네	對燈欹枕數殘更
넓은 하늘 병든 기러기는 봄에도 소식 없고	天長病雁春無信
눈 녹은 찬 강에는 멀리 물소리 들리네	雪盡寒江遠有聲
도가 같아 선대의 의리를 잘 알고	同道慣諳先世義
타향에서 예전의 정을 거듭 보네	異鄕重見舊時情
마음 놀라게 하는 온갖 일들 어찌 굳이 말하랴	驚心萬事何煩說
죽고 사는 것 임금 은혜 덕분임을 깨달을 뿐	唯覺君恩荷死生

359 정사년……갔다 : 조희일(趙希逸)은 1616년(광해군8)에 허균(許筠)의 소행으로 의심되는 투서(投書) 사건에 연루되어, 양사(兩司)의 합계(合啓)로 1617년에 평안도 이산(理山)에 위리안치(圍籬安置)되었다. 《竹陰先生集 附錄 神道碑銘》

객중에 보고 느낀 것을 읊다

客中卽事

아득히 먼 변방 산에 모래바람 세차니	邊山荒絶緊風沙
삼월인데도 강가 성에 꽃 보지 못했네	三月江城未見花
제비 두 마리 전처럼 깊숙한 집에서 시끄럽고	雙燕故依深院鬧
까마귀 떼 앞다투어 석양 속에 비껴 나네	亂鴉爭趁夕陽斜
봄 돌아와 술병 났지만 되려 참 맛이고	春來酒病還眞味
늙어가 시상 막히지만 자랑하고 싶어라	老去詩窮欲自誇
애써 일어나 지팡이 짚고 작은 텃밭 찾으니	强起倚笻尋小圃
방초가 점차 싹트는 모습이 사랑스럽네	可憐芳草漸抽芽

두 번째로 차운하다

二次

변방이라 먼지 모래 안 날리는 날 없는데	關河無日不塵沙
추위가 온 숲을 엄습해 꽃 피는 걸 막네	寒勒千林禁放花
집 곁을 두른 울타리는 가지런히 에워싸고	傍宅籬圍環整整
성 감싼 산 그림자는 비스듬히 우뚝 섰네	遶城山影矗斜斜
푸른 봄에 노년 보내니 내 무엇을 의지할까	青春送老吾何賴
백주로 근심 없애는 것 그저 잠시 자랑하네	白酒消憂只暫誇
풍미에 고향 생각날 겨를 없으니	風味未遑思故國
주방 사람이 일이 많아서 미나리 싹만 올리누나	廚人多事薦芹芽

세 번째로 차운하다

三次

성 가에 봄물이 너른 백사장에 불어나니	城邊春浪漲平沙
고향에는 응당 손수 심은 꽃이 피었으리	鄕國應開手植花
화각 소리 잦아들 제 뜨는 달을 맞이하고	畫角吹殘邀月出
향등 다 꺼져갈 제 비낀 은하수를 보네	香燈消盡見河斜
눈앞을 스쳐 가는 영화야 어찌 말할 것 있으랴	榮華過眼那堪說
마음에 새긴 충효를 말없이 자랑한다오	忠孝銘心默自誇
텃밭 일구며 다시 새로 살 방도 마련하니	治圃更成新活計
작은 밭에 파와 마늘 싹이 돋았어라	小畦葱蒜發尖芽

네 번째로 차운하다
四次

삼춘 중에서 태반을 용사[360]에 머무르니	三春强半滯龍沙
궁벽한 골짝은 그늘 짙어 눈꽃이 피었네	窮峽陰多雪作花
새벽달 누각 비칠 제 엄한 경보 들려오고	曉月當樓嚴警徹
저녁 봉화가 산에 오를 제 찬 연기 비끼누나	夕烽生嶂冷煙斜
성명에 누가 있는 것이 어찌 운명과 관계되랴	聲名有累那關命
서검은 이룬 것 없으니[361] 모두 자랑할 것 없네	書劍無成摠莫誇
누워 상상하네 작은 다리 흐르는 물 언덕에	臥想小橋流水岸
엄동설한 뒤 싹 달일 수 있는 새 쑥 돋은 것을	凍餘新艾可煎芽

360 용사(龍沙) : 흉노가 활동했던 북방의 총령(葱嶺) 근처에 있는 사막인 백룡퇴(白龍堆)를 가리키는데, 일반적으로 변방의 먼 지역을 뜻한다.

361 서검(書劍)은……없으니 : 문재(文才)와 무재(武才)를 모두 이루지 못하였다는 말이다. 서검은 글과 칼로, 문무(文武)를 뜻한다.

다섯 번째로 차운하다
五次

누가 공교하게 모래 머금고 그림자 쏘았는가[362]	誰能射影巧含沙
이내 신세 흩날리다 땅에 떨어진 꽃 같아라	身世飄如委地花
비실대는 말 애써 몰며 눈 뚫고 가다 넘어지고	强策羸驂衝雪頓
가파른 비탈 힘들게 부여잡고 구름에 비껴 드네	倦攀危磴入雲斜
유자 옷을 내팽개치니 산 동자 괴이하게 여기고	儒衣任遣山童怪
시골 맛을 때로 따르니 촌 늙은이가 자랑하네	鄕味時從野老誇
어제 받은 집안 편지에는 별다른 말 없고	昨得家書無別語
계단 가득 붉은 작약 새싹이 자란다하네	滿階紅藥長新芽

362 누가……쏘았는가 : 음흉한 수단으로 자신을 해쳤다는 말이다. 《시경》 〈하인사(何人斯)〉에 "저 사람은 도깨비도 되었다가 또 물여우도 되는구나.〔爲鬼爲蜮.〕"라고 하였는데, 주희(朱熹)의 주(註)에 "이 물여우가 입에 모래를 머금고 물에 비친 사람의 그림자를 쏘면 그 사람은 바로 병에 걸리지만 형체는 볼 수 없다.〔能含沙以射水中人影, 其人輒病, 而不見其形也.〕"라고 하였다.

초여름에

夏初

천 리 먼 곳에 봄 돌아왔는데 나그네 못 돌아가니	千里春歸客未歸
시절에 느낌 일어 공연히 또 눈물이 옷을 적시네	感時空復淚沾衣
어찌 하늘의 뜻 높아 헤아리기 어렵다하랴	豈云天意高難測
그래도 임금의 은혜 충분히 의지할 만하다네	猶是君恩足可依
꽃은 가난 싫어하지 않아 문 앞에 피고	花不厭貧當戶發
제비는 나를 따라 처마에 들어와 나네	燕能從我入簷飛
만사에 모두 마음 가라앉힌 지 오래라	都將萬事冥心久
베개 하나에 외로이 자다 저물녘에 깼다오	一枕孤眠了夕暉

우연히 읊다

偶吟

멀고 먼 관서 지방 땅이 다한 끝자락　迢遞關西地盡頭
황사가 쌓인 곳[363]에 큰 강물이 흐르네　黃沙磧裏大江流
귀양살이는 기구한 운수 탓인 줄 이미 알았지만　已知遷謫緣奇數
멀리 떠도는 것이 원유[364]라고 누가 말했나　誰道飄零是遠遊
술은 나를 이끌어 승경을 찾도록 하고　酒解引人尋勝境
시는 흥취 돋우어 곤궁한 근심 없애네　詩能陶興破窮愁
거처가 이내 몸 용납한지라 스스로 만족하니　居停自足容身地
해내에 구주[365] 있은 들 논해 무엇하랴　海內何論有九州

363 황사(黃沙)가 쌓인 곳 : 먼 변방 지역을 형용하는 말이다. 유담(柳淡)의 〈양주곡(涼州曲)〉에 "청해성 위에는 부질없이 달이 떠 있고, 황사가 쌓인 곳엔 본래 봄이 없다오.〔青海城頭空有月, 黃沙磧裏本無春.〕"라고 한 데서 온 말이다. 《全唐詩 卷257》

364 원유(遠遊) : 멀리 노닌다는 뜻으로, 《초사(楚辭)》의 편명이기도 하다. 전국 시대 초(楚)나라 굴원(屈原)이 소인들의 참소를 당해 조정에서 축출된 뒤에 어디에도 호소할 길이 없자, 선인(仙人)과 함께 천지를 두루 돌아다니며 소요하는 내용의 글이다. 《楚辭集注 卷5 遠遊》

365 구주(九州) : 고대에 중국을 9주(州)로 나누었으므로, 중국 전체를 가리킨다. 여기서는 온 세상을 뜻한다.

차운하여 비를 읊다

次韻詠雨

타향에서 머물면서 집 한 채에 부쳐 살며	異域棲遲寄一軒
밤낮없이 내리는 장맛비를 지겹도록 만났네	厭逢陰雨錯晨昏
객지에 머무는 신세는 원래 감회 많음을 아니	從知滯客元多感
길가는 사람만 애간장 끊어지려는 것 아니라오	不獨行人欲斷魂
차마 물 마른 고기에게 공연히 적셔주게 하랴[366]	忍使涸鱗空煦沫
마른 풀도 비에 젖으니 사랑스럽네	可憐枯草亦沾恩
찬 소리 우수수 온 산 저물녘에 들리니	寒聲淅瀝千峯暮
성 밖에 시냇물 흔적이 새로 더해지리	城外新添澗水痕

366 차마……하랴 : 원문의 '학린(涸鱗)'은 마른 웅덩이에 있는 물고기로 어려움에 처한 상황을 말하고, 원문의 '후말(煦沫)'은 물고기들이 서로 습기를 불어 주고 거품으로 적셔 주는 것으로 곤경에 빠졌을 때 서로서로 도와주는 것을 의미한다. 《莊子 外物》《莊子 大宗師》

차운하다
次

나그네 마음 서글퍼 홀로 난간에 기대니	羈懷悄悄獨憑軒
비바람 부는 외딴 성에 초목이 어둑하네	風雨孤城草樹昏
여생을 나라에 보답하기로 마음먹었으니	已分餘生期報國
괴로운 말로 〈초혼부〉[367]를 읊지 말게	休將苦語賦招魂
곤궁과 영달은 자고로 모두 천명이고	窮通自古皆天命
마시고 먹음은 지금껏 다 성은이었네	飮啄如今摠聖恩
임금 사모하는 한없는 눈물 알고자 한다면	欲識戀君無限淚
두 소매에 마르지 않은 흔적 보게나	請看雙袖未乾痕

367 초혼부(招魂賦) : 전국 시대 초(楚)나라의 시인 송옥(宋玉)이 자신의 스승 굴원(屈原)이 조정에서 쫓겨난 것을 불쌍하게 여겨 지은 부(賦)이다. 여기서는 자신의 불우함을 가탁한 것이다.

무제

無題

어둡고 고요한 중에 다시 시름에 겨우니	昏昏默默復惸惸
음식 대하여 먹을 것 잊고 잠도 못 이루네	對食忘餐寢不成
신의 죄는 당연히 죽음만 있을 뿐인데	臣罪倘然唯有死
성은이 이처럼 살려주지 않았던가	聖恩如許可無生
사방으로 두른 울 속에 세 칸 집이요	四圍籬裏三間屋
첩첩의 산중에 한 조각 성이라	千疊山中一片城
감히 남에게 입 열어 말은 못하지만	不敢向人開口語
충효의 이 마음은 신명이 증명하리라	此心忠孝證神明

호두침[368]

虎頭枕

네가 사람 잡아먹어 늘 배불러 있는 것을 보고	視爾饕人慣飽腸
머리 가져다 베개 만들었는데 대략 비슷하구나	取頭爲枕略相當
벌린 아가리는 포효하는 모습 상상되고	張牙想見咆哮狀
성난 눈은 광채가 번뜩이는 듯하네	怒眼猶疑閃爍光
남은 등불 기울여 짝하니 산 귀신 도망가고	欹伴殘燈山鬼避
텅 빈 침상에 기대 잠자니 잠 귀신 숨누나	倚眠虛榻睡魔藏
으스대며 으르렁거리니 바람이 생기는데	憑凌一嘯風生處
오늘의 위기를 일찍이 경계하지 않았구나[369]	今日危機戒未嘗

368 호두침(虎頭枕) : 나쁜 꿈을 막아낸다는 호랑이 머리로 만든 베개인데, 실제로 만들기가 매우 어렵기 때문에 베갯모에 호랑이 머리 모양의 자수를 놓았다고 한다.

369 으스대며……않았구나 : 호랑이가 으르렁거리면 바람이 진동할 정도의 위엄이 있지만, 결국 경계하지 않아 머리가 잘려 베개가 되었다는 말이다. 《주역》 건괘(乾卦) 문언(文言)에 "구름은 용을 따르고 바람은 호랑이를 좇는다.〔雲從龍, 風從虎.〕"라고 하였는데, 공영달(孔穎達)의 소(疏)에 "호랑이는 위엄 있고 사나운 짐승이고, 바람은 진동하는 기운이다. 이 또한 동류가 서로 감응하는 것이다. 그러므로 호랑이가 으르렁거리면 골짝에서 바람이 이니, 이는 바람이 호랑이를 좇는 것이다.〔虎是威猛之獸, 風是震動之氣, 此亦是同類相感, 故虎嘯則谷風生, 是風從虎也.〕"라고 풀이하였다.

삼경[370]에

三庚

드넓은 대지가 하나의 불가마인데 沖瀜大地一烘窯
화기가 삼경 되어 더욱 기승을 부리네 火到三庚氣轉驕
금석이 녹아 흐르려하니 붉은 해 반짝이고 金石欲流紅日爍
강하가 들끓는 듯 붉은 연기 타오르네 江河如沸紫煙焦
추고와 수옥[371]은 내가 부러워하는 바요 秋菰水玉吾堪羨
한로와 영풍[372]은 바라보매 너무 멀어라 寒露迎風望已遼
어떻게 하면 늦더위를 조금 남겨두었다가 安得老炎留一分
북방 음기 엉긴 곳에서 잠시 위안 받을까 朔陰凝處暫相饒

370 삼경(三庚) : 일 년 중 가장 더운 한여름의 세 경일(庚日), 즉 삼복(三伏)을 가리킨다.

371 추고(秋菰)와 수옥(水玉) : 추고는 가을철의 부들이고 수옥은 수정(水晶)으로, 모두 성질이 서늘한 물건이다. 두보(杜甫)의 〈열(熱)〉에 "차디찬 수옥이 되고 싶고, 서늘한 추고가 되길 바란다오.〔乞爲寒水玉, 願作冷秋菰.〕"라고 하였다. 《杜少陵詩集 卷15》

372 한로(寒露)와 영풍(迎風) : 한(漢)나라 진제(晉帝) 때 더위를 피하기 위해 세운 두 전각(殿閣)으로, 한로대(寒露臺)와 영풍관(迎風觀)을 말한다. 두보(杜甫)의 시에 "영풍관과 한로대의 옥병에 넣어 두었네.〔置之迎風寒露之玉壺.〕"라고 하였다. 《杜少陵詩集 卷10 入奏行贈西山檢察使竇侍御》

7월 10일 밤에

七月旬夜

옛 변방 가을 맑아 찜통더위 사그라드니	古塞秋晴減鬱蒸
밤이 되면 하늘이 드넓어서 더욱 맑아라	夜來天宇闊逾澄
샘물 소리 세찰 제 달이 골짝에서 떠오르고	泉聲激激月生峽
이슬방울 홍건할 제 바람에 등불 반짝이네	露脚離離風爍燈
제비는 둥지 떠나려 하는 나그네처럼 보이는데	燕欲辭巢看似客
파리는 오히려 기운 내어 더욱 벗을 모으네	蠅猶作氣轉多朋
미인은 늙어가고 많은 꽃 시드니[373]	美人遲暮群芳歇
이제부터 나그네 마음 슬프게도 기댈 데 없으리	從此羈懷悵莫憑

373 미인(美人)은……시드니 : 굴원(屈原)의 〈이소경(離騷經)〉에 "초목의 잎이 떨어지니, 미인이 늙어갈까 두렵구나.〔惟草木之零落兮, 恐美人之遲暮.〕"라고 한 구절을 변용한 것이다. 《古文眞寶後集 卷1》

회포를 서술하다

述懷

나그네 마음 달랠 길 없어 억지로 회포 풀 것 찾아	羇情無賴强要寬
절로 오고 가는 외로운 구름을 누워서 본다오	臥看孤雲自往還
두 호랑이 입 벌리고 있는 베개에 단잠 들고	睡美枕呀雙虎口
소룡단[374] 달이는 솥에 차향이 나누나	茶香鼎沸小龍團
헛된 명예가 사람 그르쳐 이내 몸 늙어가고	浮名解悞身將老
빠른 세월 교묘하게 재촉해 한해가 다해가네	急景工催歲向闌
꿈 깨자 나무 그림자가 처마 밖으로 옮겨가니	夢罷樹陰簷外轉
작은 집 깊은 곳에서 홀로 서성인다오	小軒深處獨盤桓

374 소룡단(小龍團) : 송대(宋代)에 이름이 높았던 차(茶)의 일종으로, 전하여 좋은 차를 의미한다.

또 짓다

又

몸과 명예 예로부터 다 온전히 지키기 어려우니	身名終古鮮雙全
이내 심사 오직 하늘에 맡겼다오	心事唯憑指九天
취중의 홍취에 문득 굴자를 꺼리고[375]	醉趣頓能嫌屈子
이협의 보조개가 호전 유혹한 일 우스워라[376]	頰渦堪笑動胡銓
드넓은 천지 밖에서 한가로이 지내고	乾坤浩蕩棲遲外
창망한 풍월 가에서 시를 읊조린다오	風月蒼茫嘯詠邊
소부와 직언[377]은 모두 사라졌으니	騷賦直詞俱泯泯

375 취중의……꺼리고 : 자신은 술에 취하였으므로 홀로 깨어 있는 굴원(屈原)을 꺼려 한다는 말이다. 굴자(屈子)는 전국 시대 초 회왕(楚懷王)의 충신인 굴원을 가리킨다. 그가 지은 〈어부사(漁父辭)〉에 "온 세상은 모두 흐린데 나만 홀로 맑고, 사람들은 모두 취했는데 나만 홀로 깨어 있다.〔擧世皆濁, 我獨淸, 衆人皆醉, 我獨醒.〕"라고 하였다. 《古文眞寶後集 卷1》

376 이협(梨頰)의……우스워라 : 이협은 배의 속살처럼 하얀 얼굴을 뜻하는 말로, 미인의 예쁜 얼굴을 비유한 말이다. 송나라 때 문신 호전(胡銓)이 금(金)나라와의 화친을 주장하는 진회(秦檜)의 머리를 베자는 직언(直言)을 올렸다가 10년 동안 해외에서 귀양살이를 하였는데, 북쪽으로 돌아가는 날에 상담(湘潭)의 호씨(胡氏) 장원(莊園)에서 술을 마시며 '임금님 은혜로 돌아가며 이렇게 한번 취했나니, 옆에는 이협에 살짝 핀 보조개가 있네.〔君恩許歸此一醉, 傍有梨頰生微渦.〕'라는 시를 지어 희롱하였다가 그 남편에게 말처럼 엎드려 여물을 먹는 수모를 당한 일이 있었다. 《宋史 胡銓列傳》《鶴林玉露 卷12》

377 소부(騷賦)와 직언(直言) : 소부를 지은 굴원(屈原)과 직언을 올린 호전(胡銓)을 가리킨다. 소부는 〈이소부(離騷賦)〉를 말한다.

천년 뒤 슬피 바라보매 눈물 흐르누나 千秋悵望一潸然

7월 29일에 느낌이 일어 자친의 생신이다. 또 5언 율시 한 수가 있다.[378]

七月念九有感 親庭初度 又有五言一首

시장에 별미 없으면[379] 또 다른 사람에게 구하는데	市無兼味更求人
달콤한 맛 늘 생각했지만 마련할 힘 없었다오	甘旨常懷力未臻
송도의 맛 좋은 술을 많이 데우고	煮得松都深碧酒
양포의 은빛 생선을 가늘게 회 뜨겠지	膾來楊浦細銀鱗
멋진 잔치에서 쌍쌍이 춤추는 것을 매우 기뻐하고	高筵喜倒雙雙舞
큰 술잔 올리며 만수무강을 다투어 빌리라	崇爵爭祈萬萬春
예전 촌초의 마음[380] 이미 꺾였으니	寸草向時心已折
오늘 이때를 보내지 못하겠어라	不堪今日度玆辰

378 5언……있다 : 같은 제목의 시가 《죽음집(竹陰集)》 권4에 보인다.

379 시장에 별미 없으면 : 두보(杜甫)의 〈손님이 오다〔客至〕〉에 "소반에 담은 반찬은 시장이 멀어 여러 가지 맛이 없고, 술통에 담은 술은 집이 가난해 묵은 술뿐이로다.〔盤飧市遠無兼味, 樽酒家貧只舊醅.〕"라고 한 데서 온 말이다. 《杜少陵詩集 卷9》

380 촌초(寸草)의 마음 : 부모의 은혜를 갚고자 하는 자식의 마음을 말한다. 당나라 맹교(孟郊)의 〈유자음(游子吟)〉에 "한 치의 풀과 같은 마음을 가지고서, 봄볕 같은 어머님 사랑 보답하기 어려워라.〔難將寸草心, 報得三春暉.〕"라고 한 데서 온 말이다. 《古文眞寶前集 卷1》

밤의 회포
夜懷

가을 산 적막하여 밤이 침침한데	秋山寂歷夜沈沈
바람 소리 시끄럽고 이슬 기운 스며드네	靈籟嘈嘈露氣侵
삼라만상 어두울 때 외론 촛불 비추고	萬象暗時孤燭照
일천 집 잠든 곳에 한 사람 읊조리누나	千家眠處一人吟
계절은 뒤바뀌며 만물을 살리고 죽이지만	炎涼有代能生殺
가없는 풍월[381]은 예나 지금이나 그대로네	風月無涯自古今
누가 베개 가까이 귀뚜라미 오게 해서	誰使寒蛩來近枕
고향 생각나도록 마음 다해 울게 하였나	盡情啼惱故園心

381 가없는 풍월(風月) : 풍월무변(風月無邊)과 같은 말로, 풍경이 더할 나위 없이 아름답게 펼쳐진 것을 말한다. 주희(朱熹)의 〈육선생화상찬(六先生畫像贊)〉에 "맑은 바람과 밝은 달은 끝없이 펼쳐지고, 뜰의 풀은 무성히 푸르도다.〔風月無邊, 庭草交翠.〕"라고 한 데서 온 말이다. 《晦庵集 卷85》

무제 초산은 바로 이산의 읍호이다.

無題 楚山乃理山邑號

원래 세 가지에 뛰어난 정로의 재주 아니니 三絶元非鄭老才
초산의 도깨비가 귀양 온 것 시기할 만하구나[382] 楚山魑魅禦堪猜
옥 품는 것이 일신에 누가 됨을 알겠으니 從知抱玉爲身累
어찌 다만 소금이 화의 매개가 될 뿐이겠는가[383] 何但銷金作禍媒

382 원래……만하구나 : 정로(鄭老)처럼 뛰어난 재주도 없는데 초산(楚山)에 유배 왔다는 말이다. 정로(鄭老)는 당 현종(唐玄宗) 때의 문인인 정건(鄭虔)으로, 시(詩)·서(書)·화(畵)에 모두 뛰어나 현종으로부터 '정건삼절(鄭虔三絶)'이란 어필(御筆)을 받았으나, 훗날 태주(台州)로 유배 가서 죽었다. 두보(杜甫)가 태주로 유배 간 정건을 그리워하며 지은 시에 "그동안 유배당한 사람들을 보면, 대부분 재명이 성해서 잘못된 때문이라네. 선생도 혜강(嵇康)과 완적(阮籍)의 부류라서, 또 세상 사람들의 시기를 받았구려.〔從來禦魑魅, 多爲才名悞. 夫子嵇阮流, 更被時俗惡.〕"라고 한 구절을 변용한 것이다. 《杜少陵詩集 卷7 有懷台州鄭十八司戶》 원문의 '어이매(禦魑魅)'는 도깨비를 막는다는 말로, 귀양을 의미한다. 《춘추좌씨전》 문공(文公) 18년 조에 "순이 요 임금의 신하가 된 뒤에, 사방의 문에서 현자들을 빈례로 맞이하고, 혼돈, 궁기, 도올, 도찬 등 흉악한 네 사람을 사방의 먼 변방으로 내쳐 도깨비를 막게 했다.〔舜臣堯, 賓于四門, 流四凶族渾敦窮奇檮杌饕餮, 投諸四裔, 以禦魑魅.〕"라고 한 데서 온 말이다.

383 옥……뿐이겠는가 : 뛰어난 재주를 지닌 탓에 재앙을 받았다는 말이다. 원문의 '포옥(抱玉)'은 초(楚)나라 사람 변화(卞和)가 박옥(璞玉)을 왕에게 바쳤다가 돌로 오해를 받고 고초를 당하였던 고사에서 온 말로, 뛰어난 재주를 비유하는 말이다. 《韓非子 和氏》 소금(銷金)은 소금장(銷金帳)으로, 금박으로 장식한 아름다운 휘장을 가리킨다. 송(宋)나라 때 한림학사(翰林學士)였던 도곡(陶穀)이 일찍이 당 태위(党太尉) 집의 기녀(妓女)를 얻어 정도(定陶)에 들러 설수(雪水)로 차를 끓이면서 그 기녀에게 말하기를 "당 태위의 집에서는 응당 이런 풍류를 모를 것이다."라고 하자, 그 기녀가 대답하기를 "저 당 태위는 추솔한 사람이니 어찌 이런 풍류가 있겠습니까. 다만 따뜻한 소금장 안에

고향은 길이 멀어 소식이 막혔고　鄕國路長魚信阻
변방에는 가을 저물어 기러기 떼 돌아오네　塞垣秋晩雁行來
첩첩산중이라 다시 대궐을 바라보지 못하니　重峯更礙瞻宸眼
해질녘 높은 바람에 온갖 나무들 구슬퍼라　落日高風萬木哀

서 천천히 술을 따르면서 미인의 고운 노랫소리를 들으며 양고주(羊羔酒)를 마실 뿐입니다."라고 하니, 도곡이 그 말에 부끄러워했다고 한다.《綠窗新話 卷2 引 湘江近事》

늦가을에 회포를 쓰다
秋晩寫懷

세모라 돌아갈 생각에 애간장이 배로 끊어지니	歲暮思歸倍斷魂
아마도 옛 숲 동산은 황폐해졌으리라	想應荒廢舊林園
마음속에는 올 때의 길이 또렷하건만	心中歷歷來時路
깬 뒤라 꿈속의 말이 아스라하네	覺後依依夢裏言
산 등진 작은 고을은 외로운 수루 차갑고	小郡背山孤戍冷
바다로 흘러가는 긴 강은 성난 파도 내달리네	長江注海怒濤奔
구슬픈 호가 잠시 울리자 성의 까마귀 나니	悲笳乍動城鴉起
단풍잎은 창에 부딪치고 달은 흔적 감췄네	霜葉鳴窓月斂痕

회포를 풀다

遣懷

수많은 벼슬아치들 서울에 가득한데　冠蓋紛紛滿洛京
초췌하게 변방 성에 누운 신세 절로 가련하네　自憐憔悴臥邊城
방금 한 말은 농담이라는 말씀[384] 얼마나 흠모하였던가　前言戲耳何欽慕
나의 도가 잘못되었던가[385] 곤궁과 형통을 내맡겼네　吾道非耶任困亨
일만 숲에 잎 떨어질 제 사방에서 바람 일고　葉隕萬林風四起
천 리에서 꿈 깰 제 삼경에 달이 떴어라　夢回千里月三更
남쪽 가는 기러기에게 다정하게 말 건네노니　多情寄語南飛雁
세상천지 어딜 가든 추우니 멀리 가지 말거라　天地同寒莫遠征

384 방금……말씀 : 공자가 농담 삼아 했던 말을 가리킨다. 공자의 제자인 자유(子游)가 무성(武城)의 수령이 되어 예악(禮樂)을 가르치는 것을 공자가 보고 웃으면서, 닭 잡는 데 소 잡는 칼을 쓴다고 말하자, 자유가 정색하여 반문하였다. 그러자 공자가 "제자들아, 언(자유)의 말이 옳다. 방금 내가 한 말은 농담이었다.〔二三子! 偃之言是也, 前言戲之耳.〕"라고 말한 내용이 《논어》 〈양화(陽貨)〉에 보인다.

385 나의 도(道)가 잘못되었던가 : 자신의 도가 행해지지 않는다는 말이다. 공자가 일찍이 자로(子路)를 불러서 묻기를 "《시경》에 '외뿔소도 아니고 범도 아닌데 저 들판을 뛰게 한단 말인가.'라고 하니, 나의 도(道)가 잘못되었는가? 내 어쩌다 이 지경에 이르렀는가?〔匪兕匪虎, 率彼曠野. 吾道非耶? 吾何爲於此?〕"라고 탄식한 내용이 《사기》 〈공자세가(孔子世家)〉에 보인다.

벗의 시에 차운하다

次友人韻

초산의 풍물을 쓸쓸히 마주하니	楚山風物對蕭蕭
성 동쪽 두 번째 다리에서 취한 일 생각나네	憶醉城東第二橋
오늘 동병상련의 괴로움을 맛보니	今日試嘗同病苦
당시에 타향으로 멀어질 줄 누가 알았으랴	當時誰識異鄉遙
깊은 정은 애틋하여 술잔을 재촉하고	深情款款杯行促
호방한 기운은 늠름하여 필세가 비동하였네	豪氣稜稜筆勢飄
나그네 한은 긴 밤 등촉에 비길 수 있는데	客恨可方長夜燭
등불은 다 꺼졌으나 한은 없애기 어려워라	燭花雖盡恨難銷

홀로 앉다

獨坐

추위 두려워 문 닫고 달팽이처럼 움츠리니	畏寒扃室縮如蝸
오래 앉은 터라 병든 다리 유독 저려오네	坐久偏知病脚痲
초산의 풍속은 무당 좋아해 늘 질장구 치고	楚俗玩巫常擊缶
산 오랑캐는 사냥 좋아해 밤에도 호가 소리 들리네	山猺好獵夜聞笳
구슬픈 소리 변방 진동하니 모래바람이 흔들리고	悲聲動塞風沙盪
북방 기운 그늘 의지하니 해와 달이 가려졌네	朔氣憑陰日月遮
어지러운 머리에 비녀 밀어젖히고 도록[386] 펼치니	亂髮摧簪披道籙
앞 숲에서 이따금 깃든 까마귀가 움직이네	前林稍稍動棲鴉

386 도록(道籙) : 도가(道家)의 책을 말한다.

밤에 읊다
夜吟

겨울밤 초산 골짝에 별이 반짝이는데	楚峽冬夜星輝輝
외딴 성에서 화각 부니 사람 소리 드무네	孤城吹角人語稀
등불 걸고 책 읽다가 문득 일어나서	懸燈讀書忽然起
옷깃 부여잡고 창을 연들 누구와 돌아갈까	攬衣拓窓誰與歸
두꺼운 얼음이 강 막으니 교량이 갈라지고	玄氷塞河橋梁坼
흰 눈이 산에 가득하니 행로가 희미하네	白雪滿山行路微
서글퍼서 검을 짚고 길게 휘파람 부는데	倚劍惆悵發長嘯
동방에서 점차 해 솟아 깃든 새가 나누나	東方漸高棲鳥飛

차운하다
次韻

다병한 이내 몸 누우니 더욱 수척한데 多病形骸臥更羸
일어나 애오라지 또 잠시 서성인다오 起來聊復暫逶迤
한겨울 세찬 눈은 궁벽한 협곡을 덮고 深冬虐雪埋窮峽
한밤중 모진 바람은 북쪽 변방을 흔드네 半夜獰飆振朔陲
돌아가는 꿈이 어찌 고향길 막힌 줄 알랴 歸夢豈知鄉路阻
남은 등불에 떨어진 눈물 흔적만 볼 뿐이네 殘燈唯見淚痕垂
남아의 변치 않는 평소의 뜻 男兒不變平生志
소랑이 한나라 부절 지닌 것을 보노라[387] 看取蘇郎漢節持

387 남아의……보노라 : 남아의 변치 않는 충절(忠節)은 가리킨다. 소랑(蘇郎)은 한무제(漢武帝) 때 사람인 소무(蘇武)를 가리키고, 한(漢)나라 부절(符節)은 그가 사신으로 갈 때 잡고 있었던 부절이다. 소무는 중랑장(中郎將)으로서 흉노(匈奴)에 사신 갔다가 19년 동안 억류되었는데, 끝까지 한나라 부절을 잡고 있었다고 한다. 《漢書 蘇武傳》 이백(李白)의 〈소무(蘇武)〉에 "소무는 흉노에 있으면서, 십년 동안 한나라 부절을 잡고 있었네.〔蘇武在匈奴, 十年持漢節.〕"라고 하였다. 《古文眞寶前集 卷2》

차운하다

次韻

돌아가고픈 마음은 밤낮 관동으로 향하는데	歸心日夜關以東
돌아갈 계획은 이제 되려 수포로 돌아갔네	歸計卽今還墮空
한 해의 봄은 만 리 밖에서 생동하고	一年春動萬里外
외딴 성의 달은 일천 산중에서 떠오르네	孤城月出千山中
수심 속에 이내 몸 멀리 온 것만 깨달을 뿐	愁來但覺此身遠
취한 뒤에는 오도가 곤궁한 것은 모른다오	醉後不知吾道窮
경주와 뇌주[388]는 어떤 곳인가	瓊州雷州何許地
옛사람과 지금 사람 같은가 다른가	古人今人同不同

388 경주(瓊州)와 뇌주(雷州) : 지금의 중국 해남도(海南島)와 뇌주 반도를 가리킨다. 소식(蘇軾)이 경주 지방인 해남(海南)으로 귀양 가면서 뇌주로 귀양 가는 그의 아우 소철(蘇轍)에게 부친 시에 "경주와 뇌주가 운해로 막혔다 싫어 말라, 성은이 그래도 멀리서 서로 바라보도록 허락해 주었으니.〔莫嫌瓊雷隔雲海, 聖恩尙許遙相望.〕"라고 하였다.《東坡全集 卷24 吾謫海南……作此詩示之》

중춘에 감회가 일어 작년 2월 12일 적소에 도착하였는데 이미 일년이 지났기 때문에 느낌이 일어 짓다.

仲春有懷 上年二月十二日 到謫所 已閱一朞 故感而有作

동풍이 하룻밤 동안 변방 성을 진동하니	東風一夕動邊城
눈 녹은 산마루는 앙상한 뼈가 드러났네	雪盡山顔瘦骨呈
물색은 남몰래 오늘의 눈물을 보태고	物色暗添今日淚
강물은 또 작년과 같은 소리 내누나	江流又作去年聲
귀향을 조각 꿈에 기대니 밤이 짧아 싫고	歸憑片夢宵嫌短
편지를 천금에 견주니 천금 값도 싸다오	書比千金價亦輕
고향의 봄꽃들 내가 돌보지 못하니	故國春華人不管
동산 가득 매화와 버들에 마음 가누지 못하겠네	滿園梅柳若爲情

차운하다 2월 28일

次韻 二月廿八日

나그네 회포 근년 들어 또 어떠하랴	羈抱年來更若何
월음[389]은 휘파람도 또 노래로도 어쩔 수 없네	越吟非嘯又非歌
변방에 얼음 풀리니 따뜻한 화기가 엿보고	關河解涷陽和闖
초목이 봄을 만나니 비와 이슬 많구나	草木逢春雨露多
외로운 울분은 그저 시에 의지해 잠시 보내고	孤憤秖憑詩暫遣
묵은 병은 약을 기다리면 나을 수 있으리	沈痾可待藥能差
돌아가고픈 마음은 바다로 흘러가는 물과 같아	歸心恰似朝宗水
천리 멀리 도도하게 바다 물결에 닿누나	千里滔滔接海波

389 월음(越吟) : 월(越)나라의 노래를 말한다. 전국 시대 월나라의 장석(莊舃)이 일찍이 초(楚)나라에 가서 높은 벼슬을 하다가 병이 들었을 때, 자기 고향을 그리워하여 월나라의 노래를 불렀던 데서 온 말로, 고향을 몹시 그리워하는 것을 의미한다. 《史記 張儀列傳》

두 번째
二

우거하는 작은 집에 짧은 처마 엉성하니	僑居斗屋短簷疏
성 북쪽의 허름한 옛집이 문득 생각나네	忽憶城陰舊弊廬
한 해가 지나니 객수가 한층 더해져서	經歲轉添爲客恨
사람 만나면 매번 그릇되이 고향 편지 찾네	逢人每悞討鄕書
봄 돌아온 먼 변방에는 추워서 제비 없지만	春歸遙塞寒無燕
설수 불어난 앞 시내에는 벌써 물고기 있네	雪漲前溪早有魚
서글퍼라 답청의 가절이 가까우니	惆悵踏靑佳節近
타향의 풍물에 절로 옷깃이 젖누나	異鄕風物自沾裾

이전 시의 운자를 다시 써서 답청의 모임에 가는 남촌의 제군에게 부치다

再用前韻 寄南村諸君赴踏青會

구십일의 봄빛이 얼마나 되겠는가	九十韶光問幾何
평원을 천천히 거닐며 행가[390]에 화답하리	平蕪緩步答行歌
변방 바람이 추위 이끄니 양기가 힘을 못 쓰고	邊風逗冷陽功少
변새의 요기가 그늘 이루니 비올 기미 많아라	塞祲成陰雨意多
한가한 흥취는 좋은 약속 있음에 기댈 뿐이니	閑興只憑佳約在
즐거운 유람은 좋은 날 택할 수 있는 것 아니네	浪遊非爲穀朝差
삼삼오오 짝을 지어 돌아가는 길엔	三三五五歸時路
해질녘 시내 다리 아래 언덕에 파도가 치리라	日暮溪橋岸拍波

390 행가(行歌) : 길을 가며 노래하는 것이다. 송나라 육유(陸游)의 〈봄에 노닐다〔春遊〕〉에 "길을 가면서 노래하니 멀리 온 줄 모른다오.〔行歌不知遠.〕"라고 하였다. 《御選唐宋詩醇 卷44》

우연히 읊다 사람을 기다려도 오지 않았다.

偶吟 待人不來

봄 잠이 혼몽하여 새벽에 더디 일어나니	春睡昏昏曉起遲
소리 내어 우는 새가 처마 가지에서 시끄럽네	數聲啼鳥鬧簷枝
이월 삼월이라 약간 춥다가 약간 따뜻하고	輕寒輕暖二三月
아침저녁으로 잠깐 비 오다가 금방 개누나	乍雨乍晴朝暮時
백발에 마음 놀라 이내 몸 늙어가고	白髮驚心將老境
청산이 눈에 들어와 또 새로운 시를 짓네	青山入眼又新詩
그리운데도 진탕 밟고 찾아오는 길 막혔으니	相思正礙衝泥訪
창 앞의 바둑판 하나 한가로이 거둔다오	閑斂窓前一局棊

앞 시에 차운하다
次

봄날 추위 매서워 제비 더디 오는데	春寒料峭燕來遲
길가 버들은 가냘픈 가지 막 드리웠네	陌柳初垂嫋嫋枝
정히 엉킨 구름 대하니 산을 에워싼 곳이요	正對亂雲籠岫處
문득 날리는 비를 보니 뜰을 지나는 때라	忽看飛雨過庭時
세상일 헤아려 보매 좋은 계책 없지만	推排世事無奇策
풍광에 이끌려서 짧은 시를 짓는다오	驅使風光有小詩
많은 말이 참으로 도 해침을 진작 깨달았으니	已悟多言眞害道
수담[391]은 오직 바둑 두는 데 있음을 알겠네	手談唯識在圍棊

391 수담(手談) : 손으로 나누는 대화라는 뜻으로, 바둑 두는 것을 말한다. 《세설신어(世說新語)》〈교예(巧藝)〉에 "왕 중랑은 바둑 두는 것을 앉아 숨는 것〔坐隱〕이라 하였고, 지공은 바둑 두는 것을 손으로 담화하는 것〔手談〕이라고 하였다."라고 한 데서 온 말이다. 왕 중랑은 중랑장(中郞將)을 지낸 왕탄지(王坦之)를 가리키고, 지공은 고승(高僧) 지둔(支遁)을 가리킨다.

나그네 회포

客懷

천애에서의 세월이 점점 바뀌어 가는데　天涯甲子換駸駸
버들개지 막 날리니 일만 나무 그늘지네　柳絮初飛萬木陰
뻐꾸기는 진지 험한 곳에서 경작을 권하고[392]　布穀勸耕秦地阻
두견새는 초산 깊은 곳에서 피 토하며 우네[393]　杜鵑啼血楚山深
섬돌 앞에 당귀초를 부질없이 심고[394]　階前謾植當歸草
태양 아래 죽지 못한 마음을 길이 걸었네[395]　日下長懸未死心
다정한 동쪽 고개의 달만이　唯有多情東嶺月

392 뻐꾸기는……권하고 : 뻐꾸기의 울음소리가 흡사 '씨앗을 뿌려라.〔布穀〕'라고 권하는 말과 같기 때문에, 농사철이 되었음을 뻐꾸기에 빗대어 표현한 것이다. 진지는 진(秦)나라 땅으로, 여기서는 변방을 가리킨다.

393 두견새는……우네 : 두견새의 울음소리가 흡사 사람의 '돌아가는 것만 못하다.〔不如歸去.〕'라는 말과 같기 때문에, 돌아가고 싶은 간절한 심정을 두견새에 빗대어 표현한 것이다. 초산(楚山)은 이산(理山)의 읍호이다.

394 섬돌……심고 : 당귀초(當歸草)는 보혈제(補血劑)로 쓰이는 약초이다. 당귀를 풀이하면 '꼭 돌아오라'는 뜻이다. 중국 삼국 시대 위(魏)나라 사람 강유(姜維)가 촉(蜀)의 제갈량(諸葛亮)이 북벌할 당시 사로잡혀 제갈량의 부하가 되었는데, 제갈량은 강유가 자신을 이을 만한 인물이라고 높이 평가하였다. 강유가 촉에 귀의했을 때 그의 어머니가 강유에게 편지를 보내 위나라로 다시 돌아올 것을 호소하면서 마땅히 돌아와야 한다는 뜻에서 당귀라는 약재를 함께 보냈던 고사가 있다. 《三國志 蜀志 姜維傳》 여기서는 유배에서 풀려나 돌아가기를 바라는 마음을 당귀초에 빗대어 표현한 것이다.

395 태양……걸었네 : 임금을 늘 그리워한다는 말이다. 원문의 '일하(日下)'는 임금이 있는 도성을 뜻하고, 죽지 못한 마음은 임금에 대한 충정을 가리킨다.

밤 되어 다시 창에 들어와 나를 찾누나　　　　夜來還復入窓尋

비 온 뒤에

雨後

외로운 잠 낮닭 우는 소리에 깨니	孤眠經罷午鷄前
반쯤 탄 한 가닥의 맑은 향 연기 피어오르네	燒半淸香一炷煙
비 개려 할 제 무지개 잠깐 떴다가	雨意欲晴虹乍吐
구름 빛 점차 엷어질 제 해가 비껴 뚫네	雲光漸薄日斜穿
청산이 가까이 있어 창은 남은 윤기를 머금고	窓含餘潤靑山近
푸른 나무가 둘러싸 베개는 서늘한 바람을 이끄네	枕引微凉碧樹圓
깊은 정원은 쓸쓸하여 아무 일 없으니	深院悄然無箇事
문을 닫고 오직 좌망편[396]을 읽는다오	閉門唯讀坐忘篇

396 좌망편(坐忘篇) : '좌망'의 개념이 기록된 《장자》 〈대종사(大宗師)〉를 가리킨다. 거기에 "육신을 잊어버리고 총명을 물리치며 형체를 떠나 지각을 버리고 대도와 동화되는 것, 이것을 좌망이라 한다.〔墮肢體, 黜聰明, 離形去知, 同於大通, 此謂坐忘.〕"라고 하였다.

남촌에 모여 정답게 이야기하는 제공에게 삼가 부치다
奉寄諸公會晤南村

좋은 약속에 문득 승경 따라 함께 감상하니　佳約還隨勝賞俱
원림의 아름다운 곳이 바로 행주[397]리라　園林好處即行廚
노니는 물고기 팔딱거리니 누가 낚시 금할까　游鱗潑刺誰禁釣
촌 술 짙고 향기로우니 술 살 필요 없으리　村釀濃香不用酤
작은 개울에 비 지나니 겨우 말 건너가고　過雨小溪纔渡馬
깊은 나무에 꽃 지니 이미 까마귀 숨었겠지　落花深樹已藏烏
함께 실컷 술 마시며 격식 벗어던진 곳에서[398]　相將痛飮忘形地
성 가운데 병든 대나무[399]를 생각해 주려나　能憶城中病竹無

397 행주(行廚) : 음식을 장만하기 위해 임시로 차려 놓은 부엌이다. 두보(杜甫)의 〈엄공이 중하에 초당에 왕림하고 겸하여 술과 음식을 가져오다〔嚴公仲夏枉駕草堂兼攜酒饌〉에 “대숲 속 행주에서 옥쟁반을 씻는다.〔竹裏行廚洗玉盤.〕”라고 하였다. 《杜少陵詩集 卷11》

398 함께……곳에서 : 외형적인 예법이나 나이 따위를 잊고 한마음 한뜻으로 어울리는 자리를 말한다. 당나라 두보(杜甫)가 친구 정건(鄭虔)에게 준 〈취시가(醉時歌)〉에 “형식 잊고서 너니 나니 하는 사이, 실컷 술 마시는 것이 진정 나의 스승이라네.〔忘形到爾汝, 痛飮眞吾師.〕”라고 한 데서 온 말이다. 《杜少陵詩集 卷3》

399 병든 대나무 : 작자 자신을 낮추어 표현한 겸사로, 조희일(趙希逸)의 호가 죽음(竹陰)이기 때문에 이렇게 말한 것이다.

비를 마주하여 심수재에게 주다
對雨 贈沈秀才

아침 구름 협곡 에워싸 비가 자주 내리고	朝雲籠峽雨頻胎
일만 나무 깊고 깊어 푸른 그림자 쌓였네	萬木深深綠影堆
누구 집을 향해 흥을 타고 가려했던가	欲向誰家乘興去
우연히 가객 만나 한가함 달래고 온다오	偶逢佳客破閑來
예쁜 앵무새는 나란히 앉아 노래하다 지저귀고	嬌鸚竝坐歌還語
젖은 제비는 낮게 날며 갔다가 돌아오누나	濕燕低飛往復回
한 구절 시 빚을 다 읊지도 못했는데	一句逋詩吟未了
향불 연기 다 꺼져 가벼운 재 떨어지누나	篆煙燒盡墮輕灰

두 번째로 차운하다 이산의 풍속은 시렁을 꽂아 오이 넝쿨을 뻗게 하는데, 그렇게 하지 않으면 썩어서 열매를 맺을 수 없다. 노두의 시에 '오이 시렁'이라는 말이 있더니 참으로 그러하였다.

二次 理俗 揷架施瓜蔓 否則朽不可實 老杜詩有瓜架語 信然

누에고치 처음 켤 제 제비가 새끼를 낳고	蠶繭初完燕化胎
밭에 보리 이삭 흩날려 물결이 언덕 이루네	麥芒翻隴浪成堆
푸른 오이 시렁에 올릴 제 미풍이 불고	靑苽上架微風煽
붉은 작약 화분에 옮길 제 부슬비 내리네	紅藥移盆小雨來
부끄럽게 노부의 쇠한 붓을 찾아서 갔다가	慙覔老夫衰筆去
멀리 깊은 골짝의 검은 구름 따라 돌아왔네	遠隨深洞暝雲回
문에 들어오니 아녀가 옷을 잡아끄는데	入門兒女牽衣處
부엌이 차서 저녁밥이 식었으리라	廚下應寒夕爨灰

벗이 가기가 부른 앵전비창을 듣고 쓴 시에 차운하다
次友人聽歌妓鶯囀飛唱韻

어찌 능소화 비길 안색이 없겠는가마는	豈無顏色比苕英
한 시대를 기울인 맑은소리를 사랑할 뿐	秖愛淸音一代傾
양류는 삼춘이라 옥새[400]가 원망스럽고	楊柳三春怨玉塞
매화는 오월이라 강가 성에 떨어지네[401]	梅花五月落江城
관산의 애달픈 곡조[402]는 천애의 눈물이요	關山苦調天涯淚
대궐의 신령스런 소악(韶樂)[403]은 꿈속의 소리라	雲闕靈韶夢裏聲
창랑 어부곡[404]을 부르지 말게	莫唱滄浪漁父曲
어디에서 먼지 묻은 갓끈을 씻으려하는가	欲從何地濯塵纓

400 옥새(玉塞) : 한대(漢代)에 감숙성(甘肅省) 돈황(敦煌)에 있던 옥문관새(玉門關塞)의 약칭으로, 전하여 변방을 의미한다.

401 매화는……떨어지네 : 이백(李白)의 시에 "황학루에서 옥피리를 불어대니, 강가 성 오월에 매화가 떨어지네.〔黃鶴樓中吹玉笛, 江城五月落梅花.〕"라고 한 구절을 차용한 것이다. 《李太白文集 卷20 與史郎中飮聽黃鶴樓上吹笛》

402 관산(關山)의 애달픈 곡조 : 옛 악부의 적곡(笛曲) 가운데 하나인 〈관산낙매곡(關山落梅曲)〉을 말한다.

403 대궐의 신령스런 소악(韶樂) : 궁중 음악을 말한다. 소악은 순(舜) 임금의 음악이다.

404 창랑 어부곡(滄浪漁父曲) : 굴원(屈原)의 〈어부사(漁父辭)〉에 실린 노래로, 길흉화복은 모두 스스로 자초하는 것이라는 의미를 담고 있다. 거기에 "창랑(滄浪)의 물이 맑으면 내 갓끈을 씻고, 창랑의 물이 탁하면 내 발을 씻으리로다.〔滄浪之水淸兮, 可以濯吾纓. 滄浪之水濁兮, 可以濯吾足.〕"라고 하였다. 《古文眞寶後集 卷1》

우연히 읊다

偶吟

남와[405]의 절후가 천중절을 지나니　南訛節候過天中
만물이 자라고 자라 한 해의 공을 알겠네　萬彙生生認歲功
새 누에가 실 뽑으니 닭이 번데기 먹이고　新繭作絲鷄哺蛹
새 새끼가 껍질 깨니 제비가 벌레 물어 오네　弱雛離殼燕銜蟲
푸른 방초가 무성하게 자란 것을 겨우 보았는데　纔看芳草萋菲綠
붉은 앵도가 흐드러지게 필 줄 생각지도 못했네　不謂櫻桃爛熳紅
버려진 물건[406]도 조화의 운행을 따르는 법　棄物亦能隨化運
용모가 점차 늙어가는 것도 자연스러운 일이라　自然容鬢漸成翁

405 남와(南訛) : 《서경》〈요전(堯典)〉의 '평질남와(平秩南訛)'라는 말에서 온 것으로, 음력 5월의 여름 농사를 보살핀다는 의미이다.

406 버려진 물건 : 쓸모없는 사람을 비유한 말로, 유배된 저자 자신을 말한다.

길몽을 꿨는데 벗이 보여 준 시의 내용과 대략 부합하기에 이에 부쳐 준 시에 차운하다
得好夢 友人所示略相符 仍次所寄韻

사업은 알려진 것 없고 성명은 쇠잔해졌는데	事業無聞性命殘
귀밑머리는 희어지고 뺨에는 붉은빛 사라졌네	鬢添衰白臉消丹
모습 초췌한데도 마음은 임금께 매여 있고	心懸日下形骸瘁
세상 넓은데도 은혜가 울 안까지 미쳤네	恩及籬中世界寬
가의(賈誼)처럼 선실로 소환될 가망이 있고[407]	宣室可望徵見賈
한유(韓愈)처럼 원주로 양이 될 수도 있으리라[408]	袁州倘或量移韓
길몽은 하늘의 계시 아님을 어찌 알랴	那知吉夢非天誘
화와 복은 서로 따르니 두 가지가 아니라네	禍福相仍不二端

407 가의(賈誼)처럼……있고 : 한(漢)나라 가의가 좌천되어 장사왕(長沙王) 태부(太傅)로 있다가 1년 남짓 만에 소명을 받고 돌아오자, 문제(文帝)가 선실에 앉아 가의에게 귀신의 근본에 대해 묻고는 그의 말을 밤늦도록 경청하였다고 한다.《漢書 賈誼傳》선실은 중국 한(漢)나라 미앙궁(未央宮)의 정전(正殿) 이름이다.

408 한유(韓愈)처럼……있으리라 : 당(唐)나라 한유가 헌종(憲宗)에게 〈논불골표(論佛骨表)〉를 올린 일로 조주 자사(潮州刺史)로 좌천되었다가 이어 원주 자사(袁州刺史)로 옮겨 간 일이 있었다.《唐書 韓愈傳》양이는 섬이나 변지로 멀리 귀양 보냈던 사람의 죄를 감등(減等)하여 내지(內地)나 가까운 곳으로 옮기는 것이다.

벽동[409]에 도착하여 서울 소식을 듣다 무오년(1618, 광해군10) 9월에 이산에서 하동으로 이배되었다.[410]

到碧潼 聞京報 戊午九月 自理山移配河東

청명한 시대에 요얼은 용납되기 어려운 법	淸時妖孼理難容
하늘의 그물 넓고 넓으니[411] 성상의 용단 뛰어나네	天網恢恢聖斷雄
악당의 수괴는 하루아침에 먼저 죄를 받았고[412]	元惡一朝先伏罪
아주 간사한 사람은 예로부터 충신인 척하였네[413]	大奸終古或如忠
혐의는 술잔의 쇠뇌처럼 시원하게 풀렸고[414]	嫌疑快釋尊中弩

409 벽동(碧潼) : 압록강 연변에 위치한 평안도의 고을이다.

410 무오년……이배(移配)되었다 : 1616년(광해군8)에 서궁(西宮)에 광해군(光海君)의 죄악을 늘어놓은 투서 사건이 발생하였는데, 조희일(趙希逸)은 이 사건에 연루되어 평안도 이산(理山)에 안치되었다. 그러다가 1618년(광해군10)에 청(淸)나라가 요동의 요새인 청하보(淸河堡)를 함락한 일이 발생하자, 조정에서는 도류(徒流)된 죄인들을 동남(東南) 지역으로 옮기는 조치를 단행하였는데, 조희일은 이때 경상도 하동(河東)으로 이배되었다.

411 하늘의……넓으니 : 임금이 선악을 잘 판별하여 자신이 감형되었다는 말이다. 《노자(老子)》 73장에 "하늘의 그물은 넓고 넓어서 성글지만 놓치지 않는다.〔天網恢恢, 疎而不失.〕"라고 한 데서 온 말이다.

412 악당의……받았고 : 악당의 수괴는 허균(許筠, 1569~1618)을 가리킨다. 허균은 폐모론(廢母論)을 주장하는 등 대북파(大北派)의 일원으로 역적모의를 하였다는 죄목으로 1618년(광해군10) 8월에 처형되었다.

413 아주……하였네 : 아주 간사한 사람은 이이첨(李爾瞻, 1560~1623)을 가리킨다. 이이첨은 정인홍(鄭仁弘), 허균(許筠) 등과 함께 1617년 인목대비(仁穆大妃)의 폐모론을 주창하여 인목대비를 서궁(西宮)에 유폐하는 등 광해군 정권을 농단하였다.

414 혐의는……풀렸고 : 원문의 '준중노(尊中弩)'는 술잔 속의 쇠뇌로, 의심스런 변괴를

득실은 변방의 늙은이에 전적으로 의지하였지[415] 得失全憑塞上翁
피눈물 흘리며 잘못을 찾아보아도 모르겠으니[416] 泣血追愆猶未省
촌심을 어떻게 임금께 하소연할까 寸心那得訴重瞳

뜻한다. 후한(後漢) 때 급군 태수(汲郡太守) 응침(應郴)이 주부(主簿) 두선(杜宣)을 초청하여 술을 접대하였는데, 그때 벽에 걸린 쇠뇌가 뱀의 형상으로 술잔에 비치자, 두선은 뱀이 배 속으로 들어간 것으로 알고 겁이 나서 병을 앓기 시작하여 거의 죽게 되었다. 그러다가 다시 술자리를 갖게 되었는데 또 잔에 뱀이 나타나자, 응침이 이는 벽에 걸린 쇠뇌의 그림자이고 다른 변괴가 아니라고 일러 주니, 두선은 의심이 풀려 병이 나았다고 한다. 《風俗通 怪神》

415 득실은……의지하였지 : 세상의 득실이 새옹지마(塞翁之馬)의 고사처럼 뒤바뀌므로, 자신이 처한 상황에 일희일비(一喜一悲)하지 않겠다는 말이다.

416 피눈물……모르겠으니 : 무엇 때문에 이런 처벌을 받게 되었는가 하고 스스로 반성하는 것을 말한다. 한유(韓愈)의 시에 "고신이 저번에 조정에서 쫓겨난 뒤에, 피눈물을 흘리며 과연 무엇을 잘못했는지 반성해 보았다. 하지만 아득하여 알 수가 없는 것이, 마치 뗏목을 타고 바다에 뜬 것만 같았다.〔孤臣昔放逐, 泣血追愆尤. 汗漫不省識, 恍如乘桴浮.〕"라고 한 데서 온 말이다. 《東雅堂昌黎集註 卷1 赴江陵途中寄贈王二十補闕李十一拾遺李二十六員外翰林三學士》

철옹성[417]에서

鐵甕城

형세로 볼 때 서로의 대도호부요[418] 西路形便大都護
사방이 산으로 둘러싸여 천연의 요새 되었네 四山周匝自天成
거령[419]이 골짝 쪼개 한쪽이 터져 있고 巨靈擘峽一邊坼
귀부[420]로 바위 깎아 천 길 높이로 서 있네 鬼斧斸巖千仞撑
이 지역이 철옹성임을 비로소 믿게 되었으니 方信此區爲鐵甕
다시 어디에서 금성[421]을 찾을 것 있으랴 更從何地覓金城
어렵고 위태로울 때 관문에서 창을 잡고 있으면 當關奮戟艱危際

417 철옹성(鐵甕城) : 평안북도 영변군(寧邊郡) 영변읍에 있는 성이다. 사면이 모두 산으로 둘러싸여 있고, 산에는 성벽을 둘러 마치 항아리와 같다고 하여 철옹성으로 불리었다 한다. 《新增東國輿地勝覽 卷55 平安道 孟山縣》

418 서로(西路)의 대도호부(大都護府)요 : 서로는 평안도를 가리키고, 철옹성이 소재한 영변(寧邊)은 1429년(세종11)에 연산(延山)과 무산(撫山)을 합쳐 영변으로 고치고 대도호부라고 하였다. 《新增東國輿地勝覽 卷54 平安道 寧邊大都護府》

419 거령 : 하신(河神)의 이름이다. 옛날에 산 하나가 하수(河水)를 막고 있어서 하수가 빙 돌아서 흘렀는데, 거령이 이 산을 둘로 쪼개어 하수를 곧게 흐르게 하였다고 한다. 장형(張衡)의 〈서경부(西京賦)〉에 "거령이 힘차게 손바닥으로 높이 떠받들고 발바닥으로 멀리 차 버려, 하수를 흐르게 하였다.〔巨靈贔屭高掌遠蹠, 以流河曲.〕"라고 하였다. 《文選 卷2》

420 귀부(鬼斧) : 귀신의 도끼라는 말로, 사물이 기괴하고 정교함을 마치 신통력을 부려 만든 것과 같음을 뜻한다.

421 금성(金城) : 쇠로 만든 성(城)이라는 뜻으로, 굳고 단단한 성을 비유적으로 이르는 말이다.

병졸 하나가 응당 만병을 대적할 수 있으리라[422]　　一卒端應敵萬兵

422 어렵고……있으리라 : 관문의 특성상 한 사람이 굳게 지키고 있으면 수많은 사람이 공격해도 뚫을 수 없다는 말이다. 서진(西晉) 장재(張載)의 〈검각명(劍閣銘)〉에 "한 사람이 창을 들고 서 있으면 일만 명도 주저한다.〔一人荷戟, 萬夫趑趄.〕"라고 하였고, 이백(李白)의 〈촉도난(蜀道難)〉에 "검각이 험난하게 우뚝 솟아 버티고 있으니, 한 사나이가 관문을 지키면 일만 명이 공격해도 열지 못한다.〔劍閣崢嶸崔嵬, 一夫當關, 萬夫莫開.〕"라고 하였다. 《文選 卷56 劍閣銘》《李太白集 卷2 蜀道難》

남원에서 정유년(1597, 선조30)에 명나라 장수 양원이 기병을 이끌고 들어와 수비하였는데 형세가 위태로움을 보고 왜적에게 뇌물을 주고 도망가자, 명나라 군사 5천 명 및 우리 군사 수천 명이 모두 몰사하였다.[423]

南原 丁酉 天將楊元以馬兵入守 見勢危 賂賊跳出 天兵五千及我軍數千皆沒

동남의 도회지라 수로와 육로가 통하니	東南都會控舟車
영하의 큰 고을이 바닷가와 가까이 있네	嶺下雄藩近海涯
누가 티끌처럼 가볍게 귀중한 병사 버렸나	誰棄重兵輕似芥
지금까지도 마른 해골이 삼처럼 어지럽네	至今枯骨亂如麻
교룡산[424] 가에는 지나가는 사람 적고	蛟龍山畔行人少
오작교[425] 가에는 지는 해가 비꼈어라	烏鵲橋邊落日斜
다난한데 다시 지난 일에 마음 상하니	多難更堪傷往事
쫓겨난 신하는 눈물 뿌리며 깃든 까마귀 대하네	逐臣揮淚對棲鴉

423 정유년에……몰사하였다 : 양원(楊元)은 임진왜란 당시 파견된 명나라 부총병으로, 1597년(선조30) 남원성에서 4천여 명의 조명(朝明) 연합군을 지휘하여 일본군 5만 6천명과 싸웠으나 중과부적으로 패하자, 양원은 이때에 달아나고 성을 지키던 병사들은 모두 목숨을 잃었다. 뒤에 중국에서는 양원을 죽여 우리나라에 조리돌렸다. 《宣祖修正實錄 30年 9月 1日》

424 교룡산(蛟龍山) : 남원(南原)에 있는 산이다. 산기슭에서 정상까지는 돌을 깎아 쌓은 교룡산성(蛟龍山城)이 있는데, 임진왜란과 정유재란 당시 의병 1만여 명이 이곳에서 죽었다.

425 오작교(烏鵲橋) : 남원(南原) 광한루(廣寒樓)에 있는 다리로, 견우(牽牛)와 직녀(織女)의 고사에서 유래하였다.

혈암[426]에서 팔량령 앞의 바위로, 알록달록한 혈흔이 있는데 바로 태조가 왜적을 무찌른 곳이다.

血巖 八良嶺前巖 有血痕斕斑 卽太祖鏖賊處也

용양[427] 같은 성조가 호부[428]를 쥐고서　聖祖龍驤握虎符
신령스런 검으로 이곳에 와서 흉도를 소탕했네　神鋒到此蕩凶徒
온갖 변화에 어조가 종횡으로 생동하고　縱橫魚鳥生千變
한 번 외침에 풍운이 참담하게 진동하였네　慘憺風雲動一呼
여울은 살성을 띠고 콸콸 흐르고　灘帶殺聲鳴淅瀝
돌은 비린 피로 얼룩져 흐릿하게 물들었네　石斑腥血染模糊
만고에 위대한 전투 드러낸 풍비[429]를　豐碑萬古旌鴻伐
조용히 읽다가 되려 손으로 더듬는다오　暝讀猶堪手自摸

426 혈암(血巖) : 전라북도 함양(咸陽)과 운봉(雲峯) 경계의 팔량치(八良峙)에 있는 바위이다. 1380년에 태조 이성계(李成桂)가 왜장(倭將) 아기발도(阿只拔都)를 물리치고 승리를 거둔 곳이다.

427 용양(龍驤) : 진(晉)나라의 장군인 용양대장(龍驤大將) 왕준(王濬)을 가리킨다. 왕준이 누선(樓船)을 만들어 타고 오나라를 정벌하러 갔는데, 오나라 군사들이 철쇄(鐵鎖)를 설치해 가로막자, 왕준이 다시 큰 뗏목을 만들어 불에 태워 철쇄를 녹인 다음 진격하여 오나라를 멸망시킨 일이 있었다.《晉書 王濬列傳》

428 호부(虎符) : 한(漢)나라 때 지방관이 차던 신부(信符)로, 오른쪽은 경사(京師)에 두고 왼쪽은 군국(郡國)에 주어 군사를 출동하는 데에 썼다.

429 풍비(豐碑) : 공적을 적고 덕업을 기리는 거대한 석비(石碑)로, 이성계(李成桂)의 업적을 기리는 황산대첩비(荒山大捷碑)를 말한다. 이 비는 1577년(선조10)에 세워졌다.

진양 절도사 남공[430] 이흥 이 촉석루를 중건하고, 성과 해자, 망루, 온갖 기계를 정비한 뒤에 좋은 일에 뜻을 두어 고적이 사라지지 않게 하였으니 그 뜻이 숭상할 만하였다. 또 나라를 위해 죽은 사람을 생각하니 나도 모르게 서글퍼 감회가 일었는데, 마침 벗 소만옹의 시를 왼 것이 있기에 모방하여 짓다

晉陽節度南公 以興 重建矗石樓 城壕樓櫓百械修擧之餘 乃能留意好事 使古跡不泯 其志可尙也 且思死事之人 不覺愴然興懷 適有誦得友人素灣翁詩韻 乃擬賦焉

누대에 올라 보니 나도 모르게 마음이 서글픈데	登臨不覺思悲悽
의사가 당시에 고비[431] 속에서 죽었어라	義士當年死鼓鼙
기운은 바람과 번개로 응결되어 천고토록 굳세고	氣結風霆千古厲
사적은 역사책에 전해져 몇 사람이나 울었던가	事傳書史幾人啼
강산은 예전처럼 남은 한을 머금고 있는데	江山如昨含餘恨
누각은 중건되어 옛 현판을 이었구나	樓閣重新續舊題
나라의 관문이 공의 재력에 의지해 굳건해졌으니	扃鐍倚公材力健

430 진양 절도사(晉陽節度使) 남공(南公) : 진양 절도사는 경상도 병마절도사의 별칭이다. 진양은 진주(晉州)의 옛 이름이다. 남공은 남이흥(南以興, 1576~1627)으로, 본관은 의령(宜寧), 자는 사호(士豪), 호는 성은(城隱), 시호는 충장(忠壯)이다. 1602년(선조35) 무과에 급제하여 1617년(광해군9) 3월 27일 경상도 병마절도사에 제수되었고, 이듬해 1618년에 촉석루를 중건하였다.

431 고비(鼓鼙) : 적병이 쳐들어올 때 신호용으로 치는 북으로, 전하여 전쟁 또는 군사(軍事)를 의미한다.

화려한 누각이 예전과 같은지는 논하지 말라　　莫論華構向時齊

대나무를 읊다

詠竹

2년간 서쪽 변방에서 동쪽 오나라[432] 그리워했는데	二年西塞憶東吳
오늘 아침 마음으로 감상하니 흥이 외롭지 않네	心賞今朝興不孤
곧게 솟은 성긴 가지는 눈을 견뎌내 푸르고	挺挺疏枝凌雪翠
위엄서린 굳센 마디는 서리와 싸워 야위었네	森森苦節戰霜癯
청명한 시절 궁벽한 골짜기에 숨은 고사요	時淸窮谷藏高士
어지러운 세상 위태로운 길에 우뚝 선 장부라	世亂危途立丈夫
장기 낀 비와 남방의 안개 속 성 곁에서 자라니	瘴雨蠻煙城畔宅
세한의 흉금을 차군과 함께하리라	歲寒襟抱此君俱

432 오(吳)나라 : 중국의 남쪽 지방인 강소성(江蘇省) 일대를 말한다. 여기에서는 조희일이 이배(移配)된 영남 지역을 가리킨다.

앞의 시에 차운하다

次

대를 사랑한 죽옹이 기쁘게도 오나라에 오니	竹翁憐竹喜來吳
대가 죽옹의 거처에 가까워 도가 외롭지 않네	竹近翁居道不孤
비단 포대기 펼쳐 놓은 듯 일천 죽순 여리고	解得錦綳千籜嫩
푸른 옥을 깎아 이룬 듯 몇 그루 야위었구나	削成青玉幾竿癯
맑은 풍모는 소선자[433]에 비길 만하고	清標可挹蘇仙子
굳은 절조는 초대부[434]와 응당 같으리	苦節應同楚大夫
세모에 곤궁한 처지에서 마음으로 의탁하니	歲暮窮途心有托
이로부터 행장을 혹 함께 할 수 있으리라	行裝從此倘能俱

433 소선자(蘇仙子) : 적선(謫仙)이라 불린 송(宋)나라 소식(蘇軾)을 가리킨다. 그가 지은 〈녹균헌(綠筠軒)〉에 "밥에 고기가 없는 것은 괜찮지만, 사는 곳에 대가 없어서는 안 되네. 고기가 없으면 사람을 야위게 할 뿐이지만, 대가 없으면 사람을 속되게 한다오.〔可使食無肉, 不可居無竹. 無肉令人瘦, 無竹令人俗.〕"라고 하였다. 《蘇東坡詩集 卷9》

434 초대부(楚大夫) : 절조를 굽히지 않다가 조정에서 쫓겨난 초(楚)나라의 충신 굴원(屈原)을 가리킨다. 그가 지은 〈이소경(離騷經)〉에, 굴원의 누이가 굴원에게 이르기를 "너는 어찌 박학하고 충직하여 수행하길 좋아해, 홀로 이 훌륭한 절조를 지녔단 말인가.〔汝何博謇而好修兮, 紛獨有此姱節?〕"라고 하였다. 《古文眞寶後集 卷1》

차운하여 나그네의 회포를 서술하다

次韻 述旅懷

천리 길은 장대한 유람 배우는 것과 관계없으니	千里非關學壯遊
맹동에 시작한 행역이 절로 깊은 가을이 되었네	孟冬行役自深秋
남 따라 웃고 말하니 별다른 흥취 없고	隨人笑語無多興
늘그막에 가는 세월은 잠시도 머물지 않네	投老光陰不暫留
무릎 용납할 이곳은 좁은 땅일 뿐이니	容膝此邊唯窄地
어디에 북극성 바라볼 높은 누각 있으랴	望辰何處有高樓
금오산[435]이 하늘 높이 솟아 있으니	金鰲山逼靑霄裏
어찌하면 가장 높은 봉우리에 오를까	安得登臨最上頭

435 금오산(金鰲山) : 경상남도 하동군 진교면과 금남면에 걸쳐 있는 산이다.

무제

無題

밤이 다하도록 고요하고 또 어두운데	終宵默默又昏昏
꿈도 잠도 아니어서 어렴풋해 말할 것 없네	非夢非眠恍莫論
마음에는 그저 충과 효가 있을 뿐이니	心上秪應忠與孝
어찌 다시 원망과 은혜를 염두에 두리오	念頭那復怨兼恩
푸른 등불은 천리 밖의 몸을 홀로 비추고	青燈獨照身千里
뿔피리는 한 점의 달빛 아래 외로이 부네	畫角孤吹月一痕
만사가 이때에 모두 끝나버렸으니	萬事此時都已了
피부에 닿는 토방의 온기를 느낄 뿐이네	櫬膚唯覺土床溫

분매와 대나무를 빌려와서 읊다
借盆梅與竹 有詠

짝없이 외로이 사는 이내 생애	孤棲無伴此生涯
두 뿌리 빌려 작은 땅에 옮겨 심었네	爲借雙根寸土移
맑고 깨끗한 죽우는 간절한 듯하고	竹友淸脩如切切
우아하고 고결한 매형은 함께 화락하다오[436]	梅兄雅潔共怡怡
용의 허리[437]는 풍상의 지조를 빚어내고	龍腰釀出風霜操
학의 다리[438]는 옥설의 자태를 북돋네	鶴膝培成玉雪姿
늙은이 또한 속물이 아니기를 기약하니	老子亦期非俗物

436 맑고……화락(和樂)하다오 : 대나무와 매화 좋아하는 마음을 벗과 형제간의 즐거움에 빗대어 표현한 구절이다. 죽우(竹友)와 매형(梅兄)은 대나무와 매화의 애칭으로, 대나무와 매화를 아울러 일컬을 때에 죽우매형(竹友梅兄) 또는 죽제매형(竹弟梅兄)이라고도 한다. 그리고 《논어》 〈자로(子路)〉에 "붕우 사이에는 간절하고 자상히 권면하고, 형제간에는 화락해야 한다.〔朋友切切偲偲, 兄弟怡怡.〕"라고 한 구절을 원용하였다.

437 용의 허리 : 대나무 뿌리를 형용하는 말로, 대나무 뿌리가 구불구불한 것이 마치 용의 허리 같아서 이렇게 표현한 것이다. 이규보(李奎報)의 〈천룡사에 우거하면서 짓다.〔寓居天龍寺有作〕〉에 "땅 위 솟은 대 뿌리는 용의 허리처럼 굽었고, 창 앞의 파초 잎은 봉황 꼬리처럼 길구나.〔竹根迸地龍腰曲, 蕉葉當窓鳳尾長.〕"라고 하였다. 《東國李相國全集 卷9》

438 학의 다리 : 매화나무 가지를 형용하는 말로, 매화나무 가지가 앙상한 것이 마치 학의 다리 같아서 이렇게 표현한 것이다. 황정견(黃庭堅)의 〈폭설에 왕립지에게 부쳐 매화 소식을 묻다〔急雪寄王立之問梅花〕〉에 "눈 속에 핀 홍매화에 도롱이를 입혀 주어, 추위가 학의 다리 가지에 침범치 못하게 하라.〔紅梅雪裏與蓑衣, 莫遣寒侵鶴膝枝.〕"라고 하였다. 《山谷集外集 卷6》

은은한 향기와 담박한 운치가 잘 어울리누나　　暗香疏韻自相宜

부휴자 심광세 가 준 시[439]에 차운하다

次浮休子 沈光世 贈韻

시 짓느라 고심하다 살쩍에 흰 머리 생기는데　詩斑釀雪鬢邊侵
긴 강이 바다 깊이 들어감을 눈으로 전송하네　眼送長江入海深
하늘 밖 이번 걸음이 참으로 꿈같으니　天外此行眞似夢
세간의 무슨 일에 마음 놀라지 않으랴　世間何事不驚心
고향 그리우니 나그네 한이 어찌 없으랴만　那無旅恨能懷土
쇠도 자를 수 있는 우정이 힘이 되네[440]　賴有交情可斷金
세한에도 푸르른 송백의 절조[441] 보게나　看取歲寒松柏操
그대와 〈백두음〉에 함께 화답하리라[442]　與君同和白頭吟

439 부휴자(浮休子)가 준 시 : 부휴자는 심광세(沈光世, 1577~1624)의 호이다. 이 시는 그의 문집인 《휴옹집(休翁集)》 권2에 〈죽음이 '음' 자에 차운하여 그동안 부쳐준 30수에 다시 차운하다〔竹陰次吟字韻前後投寄三十首復次〕〉라는 제목으로 8수가 실려 있다.

440 쇠도……되네 : 상대와의 깊은 우정 덕분에 나그네의 한을 위로받을 수 있다는 말이다. 원문의 '단금(斷金)'은 벗과의 깊고 돈독한 우정을 비유하는 말이다. 《주역》 〈계사전 상(繫辭傳上)〉에 " 두 사람이 마음을 같이하니 그 날카로움이 쇠를 끊고, 마음을 같이하는 말은 그 향기로움이 난초와 같다.〔二人同心, 其利斷金. 同心之言, 其臭如蘭.〕"라고 한 데서 온 말이다.

441 세한(歲寒)에도……절조(節操) : 곤궁한 처지나 난세(亂世)에도 지조를 잃지 않는 군자(君子)의 자태를 비유하는 말이다. 《논어》 〈자한(子罕)〉에 "날이 추워진 뒤에야 송백이 뒤늦게 시듦을 알 수 있다.〔歲寒然後, 知松柏之後凋也.〕"라고 한 데서 온 말이다.

442 그대와……화답하리라 : 두터운 우정을 계속 이어나가기를 바란다는 말이다. 〈백두음(白頭吟)〉은 악부(樂府)의 곡조 이름이다. 한(漢)나라 사마상여(司馬相如)가 무릉(茂陵) 사람의 딸을 첩으로 맞으려 하다가 탁문군(卓文君)이 〈백두음〉을 지어서 절교(絶交)

를 선언하니 그만두었다 하는데, 그 노래에 "원컨대 한 마음으로 사랑하는 사람을 얻어서, 머리가 희게 세도록 서로 떠나지 않고저.〔願得一心人, 白頭不相離.〕"라고 하였다. 《古今事文類聚 作白頭吟》

두 번째로 차운하다

二次

적막한 사립에 시냇물 스며드니 寂歷柴扉澗水侵
죽림 황폐한 곳에 작은 마을이 깊어라 竹林荒處小村深
강산은 빙상의 모습[443]을 잘 알고 있고 江山慣識氷霜貌
풍월은 금수의 심장[444]을 유독 제공하네 風月偏供錦繡心
시구 찾으며 옥 구르는 소리[445] 구하지 마오 搜句莫要音戛玉
농사에 힘쓰며 한 해의 풍년[446]을 원할 뿐이네 力田唯願歲穰金
분분한 화와 복은 서로 따르는 법 紛紛禍福相仍倚
시인의 맹호음[447]을 듣게나 聽取詞人猛虎吟

443 빙상(氷霜)의 모습 : 얼음과 서리 같은 굳은 지조를 말한다.

444 금수(錦繡)의 심장 : 뛰어난 문사(文思) 또는 화려한 문장을 말한다. 이백(李白)의 종제(從弟)가 "형은 심간과 오장이 온통 금수로 되어 있습니까. 그렇지 않다면 어찌 입을 열면 글을 이루고, 붓을 휘두르면 안개처럼 쏟아져 나온단 말입니까.〔兄心肝五臟皆錦繡耶? 不然何開口成文, 揮翰霧散?〕"라고 말한 고사가 있다. 《李太白文集 卷26 冬日於龍門送從弟京兆參軍令問之淮南覲省序》

445 옥 구르는 소리 : 옥돌이 서로 부딪쳐 쟁그랑하고 나는 소리로, 문장의 표현이 비범한 것을 말한다.

446 풍년 : 원문의 '양금(穰金)'은 《사기(史記)》〈천관서(天官書)〉에 "태세성이 금에 있으면 풍년이 들고, 수에 있으면 상해를 입고, 목에 있으면 기근이 들고, 화에 있으면 한재가 든다.〔歲在金穰, 水毁, 木饑, 火旱.〕"라고 한 데서 온 말이다.

447 맹호음(猛虎吟) : 악부(樂府) 평조곡(平調曲)의 이름인 맹호행(猛虎行)을 가리킨다. 《악부시집(樂府詩集)》 상화가사(相和歌辭) 육(六)에 맹호행이 있는데, 후인들이 맹호행이란 제목으로 시를 지어 나그네 신세지만 지조를 지키며 자중자애하는 뜻을 담았

다. 두보(杜甫)의 시에 "열사는 구차히 얻음을 싫어하고, 준걸은 스스로 이루기를 생각한다네. 그대에게 맹호행을 주고, 교외로 나가니 콧잔등이 시큰하네.〔烈士惡苟得, 俊傑思自致, 贈子猛虎行, 出郊載酸鼻.〕"라고 하였다. 《全唐詩 卷223 送顧八分文學適洪吉州》

세 번째로 차운하다

三次

비온 뒤 강가 언덕에 저녁 조수 차오르니　雨餘江岸晚潮侵
굽은 길 멀리 이어진 작은 골짝이 깊구나　曲逕遙連小洞深
수령이 보내온 편지는 세속의 자태 없고　縣宰致書非俗態
촌옹이 보내온 술에서는 진심을 본다오　村翁送酒見眞心
온전한 몸으로 상여의 옥벽[448]을 받들고 싶고　全身擬奉相如璧
한 치 혀는 어찌 계자의 돈[449]보다 못할까　寸舌何慊季子金
이제부터 머무를 곳을 경영한다면　從此倘營棲息地
초당의 남수[450]에서 시를 읊을 수 있으리　草堂柟樹可詩吟

448 상여(相如)의 옥벽(玉璧) : 상여는 전국시대 조(趙)나라의 인상여(藺相如)를 가리킨다. 조나라 혜문왕(惠文王)이 옥벽인 화씨벽(和氏璧)을 소장하고 있었는데, 진 시황(秦始皇)이 15개의 성과 바꾸자며 겁박하고 회유했지만 인상여가 기지를 발휘하여 조나라로 온전히 가지고 돌아온 고사가 있다. 《史記 廉頗藺相如列傳》

449 계자(季子)의 돈 : 계자는 전국시대의 유명한 변론가인 소진(蘇秦)의 자(字)이다. 소진이 육국(六國) 정승의 인(印)을 차고 고향에 돌아와서, 예전에 구박하던 형수를 보고 웃으며 "어찌하여 예전에는 거만하더니 지금은 공손한가?" 하고 묻자, 형수가 땅에 납작 엎드려 얼굴을 가리고 사죄하면서 "계자가 지위가 높고 돈이 많은 것을 보았기 때문이다.〔見季子位高金多也.〕"라고 하였다. 《史記 蘇秦列傳》

450 초당(草堂)의 남수(柟樹) : 두보(杜甫)가 살던 성도(成都) 초당 앞의 녹나무이다. 두보의 〈녹나무가 비바람에 뽑힌 것을 한탄하다〔柟木爲風雨所拔歎〕〉에 "강가에 의지한 녹나무가 초당 앞에 서 있는데, 이곳 노인들이 이백 년 묵었다 전하네. 띠 풀 베고 거처를 정한 것은 모두 이 때문이니, 오월에도 가을 매미 소리 듣는 것 같았네.〔倚江柟樹草堂前, 故老相傳二百年. 誅茅卜居總爲此, 五月髣髴聞寒聲.〕"라고 하였다. 《杜少陵詩集 卷10》

네 번째로 차운하다

四次

종이창을 굳게 닫아도 장기가 스미는데	紙窓牢掩瘴氛侵
울 밖 마을 방아 소리 들을수록 더욱 깊어지네	籬外村舂聽更深
명리는 전세의 일처럼 아득하고	名利怳如前世事
애환은 소년 시절의 마음과 점점 달라지네	悲歡漸異少年心
하늘 남쪽의 한 해는 남은 섣달 재촉하고	天南歲律催殘臘
한강 북쪽의 소식은 몇천 금에 맞먹는다오	洛北音書抵幾金
새와 쥐 다 잠들어 산이 적막한데	鳥鼠盡眠山寂寂
작은 등불이 읊조리는 한 사람을 외로이 비추네	小燈孤照一人吟

다섯 번째로 차운하다
五次

마신 술이 많지 않은데도 술기운 올라오니	飮不多時酒力侵
내가 심히 쇠한지라 큰 술잔이 두렵구나	吾衰甚矣怕杯深
칩충은 삼양[451]의 기후에 점점 꿈틀거리고	蟄蟲漸動三陽候
병든 학은 만 리 가려는 마음을 공연히 품누나	病鶴空銜萬里心
봄기운 매화에 퍼지니 눈보다 아름답고	春信漏梅姸勝雪
달빛이 대에 비치니 황금처럼 부서지네	月光篩竹碎如金
천애의 물색이 늙음을 재촉하니	天涯物色催遲暮
취한 뒤에 구검음[452]을 되려 부른다오	醉後還成扣劍吟

451 삼양(三陽) : 정월(正月)을 가리키는 말이다. 정월은 《주역》 태괘(泰卦)의 달로, 하괘(下卦)의 세 효(爻)가 모두 양효(陽爻)이기 때문에 이렇게 말하는 것이다.

452 구검음(扣劍吟) : 검을 두드리며 부르는 노래라는 뜻으로, 자신의 불우한 신세를 읊은 것이다. 전국시대 제(齊)나라의 풍환(馮驩)이 맹상군(孟嘗君)의 문객(門客)으로 있을 적에, 자신을 소홀히 대우하자 손으로 검을 두드리면서 노래하기를 "긴 칼아, 돌아가야겠다. 먹을 고기가 없구나.〔長鋏歸來乎, 食無魚.〕"라고 한 고사에서 온 말이다. 《史記 孟嘗君列傳》

여섯 번째로 차운하다
六次

대 바람이 비를 몰아 반쯤 걷힌 발에 스미니	竹風吹雨半簾侵
방벽 안 푸른 등불이 그림자를 깊숙이 비추네	壁裏靑燈照影深
평생의 큰 담력으로 헛되이 늙었으니	虛老平生如斗膽
명리가 이미 마음에 식은 줄을 누가 알겠는가	孰知名利已灰心
띳집 뚫렸으니 비 새어 침상 젖음을 면하랴	茅穿可免沾床漏
주머니 비었으니 집 빌릴 돈 전혀 없어라	囊罄都無僦屋金
작은 매화 다 졌는데도 돌아가지 못하니	落盡小梅歸未得
봄 생각에 외로이 읊조림을 금치 못하겠네	不禁春思入孤吟

일곱 번째로 차운하다
七次

쇠약하니 어찌 삿된 기운의 침해를 막을까 衰羸那禁衆邪侵
힘 부족한 채로 나니 재앙의 그물이 깊어라 力短飜飛禍網深
좋은 비는 봄을 몰아 바닷가로 오게 하고 好雨將春來海上
긴 바람은 달을 이끌어 하늘 가운데 이르게 하네 長風引月到天心
유랑을 분수로 여기니 모래와 자갈 같은 신세요 飄零已分同沙礫
기왓장 걸든 황금 걸든 득실을 논해 무엇하랴[453] 得失何論注瓦金
강남에는 방초의 빛이 눈에 가득한데 滿目江南芳草色
병든 터라 노래지어 부를 흥이 없구나 病餘無興作歌吟

453 기왓장……무엇하랴 : 인생의 득실은 늘 변화하므로 거기에 마음을 쓸 필요가 없다는 말이다. 원문의 '주와금(注瓦金)'은 《장자》 〈달생(達生)〉에 "기왓장을 내기로 걸고서 활을 쏘면 잘 맞히고 은갈고리를 걸고서 쏘면 마음이 두근거리고, 황금을 내기로 걸고 쏘면 정신이 혼미하게 된다.〔以瓦注者巧, 以鉤注者憚, 以黃金注者殙.〕"라고 한 데서 온 말이다.

여덟 번째로 차운하다

八次

높고 낮은 언덕에 들불이 이니	丘壟高低野火侵
타오르는 연기 뭉게뭉게 진운이 깊네[454]	燒煙團作陣雲深
누대에 올라 읊조렸던 초객[455]과 정신으로 사귀고	神交楚客登樓賦
나라 떠날 마음 품었던 상루[456]에 눈물 다하네	涕盡湘纍去國心
어느 누가 만섬을 도모하여 집을 윤택하게 할까	潤屋何人規萬石
천금으로 수당의 경계를 한 것이 부끄럽다오[457]	垂堂有戒媿千金
동풍이 쌀쌀한지라 봄추위 남아 있어	東風料峭春寒淺

454 진운(陣雲)이 깊네 : 진운은 층층으로 두텁게 쌓여서 마치 전진(戰陣)처럼 보이는 구름을 말하는데, 옛사람들은 이것을 전쟁의 조짐으로 여겼다고 한다. 당(唐)나라 이상은(李商隱)의 〈수사동(隨師東)〉에 "애석해라 전조에 설치한 현도군에, 쌓인 해골 풀숲 되어 진운이 깊어라.〔可惜前朝玄菟郡, 積骸成莽陣雲深.〕"라고 하였다. 《全唐詩 卷540》

455 누대에……초객(楚客) : 진천(秦川)의 귀공자(貴公子)였던 왕찬(王粲)을 가리킨다. 왕찬이 한(漢)나라 말에 난리를 피하여 형주(荊州)의 유표(劉表)에게 가서 의지해 있으면서 누각에 올라가 〈등루부(登樓賦)〉를 읊어 시름을 달랬었는데, 두보(杜甫)의 〈지우(地隅)〉에 "상란 당한 진천의 공자요, 슬퍼하는 초나라 대부로다.〔喪亂秦公子, 悲涼楚大夫.〕"라고 하였다. 《全唐詩 卷228》

456 나라……상루(湘纍) : 죄 없이 상수(湘水)에 추방된 굴원(屈原)을 가리킨다.

457 천금(千金)으로……부끄럽다오 : 수당(垂堂)의 경계는 위험한 상황이 닥치기 전에 미리 경계하여 자신의 몸을 보중하는 것이다. 한(漢)나라의 원앙(袁盎)이 한 문제(漢文帝)가 말을 타고 험한 언덕을 치달리려 하자 "천금을 가진 집안의 자식은 마루 끝에 앉지 않는 법이다.〔千金之子, 坐不垂堂.〕"라고 하면서 만류했던 고사에서 온 말이다. 《史記 袁盎列傳》

문 닫고 아침 내내 시구 찾아 읊조리네　　閉戶終朝覓句吟

아홉 번째로 차운하다
九次

마을 빈터 교목에 저녁 빛이 스미니	喬木村墟暝色侵
어지러운 산 빙 둘러 동문이 깊어라	亂山環擁洞門深
일 년의 방초는 돌아갈 생각에 한스럽고	一年芳草思歸恨
천리의 자오는 반포의 마음 가지고 있네[458]	千里慈烏反哺心
청동 거울이 교묘하게 백발을 재촉하는데	靑鏡巧能催白髮
단사를 황금으로 바꾸는 방법을 누가 알랴[459]	丹砂誰解變黃金
앞 숲에서 초승달이 뜨기를 앉아서 기다리는데	前林坐待生新月
성 위에서 부웅하고 뿔피리 불어대네	城上咿咿畫角吟

458 천리(千里)의……있네 : 멀리에서 부모에게 효도하고 싶은 마음을 가지고 있다는 말이다. 반포(反哺)는 까마귀 새끼가 다 크고 나서 자기 어미에게 먹이를 물어다 먹이는 것을 말하는데, 예로부터 까마귀는 효조(孝鳥)로 알려져서 자오(慈烏)라고 일컫기도 하였다. 《拾遺記》

459 단사(丹砂)를……알랴 : 어느 누구도 불로장생할 수 없다는 말이다. 한 무제(漢武帝) 2년에 방사(方士) 이소군(李少君)이 무제에게 부엌신에 제사하면 신령한 물건을 얻고, 그 물건으로 단사(丹砂)를 황금으로 변화시킬 수 있고, 황금으로 식기를 만들어 사용하면 장수를 누릴 수 있으며, 장수를 누리면 해중(海中)의 봉래산(蓬萊山)에 사는 신선을 만나 볼 수 있다고 하면서 무제를 미혹시킨 고사가 있다. 《史記 孝武本紀》

부휴자가 세전에 부쳐 준 시에 뒤늦게 화운하다

追和浮休子歲前見寄詩韻

선달 추위 가볍고 엳어 봄추위와 비슷한데	臘寒輕嫩似春寒
장무가 짙게 깔려 음기가 풀리지 않네	瘴霧交陰不解頑
지금 이때 함께 쫓겨난 사람을 누가 가엾어 할까	誰悶此時同竄逐
가련하도다 오도가 곤란하게 되었도다	可憐吾道屬艱難
풍도는 초탈하여 천 수의 시를 짓지만	風期脫略詩千首
신세는 쓸쓸하여 몇 칸의 집뿐이라네	身事蕭條屋數間
지척에서 그리움에 머리가 다 센 데다	咫尺相思頭盡白
은후는 병이 많아 허리띠가 헐거워졌네[460]	隱侯多病帶圍寬

460 은후(隱侯)는……헐거워졌네 : 병들어 수척해졌다는 말을 은후(隱侯)의 고사에 비긴 것이다. 은후는 남조(南朝) 양(梁) 나라의 시인 심약(沈約)의 시호(諡號)이다. 심약이 병으로 허약해진 나머지, 백 일 사이에 혁대의 구멍을 자주 옮겨 뚫을 정도로 허리가 가늘어지고, 손으로 팔뚝을 재 보아도 한 달 사이에 반절로 줄어들었다는 고사가 전한다. 《梁書 沈約傳》

책을 끼고 찾아 온 정생에게 주다

贈鄭生挾冊來訪

큰 술잔 잡고 돌아가는 그대 전송하니 爲把深杯送子歸
한낮 창 밝은 곳에 향 연기 향긋하누나 午窓明處篆煙霏
찾아와 글자 묻는 그 마음 간절하지만 相從問字心雖切
경술 전할 계책 어긋나 부끄럽구나 自愧傳經計已違
추위가 매서운 탓에 강남 제비 오지 않고 江燕不來寒料峭
비가 부슬부슬 내려 두견화 막 떨어지네 杜鵑初落雨霏微
나그네 시름 이별의 한 전혀 의지할 데 없어 羈愁別恨渾無賴
긴 대나무 천 그루에 홀로 사립문 닫았네 脩竹千竿獨掩扉

한식날에 느낌이 일어

寒食日有感

아침 되어 문득 일어나니 슬픈 생각 드는데	朝來忽起愴然思
저 숲의 자오가 반포하는 모습에 감동했네	感彼林烏反哺慈
지금 한식 명절이 되었는데	寒食卽今當令節
고향 산에 언제나 돌아갈 수 있을까	故山何日是歸期
바람맞은 양류에는 버들개지 가볍고	受風楊柳輕輕絮
물가에 핀 복사꽃은 가지가 짧아라	臨水桃花短短枝
물색이 내 마음 괴롭게 하고 고향도 그리워	物色惱兼丘墓戀
영주의 시[461]를 읊지 못하겠어라	不堪吟到永州詩

461 영주(永州)의 시 : 당(唐)나라 유종원(柳宗元)이 예부 원외랑(禮部員外郎)을 지내다가 왕숙문(王叔文)의 당(黨)에 연좌되어 영주 사마(永州司馬)로 좌천되었을 시기에 지은 시를 말하는 듯하다.

고을 수령이 이맹산[462]에 기우제를 지내자 비가 오다
土主祭理盲山 得雨

상양이 밭두둑에서 기후를 먼저 알려주니[463]	商羊陌上候先占
단비가 아침 되어 가뭄과 열기 쓸어버리네	甘雨朝來掃旱炎
대숲에 상쾌하게 들어오니 후두둑 빗소리 들리고	爽入竹林聞淅瀝
벼 논을 윤택하게 적시니 부슬부슬 비 내리네	潤歸禾壟見廉纖
사랑스러운 생령은 끝까지 진휼해야 하고	生靈可愛終須恤
초목은 미물이지만 어찌 다 죽이겠는가	草木雖微豈盡殲
성주께서는 하늘을 본받아 의당 진념하시어	聖主體天宜軫念
고루 은혜 입도록 은택을 베풀어 주소서	願言施惠荷均霑

462 이맹산(理盲山) : 경상남도 하동(河東)에 소재한 산으로, '맹인을 다스린다.'는 의미이다. 또 '밝음을 다스린다.'는 의미로 '이명산(理明山)'이라고도 한다.

463 상양(商羊)이……알려주니 : 비가 올 조짐이 있다는 말이다. 상양은 큰 비가 올 무렵이면 한쪽 다리를 구부리고 춤을 춘다는 전설 상의 새 이름이다. 《孔子家語 辯政》 진(晉)나라 장협(張協)의 〈잡시(雜詩)〉 중 열 번째 시에 "흑려가 깊은 못에서 뛰어나오고, 상양이 들판의 뜰에서 춤춘다.〔黑蜧躍重淵, 商羊舞野庭.〕"라고 하였다. 《竹莊詩話 卷3 張景陽雜詩》

사면된 날에 겸하여 여동생의 부고를 듣다
蒙赦日 兼聞女弟訃

쫓겨난 객이 비로소 사면의 은혜 입었는데	逐客初蒙放赦恩
편지 보고 나도 모르게 곡소리 삼켰다오	看書不覺哭聲吞
생각 없이 오늘 아침 기쁨에 애써 일어났는데	無心强作今朝喜
눈물이 이어져 지난해의 눈물 자국 적시누나	有淚仍沾去歲痕
만 번 죽다 살아남을 줄 나는 생각 못했는데	萬死生全吾未料
평생토록 고생하던 너에 대해 어찌 말하랴	百年辛苦爾堪論
아아 동생들이 반이나 죽었으니	嗟嗟弟妹存亡半
귀근하여 무슨 말로 어머니 위로할까	歸覲何辭慰倚門

사면되었다는 소식을 들은 뒤에 소옹의 시[464]에 차운하다
聞赦後 次素翁韻

헤어진 뒤 양 귀밑머리 세었을 줄 잘 알겠으니　別後全知兩鬢明

아마도 고요함을 길러 남은 생을 보양하시리라　倘能頤靜養殘生

일신 도모함은 그대 또한 좋은 계책 버렸겠지만　身謀子亦抛長策

사귀는 도리는 내 오히려 우직한 정성 지킨다오　交道吾猶保拙誠

안석에 기대니 절로 득실이 같음을 알지만[465]　隱几自諳齊得喪

거문고 타니 어찌 휴성을 면할 수 있으랴[466]　鼓琴那可免虧成

훗날 응당 무명인의 거처를 찾으리니　他時會訪無名處

464 소옹(素翁)의 시 : 소옹은 조위한(趙緯韓, 1567~1649)의 호로, 본관은 한양(漢陽), 자는 지세(持世), 또 다른 호는 현곡(玄谷)이다. 1613년(광해군5) 계축옥사(癸丑獄事) 때 파직되었고, 1618년 2월에 가솔(家率)을 이끌고 남원(南原)으로 돌아왔다. 이 시는 《현곡집》 권6에 〈번민을 풀려고 자민과 이숙에게 부치다〔釋悶寄子敏怡叔〕〉라는 제목으로 실려 있다.

465 안석에……알지만 : 물아(物我)의 경계를 벗어나 우주간의 일체 사물을 동등하게 본다는 말이다. 원문의 '은궤(隱几)'는 《장자》 〈제물론(齊物論)〉에 "남곽자기가 안석에 기대어 앉아 하늘을 우러러 숨을 내쉬는 그 모습이 마치 물아(物我)의 경계를 모두 잊어버린 듯하였다.〔南郭子綦, 隱机而坐, 仰天而嘘, 嗒焉似喪其耦.〕"라고 한 데서 온 말이다.

466 거문고……있으랴 : 자연 그대로 맡겨두지 못하고 무언가를 이루려고 하기 때문에 성공과 실패의 굴레에서 벗어날 수 없다는 말이다. 휴성(虧成)은 결함과 완전, 성공과 실패를 뜻하는 말이다. 《장자》 〈제물론(齊物論)〉에 "성과 휴가 있는 것은 소씨가 거문고를 연주하는 것이고, 성과 휴가 없는 것은 소씨가 거문고를 연주하지 않는 것이다.〔有成與虧, 故昭氏之鼓琴也; 無成與虧, 故昭氏之不鼓琴也.〕"라고 하였다.

요수의 연파가 바다에 닿아 맑으리라[467] 蓼水煙波接海晴

467 훗날……맑으리라 : 천근(天根)이 요수(蓼水) 강가에 이르러 무명인(無名人)을 만나 천하를 다스리는 법을 물은 《장자》 〈응제왕(應帝王)〉의 고사를 원용한 것이다. 무명인은 세속적인 명성을 추구하지 않고 그것을 초월한 사람이라는 뜻으로, 여기에서는 조위한(趙緯韓)을 가리키고, 요수는 강 이름으로, 조위한이 거처하고 있는 남원 일대를 흐르는 강과 이름이 같기 때문에 이 고사를 인용한 것이다.

용두암에서 임실 현감 이중진 여벽 에게 부치고 겸하여 말을 빌려 준 데 대해 사례하다[468]

龍頭巖 寄李任實仲珍 汝璧 兼謝借馬

태양이 이글거리고 불 구름이 에워싸니	驕陽炟赫火雲圍
물처럼 흐르는 땀을 몇 번이나 닦았던가	流汗如漿費幾揮
짐짓 긴 숲 곁에서 시내 골짝을 찾고	故傍脩林尋澗壑
다시 무성한 나무에 기대 의관 벗었네	更依深樹卸冠衣
바위 아래에는 흰 물고기 한 쌍이 뛰고	白魚巖下一雙躍
가지 끝에는 노란 나비가 무수히 나누나	黃蝶枝頭無數飛
추위와 더위 번갈아 오나 나는 또 참으며	涼燠迭來吾且忍
천기를 따르는 뭇 동물을 조용히 본다오	默看群動自天機

468 용두암(龍頭巖)에서……사례하다 : 이중진(李仲珍)은 한음(漢陰) 이덕형(李德馨, 1561~1613)의 둘째 아들인 이여벽(李如璧, 1585~?)으로, 중진은 그의 자이다. 같은 제목의 시가 《죽음집(竹陰集)》 권4에 오언율시로 수록되어 있다.

6월 27일에 동작을 건너다

六月二十七日 渡銅雀

동작 나루 가에 안개 낀 파도 고요한데	銅雀津頭煙浪平
맑은 새벽 노에 기대 신경[469]을 바라보네	淸晨倚棹望神京
2년 동안 도성 떠나 일신이 멀어졌는데	二年去國一身遠
죽을 고비 넘기고 고향 돌아오니 눈물 쏟아지네	萬死還鄕雙涕傾
소양[470] 향해 잠시 햇빛을 바라보고	暫向昭陽瞻日色
장락[471]에 달려가 종소리 듣는 일 상상하네	想趨長樂聽鍾聲
고향 마을이 조시가 아니라고 말하지 말라	莫言田里非朝市
어찌 봉성과 떨어진 남쪽 고을과 같겠는가[472]	何似蠻鄕隔鳳城

469 신경(神京) : 황제가 거처하는 도읍지를 뜻하는데, 여기서는 조선의 수도인 한양(漢陽)을 가리킨다.

470 소양(昭陽) : 한(漢)나라 때 후비(后妃)가 거처하던 소양궁(昭陽宮)의 준말인데, 여기에서는 궁궐을 가리킨다.

471 장락(長樂) : 한(漢)나라 때 태후(太后)가 거처하던 장락궁(長樂宮)의 준말인데, 여기에서는 궁궐을 가리킨다.

472 고향……같겠는가 : 고향이 번화하지 않지만 경상도 하동(河東)보다 낫다는 말이다. 남쪽 고을은 하동을 가리키고, 봉성(鳳城)은 봉황성(鳳凰城)의 준말로, 도성을 가리킨다.

7월에 양화도로 옮겨 살다

七月 移寓楊花渡

세 차례 객지 거처 옮기며 어려움 견디느라	三遷旅次耐崎嶇
어버이를 모실 계획이 또한 요원해졌다오	將奉晨昏計亦迂
어린 자식 병든 처는 천 리 떨어져 있고	弱子病妻千里阻
야윈 말 곤궁한 노복에 일신이 외롭구나	羸驂困僕一身孤
객창에서 잠 깨니 벽에서 벌레 울고	羈窓夢罷蟲吟壁
앞 포구에 고깃배 돌아가니 호수에 달빛 가득하네	前浦漁歸月滿湖
옷에 솜을 넣지 않아 추위가 스며들려 하니	衣未裝綿涼欲透
어젯밤 가을바람이 높은 오동을 흔들었다오	秋風昨夜動高梧

또 짓다
又

몸과 명예 다 온전히 지킬 수 있다 말하지 말라	身名休道保雙全
만사가 반백 년 동안 어긋났다오	萬事蹉跎半百年
밤비가 지나자 찬 기운이 문에 스미고	侵戶氣涼經夜雨
강배에 오르자 순풍이 돛에 가득하네	飽帆風正上江船
반찬에 남쪽 음식 없다고 감히 한탄하랴	盤飧敢嘆南烹欠
간담은 북쪽 소식 전해져 온통 놀랐다오	心膽渾驚北報傳
그저 영봉처럼 어머니 모실 계획 세웠으니[473]	但爲穎封將母計
이내 생애 두터운 성은 입은 줄 알겠네	此生知荷聖恩偏

473 영봉(穎封)처럼……세웠으니 : 부모를 모시고 효도할 수 있게 되었다는 말이다. 영봉은 춘추 시대 정(鄭)나라 영곡(穎谷)의 봉인(封人)인 영고숙(穎考叔)을 가리킨다. 효성이 지극하여, 어머니와 사이가 좋지 않았던 정나라 장공(莊公)으로 하여금 그의 어머니와 화해하게 만들었다. 《春秋左氏傳 隱公元年》

나그네 시름

旅思

세상에 있으면서도 늘 세상 피해 자취 감추니	在世長爲避世蹤
어떤 사람이 술을 싣고 양웅을 찾겠는가[474]	何人載酒問楊雄
가을빛은 일천 숲의 비에 잠시 맑아지고	秋光乍霽千林雨
더운 기운은 한바탕 바람에 싹 사라지네	暑氣全鏖一陣風
저녁 햇빛은 금빛 솟구쳐 절벽에 번득치고	殘照湧金翻絶壁
지는 노을은 비단 이루어 먼 허공에 흩어지네[475]	落霞成綺散遙空
수심 속에 경물 만나 전혀 흥이 없는데	愁邊觸景渾無興
남쪽 고을 식구들은 소식이 통하지 않네	百口南州信不通

474 세상에……찾겠는가 : 한(漢)나라 때 문장가인 양웅(揚雄)이 고문(古文), 기자(奇字) 등을 많이 알았으므로 사람들이 술통을 싣고 와서 기자를 물었다는 고사가 있는데, 자신은 자취를 감추고 있으므로 그렇지 못하다는 말이다. 《漢書 揚雄傳》

475 지는……흩어지네 : 남조(南朝) 제(齊)의 시인 사조(謝朓)의 시에 "남은 노을 흩어져 비단을 이루고, 맑은 강은 깨끗하기 명주 같아라.〔餘霞散成綺, 澄江靜如練.〕"라고 한 구절을 차용한 것이다. 《文選 卷27 晩登三山還望京邑》

칠송 거사에게 주다

贈七松居士

양화 나루 어귀에 여뀌 꽃 향기로운데　楊花渡口蓼花香
오랜 비 걷혀 저녁 서늘한 기운 감도네　積雨收來泛晩涼
바람이 돛에 가득 불지 않아 배는 게을리 가고　風不滿帆船意懶
해가 비로소 물가에 잠기니 새는 바삐 돌아가네　日初沈渚鳥歸忙
우거하니 강가의 길이 절로 익숙하련만　僑居自熟沿江路
돌아보니 잎 너머 집이 되려 헷갈리누나　回望還迷隔葉堂
오늘 밤 칠송정[476] 위에 뜬 달　今夜七松亭上月
가련토다 누구와 그 맑은 풍광 함께 할까　可憐誰與共淸光

476 칠송정(七松亭) : 남산 기슭에 있는 정자이다.《新增東國輿地勝覽 卷3 漢城府》

유배 중의 옛 거처를 지나며

過謫中舊居

적막한 성 서쪽에 촌락이 드문데	寂寞城西村落稀
돌샘과 이끼 낀 비탈에 사립이 닫혔네	石泉苔磴掩柴扉
위태로운 몸 괴롭게도 울 속에 갇혔다가	危蹤苦作籬中縶
가족 모두 이제 바닷가에서 돌아왔다오	盡室今從海上歸
녹죽은 서리와 싸우며 추위에도 늠름하고	綠竹戰霜寒凜凜
청산은 달을 토해내 밤에도 휘황찬란하네	青山吐月夜輝輝
단표[477]도 맛이 있으니 이제 무엇을 걱정할까	簞瓢有味今何病
숲 까마귀 길이 마주하는 일 어김이 없었으면	長對林烏願莫違

477 단표(簞瓢) : 단사표음(簞食瓢飮)의 준말로, 청빈하게 생활하며 도(道)를 즐거워함을 뜻한다. 《논어》 〈옹야(雍也)〉에 공자(孔子)가 제자 안회(顔回)를 칭찬하며 말하기를 "어질도다, 안회여! 한 대그릇의 밥을 먹고 한 표주박의 물을 마시며 누추한 시골에 사는 것을 사람들은 그 근심을 견디지 못하는데, 안회는 그 즐거움을 바꾸지 않으니, 어질도다, 안회여!〔賢哉! 回也. 一簞食, 一瓢飮, 在陋巷, 人不堪其憂, 回也, 不改其樂. 賢哉! 回也.〕"라고 한 데서 온 말이다.

촉석루에서. 다시 소옹의 운[478]을 사용하다

矗石 再用素翁韻

여울 소리는 애절하고 또 쓸쓸한데　　灘聲咽咽復凄凄
첫 번째 북에서 울리는 경고 소리 이어서 듣네　　更鼓仍聞第一鼙
전쟁 원혼이 밤에 곡하는 소리도 못 견디겠는데　　戰鬼不堪當夜哭
성 위의 까마귀는 무슨 일로 사람 향해 우나　　城烏何事向人啼
강산이 눈에 가득한지라 난간에 기대 취하고　　湖山滿目憑闌醉
풍월이 소매에 가득 찬지라 붓 휘둘러 쓰노라　　風月盈襟放筆題
연회 파한 뒤 붉은 초 다 타도록 거두지 못하고　　宴罷莫收紅燭跋
담장과 나란한 서리 맞은 대를 사랑스레 보노라　　愛看霜竹與墻齊

까마귀 수천 수만 마리가 떼를 지어 아침저녁으로 모여 울었다. 《본초강목(本草綱目)》에서 말한 '자오(慈烏)'라는 것이다.[479]

478 소옹(素翁)의 운(韻) : 이 시는 《현곡집(玄谷集)》 권6에 〈촉석루(矗石樓)〉라는 제목으로 실려 있다.

479 본초강목(本草綱目)에서……것이다 : 자오(慈烏)는 《본초강목》 권49에 임금류(林禽類)의 한 종으로 실려 있다.

술자리에서 운자를 부르다

醉席呼韻

벗을 보지 못한 지 지금까지 칠년이라	不見故人今七年
세월은 달리는 내처럼 빨리도 흘러갔네	流光袞袞似奔川
고운 얼굴은 근심 때문에 변하였고	韶容變改愁相悞
앙상한 뼈는 병이 더욱 휘감아 불거졌네	瘦骨崚嶒病更纏
썰물 빠진 곳엔 먼 포구의 저녁 소리요	遙浦暮聲潮落處
기러기 가로지르는 앞엔 얽힌 산의 가을빛이라	亂峯秋色雁橫前
이별 회포 다 쏟아내고 큰 술동이 앞에 누웠다가	離懷訴盡深尊臥
술맛이 흥을 돋우어 누차 자리를 옮겼네	酒味撩人坐屢遷

죽음집

제7권

칠언율시 하
七言律詩 下

칠언율시 하 七言律詩下

3월 18일에 비가 오다[480]

三月十八日 雨

복사꽃은 막 피었고 살구꽃은 지는데	桃花初發杏花殘
뻐꾸기 울 때 비 오지 않아 애석했네[481]	布穀啼時惜雨乾
가는 안개가 새벽 되어 들판의 빛을 덮고	細霧曉來霾野色
어지러운 구름이 아침 지나 산 모습을 가렸네	亂雲朝後失山顏
숲 끝에서 문득 쓸쓸한 소리가 나더니	林端忽覺飄蕭響
처마 끝에서 갑자기 빗방울이 떨어지누나	簷角俄成點滴看
이제부터 농가는 보리농사가 풍년일 텐데	從此田家豐有麥
봄철 점차 저물어감을 홀로 안타까워하네	獨憐春意漸闌珊

480 3월……오다 : 《죽음집》 시의 편차로 봤을 때, 1620년(광해군12) 3월 18일인 듯하다. 1619년 12월에 조희일은 모친상을 당해 묘하(墓下)에서 삼년상을 치렀다. 《竹陰先生集 附錄 神道碑銘》

481 뻐꾸기……애석했네 : 농사철이 시작되었는데도 비가 오지 않아 안타깝다는 말이다. 뻐꾸기는 특히 파종할 때 울기 때문에 농사를 권면하는 새로 불리어지는데, 그 울음소리가 흡사 '씨앗을 뿌려라.〔布穀〕'라고 재촉하는 말과 같다고 한다.

또 짓다
又

가느다란 한 줄기 비가 보리 뿌리를 적시고	纖纖一雨潤麰根
삼춘에 복사꽃 물이 불지만 물결 일렁이지 않네	桃漲三春浪未翻
우물로 가는 길은 점차 풀이 덮으려 하고	漸欲草藏尋井路
시내 너머 마을에는 꽃이 무게 이기지 못하네	不勝花重隔溪村
고향의 동생들에게는 소식이 없고	故園弟妹無消息
타향의 인정은 후박(厚薄)이 있네	異地人情有冷溫
가절이 저물어 가는데 나는 돌아가지 못하고	佳節向闌吾未返
둥지 제비 들창에서 지저귀는 소리 홀로 듣네	獨聞巢燕語窓軒

'심(尋)'은 다른 판본에 '당(當)'으로 되어 있다.

거처를 옮기다. 죽음을 슬퍼하여 느낌이 일다
遷寓 悼逝有感

무너진 집 부서진 울과 가시로 만든 사립	破屋崩籬荊作扉
고난을 실컷 맛보아 여기에 의지해 사네	備嘗艱險此相依
짜다 남은 흰 깁에 많은 감정 갖지 말라	殘工片素休多感
사생 간의 이별은 잠시 떨어질 뿐이니	死別生離只暫違
꽃 피면 그래도 예전처럼 좋을 터	花發尙如前度好
제비 돌아오면 주인 바뀐 줄 알려나	燕歸能識主人非
나그네 신세라 다시 옮겨 다녀도 상관없지만	不妨旅寄還遷次
천명을 아는 나이가 근년에 가까워졌다오	知命年來也庶幾

우거
僑寓

비 개고 구름 걷혀 아지랑이 남았는데	雨晴雲斂靄餘姿
흥취가 마음 부추김을 그저 스스로 아네	興與心媒秖自知
솔 아래 띠 처마는 그림에 담을 만하고	松下茅簷堪入畫
버들 가의 꽃길은 시로 읊을 만하네	柳邊花徑可吟詩
원래 고향 아니라면 누군들 나그네 아닐까	元非故土誰非客
내 살아생전에 응당 돌아갈 때가 있으리라	倘有吾生會有時
만사에 한바탕 봄 꿈을 깨고 나니	萬事一場春夢覺
까마귀 깃든 산 너머로 석양이 더디 지네	烏棲山外夕陽遲

나그네로 떠도는 중에 보고 느낀 것을 읊다
旅中卽事

서검을 이룬 것 없이 늙은이 되었으니	書劍無成成老翁
죽음 거사는 호걸이 아니라오	竹陰居士未豪雄
산해의 천 겹 속에 깊이 숨고	深藏山海千重裏
천지의 한 기운 가운데 편히 누웠네	偃臥乾坤一氣中
성령을 도야시키는 것은 시와 술이요	陶冶性靈詩與酒
시물을 발양하는 것은 비와 바람이라	發揚時物雨兼風
몽롱하게 취한 눈을 막 떠보니	矇矓醉眼初開處
석양이 서쪽으로 기울어 나무 그림자 동쪽이네	落日西頹樹影東

벌
蜂

얇은 깁을 가볍게 재단한 듯한 여린 날개로	弱翅輕裁薄薄紗
쉬이 왕래하니 정원 가득 시끄럽구나	往來容易滿園譁
풀 향기 다리에 붙여 아침 과업을 이루고	草香黏股供朝課
꽃술 수염에 올려 저녁 관아에 달려가네[482]	花蘂登鬚趁晩衙
흰 꿀 빚어 창자를 채우나 끝내 어디에 쓸까	釀白成脾終底用
누런 꽃가루로 이마 장식해 잠시 화려하게 꾸미네	借黃粧額乍爲華
너를 보고 덧없는 인생사를 깨달았으니	憑渠悟得浮生事
요란하게 앵앵거리며 부질없이 자랑하구나	擾擾營營謾自誇

482 풀……달려가네 : 벌이 꿀을 장만하여 아침저녁으로 떼를 지어 벌집으로 모여드는 것이, 마치 관리들이 아침저녁으로 한 차례씩 상급 관아에 모여들어 조회를 하는 것과 흡사하기 때문에 이렇게 말한 것이다.

신교 나루[483]

薪橋渡

내의 지류가 중첩되어 뱀과 용이 얽힌 듯	川支重疊綰蛇龍
강가의 어촌은 반이 농사를 겸하고 있네	湖上漁家半雜農
비옥한 땅 소금 꽃에 서리가 언덕에 내리고	土潤鹽花霜着岸
장기 섞인 이내 기운에 해가 산에 잠겼어라	瘴交嵐氣日沈峯
단풍 땔나무 둘러싼 벽에는 누에가 실을 뽑고	楓薪擁壁蠶成繭
해나무 잎 이어진 숲에는 사슴이 뿔을 기르네	槲葉連林鹿養茸
청정함을 얻을 때면 그나마 마음이 흡족하니	每得靜便差愜意
이곳에서 세속의 자취 피하고 싶구나	擬於玆地避塵蹤

483 신교(薪橋) 나루 : 충청남도 덕산현(德山縣)의 신교천(薪橋川)에 소재한 나루이다. 《新增東國輿地勝覽 卷19 忠淸道 德山縣》

신점촌을 출발하다

發新店村

꿈이 깨 베개 밀치고 말안장에 올라	夢回推枕上征鞍
굽은 언덕 시내 따라가니 길이 구불구불하네	曲岸沿溪路似彎
산 끝의 흰 구름은 조각조각 걷히고	山際白雲收片片
잎 사이 맑은 이슬은 방울방울 떨어지네	葉間淸露瀉溥溥
이글대는 태양은 그야말로 남와[484] 되어 뜨겁고	驕陽正到南訛熱
수심 어린 눈은 유독 북쪽 바라보니 차갑구나	愁眼偏因北望寒
팔봉산[485]은 뜻이 있어 나를 기다린 듯	有意八峯如待我
저문 하늘 석양이 높은 산을 비추누나	晩天殘照帶孱顔

484 남와(南訛) : 《서경》 〈요전(堯典)〉의 '평질남와(平秩南訛)'에서 온 말로, 만물이 성장하여 변화하는 여름을 말한다.

485 팔봉산(八峯山) : 충청남도 덕산현(德山縣)에 소재한 산 이름이다.

물고기를 잡다

獵魚

풀 덮인 문정에서 게을리 누웠다가	懶臥門庭擁草萊
우연히 멋진 흥취 일어 시냇가에 나갔네	偶因佳興出溪隈
어부가 시인 기롱하든 무슨 상관이랴	何妨漁父譏騷客
엄릉의 조대만 있으면 될 뿐인데[486]	可但嚴陵有釣臺
백로는 물가 떠나 갈대 헤치고 가고	白鷺辭磯穿蓼去
붉은 생선은 그물에 걸려 소반에 들어오네	紫鱗粘網入盤來
창창한 고목 원림 가까이	蒼蒼古木園林近
석양 속에 나귀 등에 타고 취한 채 돌아왔네[487]	驢背斜陽帶醉回

486 어부(漁父)가……뿐인데 : 어부가 시류(時流)에 맞추어 살도록 꾸짖든 말든 자신은 은거해서 낚시하며 살겠다는 말이다. 전국 시대 초(楚)나라의 충신 굴원(屈原)이 소인들의 참소를 입어 강가를 거닐다가 어부를 만나 조정에서 쫓겨난 이유를 말하자, 어부가 세상과 함께 동화되어 살도록 충고한 고사가 있다. 《古文眞寶後集 卷1 漁父辭》 엄릉(嚴陵)은 엄자릉(嚴子陵)을 줄여 쓴 말로, 후한(後漢)의 고사(高士) 엄광(嚴光)을 가리키고, 조대(釣臺)는 엄광이 은거하면서 낚시하던 곳이다. 엄광은 소싯적에 후한(後漢) 광무제(光武帝)와 동문수학했던 인연으로 광무제로부터 간의대부(諫議大夫)로 초빙을 받았으나, 부춘산(富春山)에 은거하며 농사를 짓고 동강(桐江)의 조대에서 낚시하며 살았다. 《後漢書 逸民列傳 嚴光》

487 석양……돌아왔네 : 죽림칠현(竹林七賢)의 한 사람인 진(晉)나라 산간(山簡)의 고사를 원용하여 풍류를 즐기는 뜻을 나타낸 것이다. 산간이 술을 좋아하여 매양 원지(園池) 가에 나가 술을 잔뜩 마시고 취해 돌아오므로, 당시 아동(兒童)들이 노래하기를 "산공이 어디로 나가는가, 고양지로 가는구나. 석양 속에 거꾸러져 돌아와, 곤드레가 되어 아무 것도 모른다오. 때로는 말을 타고 오면서 하얀 접리관을 거꾸로 쓰기도 하네.

〔山公出何許，往至高陽池，日夕倒載歸，酩酊無所知．時時能騎馬，倒著白接羅．〕”라고 하였다.《晉書 山濤列傳》

박 감사 열지[488] 동열 에 대한 만사

朴監司說之挽詞 東說

너그러운 도량 참된 모습이 고인과 같아	休休眞態古人同
노년의 마음을 다행히 공에게 의탁했지	末路心期幸托公
덕업은 낭묘 위에 오르기 합당하고	德業合登廊廟上
문장은 막료 가운데서 잠시 시험했네[489]	文章暫試儐僚中
뜬 이름은 원래 영욕을 겸하는 법이요	浮名自是兼榮辱
오랜 뜻은 시종 부끄러움이 없었네	宿志應無媿始終
하늘 밖으로 떠가는 조각구름에 고개 돌리니	回首斷雲天外去
몇 줄기 슬픈 눈물이 가을바람에 떨어지네	數行哀淚落秋風

488 박 감사 열지(朴監事說之) : 황해도 관찰사를 지낸 박동열(朴東說, 1564~1622)로, 열지는 그의 자이다. 본관은 반남(潘南), 호는 남곽(南郭)·봉촌(鳳村)이다. 선조 때 우부승지, 황해도 관찰사, 형조 참의를 지냈다. 광해군 때 대사성으로 있던 중 정인홍(鄭仁弘)을 유적(儒籍)에서 삭제시킨 일로 광해군에게 미움을 받아 1611년(광해군3) 7월 30일에 나주 목사(羅州牧使)로 나갔으며, 폐모론(廢母論)에 반대한 일로 형인 박동량(朴東亮)과 함께 옥에 갇혔다가 석방되었다. 시문(詩文)에 능하였고, 경사(經史)와 백가(百家) 및 국조(國朝)의 고사(故事)에 두루 통하였다. 저서에 《봉촌집(鳳村集)》이 있다.

489 문장은……시험했네 : 박동열(朴東說)이 1601년(선조34)에 원접사(遠接使)의 종사관(從事官)이 된 일을 가리키는 듯하다.

소지일[490]에 반탄을 건너다

小至日 渡盤灘

풀 끝 흰 서리가 아침 되기 전에 빛나는데	草頭霜白未朝暉
옷 걷고 맑은 여울 건너니 오리 떼 나누나	揭涉淸灘亂鴨飛
활 같은 먼 길을 가니 구불구불하고	迂徑似彎行詰曲
그림 같은 먼 산을 바라보니 희미하네	遠峯如畫望依微
천심을 볼 수 있으니 때가 응당 돌아오겠지만[491]	天心可見時當復
세도는 회복하기 어려우니 일이 점차 잘못되어 가네	世道難回事漸非
나그네 되어 팥죽 맛볼 생각 말고	爲客莫思嘗豆粥
엄동설한에 돌아온 일양이나 잘 누리리라[492]	嚴寒好占一陽歸

490 소지일(小至日) : 동지(冬至) 하루 전날을 말한다.

491 천심(天心)을……돌아오겠지만 : 동짓달은 양효(陽爻)가 하나인 일양(一陽)이 맨 아래에서 생겨나 천지의 인(仁)이 회복되는 〈복괘(復卦)〉에 해당하기 때문에 이렇게 말한 것이다. 천심을 볼 수 있다는 것은, 〈복괘〉 단사(彖辭)에 "복에서 천지의 마음을 볼 수 있다.〔復其見天地之心乎.〕"라고 한 말을 가리킨다. 이에 대해 정전(程傳)에서는 "일양이 아래에서 회복됨은 천지가 만물을 낳는 마음이다.〔一陽復於下, 乃天地生物之心也.〕"라고 풀이하였다.

492 나그네……누리리라 : 악귀를 물리치기 위해 동지 팥죽을 먹기보다는, 일양(一陽)이 생겨 만물이 태동하는 동짓날을 잘 누리겠다는 말이다.

인일에 마침 유배 중에 지은 인일 시를 펼쳐 보고 느낌이 일었다.

人日 適披覽謫中人日詩 有感

세월이 홀연 재촉하여 새해가 되니	新歲光陰忽忽催
부생은 옛일에 느낌 일어 마음 가누기 어렵네	浮生感舊意難裁
귀문관493 밖에서 일찍이 고향 그리워했는데	鬼門關外曾懷土
인일에 술동이 앞에서 다시 술잔을 잡누나	人日尊前更把杯
가는 버들 생기(生氣)는 바람이 불러일으키고	細柳精神風喚起
이른 매화 소식은 비가 몰고 오누나	早梅消息雨將來
동서남북의 신세494를 이제 겨우 면했으니	東西南北今差免
전원에 병들어 누워 있어도 즐겁구나	病臥田園亦樂哉

493 귀문관(鬼門關) : 중국 광서성(廣西省)에 있는 변방 요새로, 산세가 험준한 데다 장려(瘴癘)가 만연하는 등 풍토가 험악하여 생환(生還)하는 자가 드물었으므로 "열에 아홉은 못 돌아오는 귀문관〔鬼門關, 十人九不還.〕"이라는 속요(俗謠)까지 유행했다 한다. 여기서는 저자가 귀양 가 있던 이산(理山)을 말한다. 《舊唐書 地理志4》

494 동서남북(東西南北)의 신세 : 여기저기 떠돌아다니는 신세를 말한다. 공자가 아버지의 무덤이 있던 방(防)에 어머니를 합장하고 말하기를 "내 들으니 옛날에는 무덤만 쓰고 봉분은 하지 않았다고 한다. 이제 나는 동서남북으로 떠돌아다니는 사람이니 표시를 하지 않을 수 없다.〔吾聞之, 古也, 墓而不墳. 今丘也, 東西南北之人也, 不可以弗識也.〕"라고 한 데서 온 말이다. 《禮記 檀弓上》

새벽에 일어나다

曉起

강촌은 적막하여 객 찾아오는 일 드물어	水村寥闃客來稀
사립 굳게 닫고서 더디게 누웠다 일어나네	牢掩柴扉臥起遲
술동이의 술은 일없이 마시기에 무방하고	尊酒不妨無事飮
거문고 가락은 소리 있는 시인 줄 누가 알까	絲桐誰識有聲詩
먼 하늘에 달이 숨을 제 새벽닭 울고	遙空月隱晨鷄唱
비낀 은하에 별 잠길 제 가는 기러기 슬퍼하네	斜漢星沈旅雁悲
이내 몸은 올봄에도 돌아가지 못하는데	身到今春猶未返
고향 동산에는 작년 가지에 매화 피었겠지	故園梅發去年枝

선원이 한원지 인급 의 정자에 써 준 시[495]에 차운하다
次仙源題韓元之 仁及 亭上韻

예로부터 옥석은 뒤섞여 구별하기 어려웠으니	從來玉石混難區
어찌 진짜 옥이 없으랴 옥을 못 알아봤을 뿐	玉豈眞無相玉無
누가 기북(冀北) 들판의 준마를 텅 비게 하였나[496]	誰使駿蹄空北野
가련하다 붕새의 날개가 남쪽 가는 길에 꺾였네[497]	可憐鵬翼挫南圖

495 선원(仙源)이……시 : 선원은 김상용(金尙容, 1561~1637)의 호이다. 본관은 안동(安東), 자는 경택(景擇), 또 다른 호는 풍계(楓溪)·계옹(溪翁), 시호는 문충(文忠)이다. 김상헌(金尙憲)의 형이다. 한원지(韓元之, 1583~1644)는 한인급(韓仁及)으로, 원지는 그의 자이다. 본관은 청주(淸州), 호는 현석(玄石)·서석(瑞石)이다. 광해군 때 정언, 수찬 등을 거쳤으나 아버지인 한응인(韓應寅)이 유교칠신(遺敎七臣) 중 한 사람으로 계축옥사(癸丑獄事)에 연루되자, 사직하고 인조반정 때까지 보령(保寧)에서 살았다. 이 시는 김상용의 《선원유고 하(仙源遺稿下)》에 〈보령 한원지의 새 별장에 쓰다〔題保寧韓元之新莊〕〉라는 제목으로 실려 있다.

496 누가……하였나 : 한인급(韓仁及)이 훌륭한 인물임을 백락(伯樂)의 고사에 빗대어 말한 것이다. 기북(冀北)은 준마(駿馬)가 많이 생산되는 지역이다. 한유(韓愈)의 〈하양군으로 부임하는 처사 온조를 전송하는 시서〔送溫處士赴河陽軍序〕〉에 "준마를 잘 알아보는 백락이 기북의 들판을 한번 지나가자, 말떼가 마침내 텅 비게 되었다.〔伯樂一過冀北之野, 而馬群遂空.〕"라고 하였다. 《古文眞寶後集 卷3》

497 가련하다……꺾였네 : 큰 뜻을 이루지 못했다는 말이다. 원문의 '남도(南圖)'는 큰일을 이루고자 하는 원대한 뜻을 말한다. 《장자(莊子)》 〈소요유(逍遙遊)〉에 "그 이름이 붕새인데, 붕새는 등은 태산 같고, 날개는 하늘에 드리운 구름 같아서, 회오리바람을 타고 구만 리를 올라가 구름을 벗어나고 푸른 하늘을 등에 진 다음에야 남쪽으로 간다.〔其名爲鵬, 背若泰山, 翼若垂天之雲, 摶扶搖羊角而上者九萬里絶雲氣, 負靑天, 然後圖南.〕"라고 하였다.

높이 읊조리며 기둥 치다 문득 눈물 흘리고	高吟擊柱忽霣涕
크게 취해 하늘 쳐다보고 때로 한 번 울부짖네[498]	大醉仰天時一呼
꿈속의 혼은 매번 경사를 찾아가노니	魂夢每尋京輦去
잠시나마 젊은 시절의 즐거움을 만끽하네	片時唯作少年娛

498 높이……울부짖네 : 쓸쓸하고 참담한 심경을 뜻한다. 원문의 '격주(擊柱)'는 원래 무례한 행위를 말하는데, 뜻을 이루지 못하여 참담한 심정을 표현하기도 한다. 남조 양(南朝梁)의 강엄(江淹)이 지은 〈한부(恨賦)〉에 "이릉 장군이 흉노에 항복해서는 명예는 수치스럽고 몸은 원통하였네. 칼을 뽑아 기둥을 친들 자신의 그림자만 위로하며 부끄러운 마음뿐이네.〔至如李君降北, 名辱身冤. 拔劍擊柱, 弔影慚魂.〕"라고 하였다. 《文選 卷16》

두 번째로 차운하다

二次

양어지(養魚池)와 토란밭을 만들지 못하였고　　未擲魚池與芋區
당장 거친 밥도 때로 없다오　　眼前麤糲有時無
솔바람이 잠시 사랑스러우니 생황의 노래요　　松風乍愛笙簫韻
산 이내가 멀리 피어오르니 수묵의 그림이라　　山靄遙成水墨圖
감히 문장으로 술작[499]을 도모할 수 있으랴　　敢以文章規述作
오직 읊조림으로 노래함을 도울 뿐이네　　唯將諷詠助歌呼
그대여 수많은 번화한 일들을 보게　　君看多少繁華事
어찌 술동이 앞에서 한 번 웃고 즐기는 것만 하랴　　何似尊前一笑娛

499 술작(述作) : 전인(前人)의 설(說)을 전술(傳述)하여 밝히고, 자기의 설을 제창하는 것을 말한다. 《禮記 樂記》

세 번째로 차운하다

三次

도원이 가장 신령한 곳이라는 말을 듣고	桃源聞說最靈區
어부가 거듭 찾았으나 길이 있지 않았네[500]	漁子重尋路有無
마음 편한 곳이 좋은 땅임을 처음으로 알았고	始識怡神爲樂地
잔뜩 술에 취함이 좋은 계책임을 비로소 알았네	方知痛飮是良圖
가벼운 몸은 삼천의 세계[501]를 벗어나지 못하지만	輕身未出三千界
장쾌한 마음은 오직 오백을 외침[502]에 기댄다오	快意唯憑五百呼
앉아서 눈에 들어온 팔봉산을 완상하노라니	坐愛八峯山入眼
어여쁜 남기와 맑은 이내가 모두 즐겁구나	嫩嵐晴靄摠堪娛

500 도원(桃源)이……않았네 : 무릉도원(武陵桃源)의 고사를 차용하여 상대의 정자가 선경(仙境)임을 나타낸 것이다. 진(晉)나라 때 무릉(武陵)의 어부가 복사꽃이 흘러 내려오는 물길을 따라 거슬러 올라갔다가 진(秦)나라의 난리를 피해 들어온 사람들을 만났는데, 그곳이 워낙 선경이라서 바깥세상의 변천과 세월의 흐름도 잊고 살고 있었다. 어부가 그곳에서 며칠간 머물다가 돌아온 뒤에 다시 찾아가 보려고 하였지만 길을 잃어 찾지 못했다고 한다.

501 삼천(三千)의 세계 : 불교에서 말하는 삼천대천세계(三千大千世界)의 준말로, 천지사방을 뜻한다.

502 오백(五百)을 외침 : 오백은 도박(賭博) 놀음패의 하나로 오목(五木)의 제도인데, 오백(五白)과 같다. 오백을 외친다는 것은 주사위를 던지면서 좋은 패가 나오라고 외치는 것이다. 두보(杜甫)의 〈금석행(今夕行)〉에 "의기양양 큰 소리로 오백을 외쳐대며, 웃통 벗고 맨발로 뛰지만 효로는 이뤄지질 않네.〔馮陵大叫呼五白, 袒跣不肯成梟盧.〕"라고 하였다. 《杜少陵詩集 卷1》

영보정[503]에 오른 지 이미 15년이 지났는데 그대가 거주하는 곳과 조금 가까워 때때로 가서 구경하며 마음을 편다는 말을 듣고 회포가 일다. 네 번째로 차운하다

永保亭登覽 已過十五年矣 聞君所住稍近 時往觀暢 有懷 四次

영보는 우리 동방에서 제일가는 명승지라	永保東韓第一區
기이한 경관 이곳 제외하면 전혀 없다오	奇觀舍此也全無
고래 물결[504] 펼쳐진 만 리는 아득한 세계요	鯨濤萬里蒼茫界
자라 등의 삼신산[505]은 아스라한 그림이라	鼇背三山隱約圖
딸린 섬과 평평한 모래밭을 삼켰다 다시 뱉고	側島平沙呑復吐
아침 밀물과 저녁 썰물을 들이마셨다 이어 내 쉬리	朝潮夕汐吸仍呼
그 가운데 변화하여 일정한 모습 없으니	箇中變化無常態
심목이 닿는 곳마다 즐겁게 하리라	心目令人觸處娛

503 영보정(永保亭) : 충청남도 보령(保寧)에 있는 충청 수영성(水營城) 안에 있던 정자로, 명승지로 꼽혔다.

504 고래 물결 : 원문의 '경도(鯨濤)'는 거세고 거대한 물결을 고래에 비유한 것으로, 경파(鯨波)라고도 한다.

505 자라 등의 삼신산(三神山) : 동해에 있다는 신선이 사는 산을 말한다. 옛날 발해(渤海) 동쪽의 다섯 신산〔五神山〕이 파도에 떠밀리자 상제가 다섯 마리의 자라로 하여금 자라 등으로 이를 떠받치게 했다는 전설이 전해온다. 《列子 湯問》

인하여 선원이 그리워 회포가 일다. 다섯 번째로 차운하다
因憶仙源有懷 五次

풍계[506]의 수석은 선계처럼 황홀하니	楓溪水石怳仙區
시냇가의 선옹은 잘 계십니까	溪上仙翁好在無
십 년간 격조한 것을 어찌 차마 말하겠습니까	十載乖離那忍說
두 집안의 우환은 생각지도 못했습니다	兩家憂患不曾圖
성 북쪽에 눈 다 녹으니 찬 매화 피고	城陰雪盡寒梅動
호수 밖에 봄 생동하니 병든 기러기 부르짖습니다	湖外春生病雁呼
맑은 시에 화답하노라니 감개가 더하는데	吟和淸詩增感慨
어느 날에나 이웃하여 애환을 말하겠습니까	接隣何日敍悲娛

506 풍계(楓溪) : 서울 북악산(北岳山) 북쪽 기슭의 지명으로, 본래 이름은 청풍계(靑楓溪)이다. 김상용(金尙容)이 이곳에 터를 잡고 살았다.

무명씨에게 주다. 여섯 번째로 차운하다
贈無名氏 六次

기재와 봉호[507]는 판이하여 구별하기 쉬우니	杞梓蓬蒿判易區
탁월한 재능 근세에 그대 같은 이 없다오	全才近世似君無
초당의 여구는 〈등왕각〉이요[508]	初唐儷句滕王閣
성진의 해서는 〈필진도〉라[509]	盛晉楷書筆陣圖
궁벽한 곳에서 부질없이 수고롭게 옥을 바쳤지만	窮處謾勞持玉獻
현달할 때에 바람 따라 소리치는 것을 보리라[510]	達時應見順風呼

507 기재(杞梓)와 봉호(蓬蒿) : 기재(杞梓)는 초 땅에서 생산되는 먹구슬나무와 가래나무로 대표적인 좋은 목재이고, 봉호는 쑥대로 황무지를 뜻한다. 여기서는 상대를 기재 같은 훌륭한 인재에 비유한 것이다.

508 초당(初唐)의 여구(儷句)는 등왕각(滕王閣)이요 : 여구는 주로 6자씩 대우(對偶)로 이루어진 문장으로, 사륙변려(四六騈儷)라고도 하는데 당(唐) 나라 때 유행한 문장이다. 등왕각(滕王閣)은 초당(初唐)의 왕발(王勃)이 지은 〈등왕각서(滕王閣序)〉를 말하는데, 고금에 회자 되는 명작으로 꼽힌다. 그중에 "저녁노을은 외로운 따오기와 가지런히 날고, 가을 물은 긴 하늘과 한 빛이다.〔落霞與孤鶩齊飛, 秋水共長天一色.〕"라는 대우 구절은 절창으로 꼽힌다. 《古文眞寶後集 卷2》 여기에서는 상대가 변려문에 능함을 말한 것이다.

509 성진(盛晉)의 해서(楷書)는 필진도(筆陣圖)라 : 〈필진도〉는 글씨 쓰는 법을 설명한 필첩으로, 진(晉)나라 위부인(衛夫人)의 작품이라고도 하고, 혹은 왕희지(王羲之)의 작품이라고도 한다. 여기에서는 상대가 해서에 능함을 말한 것이다.

510 궁벽한……보리라 : 뛰어난 재주를 가지고도 인정을 받지 못해 곤궁하였지만, 나중에는 일이 잘 풀려 현달하게 될 것이라는 말이다. 옥을 바친 고사는 다음과 같다. 초(楚)나라 사람 변화(卞和)가 초산에서 옥 덩어리를 얻어 여왕(厲王)과 무왕(武王)에게 바쳤다가 발꿈치를 잘리는 형벌을 받았는데, 결국 문왕(文王)에게 바쳐 진가를 인정받았다. 《韓非子 和氏》 바람 따라 소리치는 것은 형세 상 아주 쉬움을 비유하는 말이다. 《설원(說

붉은 노을 골짝 속에 연화가 가득하니　　丹霞洞裏煙花滿

술 마시며 글을 논하는 것[511] 또한 즐거워라　　尊酒論文亦可娛

苑)》〈건본(建本)〉에 "바람이 부는 방향대로 소리치면, 소리를 더욱 빠르게 하지 않아도 듣는 이가 많다.〔順風而呼, 聲不加疾而聞者衆.〕"라고 한 데서 온 말이다.

511 술……것 : 당(唐)나라 두보(杜甫)의 시에 "언제나 한 동이 술을 마시며, 다시 함께 자세히 글을 논해볼까.〔何時一樽酒, 重與細論文?〕"라고 하였다. 《全唐詩 卷224 春日憶李白》

서경[512]의 시에 차운하다
次西坰韻

산은 서쪽에서 뻗어 오고 물은 동쪽에서 흘러오니	山自西來水自東
저주[513]의 형승이 이 가운데 자리했네	楮洲形勝此當中
창랑은 어부의 노래에 화답할 만하고[514]	滄浪漁父歌堪和
풍경은 용면의 그림 솜씨도 정교하지 못하리[515]	風景龍眠畫不工
오늘은 마음이 무르녹아 붓을 적시지만	今日融神濡翰墨
어느 때나 창문에 기대 마음껏 볼거나	何時縱目倚窓櫳
강호와 조정에서 군민에 대한 생각	江湖廊廟君民念
전인과 같고 다름을 비교하지 말라[516]	莫把前人較異同

512 서경(西坰) : 유근(柳根, 1549~1627)의 호이다.

513 저주(楮洲) : 경기도 광주(廣州) 남한강 유역에 위치한 지명으로, 저도(楮島)라고도 한다.

514 창랑(滄浪)은……만하고 : 저주(楮洲)의 물이 아주 맑음을 표현하는 말이다. 어부의 노래는 굴원(屈原)의 〈어부사(漁父辭)〉에, 어부가 굴원에게 "창랑의 물이 맑으면 내 갓끈을 씻고, 창랑의 물이 탁하면 내 발을 씻으리로다.〔滄浪之水清兮, 可以濯吾纓. 滄浪之水濁兮, 可以濯吾足.〕"라고 불러준 노래를 가리킨다. 《古文眞寶後集 卷1》

515 풍경은……못하리 : 저주(楮洲)의 풍경이 너무도 아름다워 아무리 솜씨 좋은 화가라도 제대로 묘사하지 못한다는 말이다. 용면(龍眠)은 송(宋)나라 때의 유명한 화가 이공린(李公麟)의 호이다. 송나라 한구(韓駒)의 〈태을진인의 연엽도에 쓰다〔題太乙眞人蓮葉圖〕〉에 "용면거사 그림 솜씨는 노련해 입신의 경지라, 한 자의 비단에 진짜 천인을 그려 냈구나.〔龍眠畫手老入神, 尺素幻出眞天人.〕"라고 하였다. 《古文眞寶前集 卷5》

516 강호(江湖)와……말라 : 은거할 때나 벼슬할 때나 늘 임금과 백성을 생각하는 마음이 옛사람과 같다는 말이다. 전인(前人)은 송(宋)나라 범중엄(范仲淹)을 가리킨다. 그의

〈악양루기(岳陽樓記)〉에 "조정의 높은 지위에 있으면 백성들을 걱정하고, 물러나 멀리 강호에 거처하게 되면 임금을 걱정했다. 조정에 나아가서도 걱정하고 물러나서도 걱정했으니, 어느 때에나 즐거울 수가 있었겠는가.〔居廟堂之高, 則憂其民; 處江湖之遠, 則憂其君. 是進亦憂退亦憂, 然則何時而樂耶?〕"라고 하였다. 《古文眞寶後集 卷6》

광산[517]으로 돌아가는 길에 종질 석 과 유별하다

光山歸路 留別宗姪 碩

신선 자태의 산 이름을 예전에 들었는데	仙胎山號昔聞之
연로의 봉우리들 곳곳이 긴가민가하네	沿路峯巒處處疑
먼 이별이 마음에 걸려 녹주를 열어 마시니	遠別關心開綠酒
춘풍은 어제처럼 불고 꾀꼬리 소리 들리네	春風如昨聽黃鸝
일천 그루의 오랜 나무는 깊은 골짝에 있고	千章古木深深洞
한 그루의 남은 꽃은 짧은 울타리에 피었네	一樹殘花短短籬
떠나려다 떠나지 못하고 되려 소매 잡으니	欲去未能還摻袂
석양에 수레 멈춘 때를 견디지 못하겠네	不堪斜日住車時

517 광산(光山) : 지금의 광주광역시를 가리킨다. 조희일은 1624년(인조2) 광주 목사(光州牧使)에 제수되었다.

옛 장성[518]에서 회포가 있어

古長城有懷

호남과 호북은 고개가 거듭 막고 있어[519]	湖南湖北嶺重遮
종일토록 기울어진 돌길을 기어올랐네	盡日攀躋石棧斜
예전 운판으로 왔다가[520] 목사로 새로 부임했는데	舊運判來新邑宰
옛 장성 무너져 바로 촌가가 되었구나	古長城廢卽村家
가난한 주방에선 황정초[521]를 다투어 달이고	貧廚競煮黃精草
도망간 집에선 백반화[522]가 공연히 피었네	逋屋空開白飯花
눈길 닿는 곳마다 근심 생기나 말할 이 없는데	觸目生愁無與語
무성한 나무에 이미 까마귀 깃든 것도 몰랐구나	不知深樹已棲鴉

518 옛 장성(長城) : 지금의 전라남도 장성군(長城郡)을 가리킨다.

519 호남(湖南)과……있어 : 노령산맥(蘆嶺山脈)을 경계로 남쪽은 호남, 북쪽은 호북(湖北)이다. 지금의 전라남도와 전라북도를 가리킨다.

520 예전 운판(運判)으로 왔다가 : 운판은 해운판관(海運判官)의 준말이다. 조희일(趙希逸)은 1606년(선조39)에 충청도와 전라도의 조운(漕運) 업무를 맡아보던 해운판관에 제수되었다.

521 황정초(黃精草) : 둥글레로, 먹으면 포만감을 느낄 수 있어 구황으로 많이 쓰였다고 한다.

522 백반화(白飯花) : 이팝나무꽃으로, 밥태기꽃 또는 쌀나무라고도 한다. 밥알처럼 하얗게 피었다고 해서 부른 이름이다.

풍영정 시[523]에 차운하다

次風詠亭韻

성을 나가 어디에서 수레를 쉴까	出城何處駕言休
곁의 연파 덕분에 근심이 다 씻기누나	爲傍煙波滌盡愁
트인 누각이 바위에 얹혀 겨우 길만 나 있고	快閣架巖纔有路
긴 강이 언덕까지 차올라 더는 모래섬 보이지 않네	長江漲岸更無洲
강산은 시인 떠나가는 것을 몇 번이나 보았을까	江山幾閱詩人去
풍월은 공연히 멋진 자취 따라 남아 있구나	風月空隨勝跡留
오래 앉으니 더운 기운 옅어짐을 유독 느끼는데	坐久偏知炎氣薄
서늘한 대와 솔바람에 쉬이 가을이 이누나	竹涼松韻易生秋

523 풍영정(風詠亭) 시 : 풍영정은 광산현(光山縣) 서쪽 20리에 있는 정자로, 현재 광주광역시 광산구 신창동 선창산(仙滄山)과 극락강(極樂江)이 마주치는 강변의 대지 위에 있다. 이 시는 풍영정 주인인 김언거(金彦据, 1503~1584)가 지은 시이다. 이후로 송순(宋純), 김인후(金麟厚), 기대승(奇大升), 고경명(高敬命), 이덕형(李德馨), 조위한(趙緯韓), 양경우(梁慶遇), 권필(權韠) 등 여러 문인들이 이 풍영정 시에 차운하였다.

두 번째로 차운하다 김수오[524], 고선행[525] 두 영공께 드리다.

二次 贈金守吾高善行兩令公

이내 생애 세상에서 참으로 잠시 머물다 가지만[526] 此生於世眞浮休
오직 승경 있어 이내 시름 없앤다오 唯有選勝消我愁
두로는 산수화 보고 현포를 상상하고[527] 杜老觀畫想玄圃
적선은 시를 짓고 창주를 굽어보았네[528] 謫仙有詩凌滄洲
산은 평야를 에워싸 한 눈에 다 바라보이고 山圍平野一望盡

524 김수오(金守吾) : 김존경(金存敬, 1569~1631)으로, 수오는 그의 자이다. 본관은 광산(光山), 호는 죽계(竹溪)이다. 1599년(선조32) 별시 문과에 병과로 급제하였고, 1618년(광해군10)에 강원도 감사가 되었다.

525 고선행(高善行) : 고용후(高用厚, 1577~?)로, 선행은 그의 자이다. 본관은 장흥(長興), 호는 청사(晴沙)이다. 아버지는 의병장 고경명(高敬命)이다. 1606년(선조39) 증광 문과에 을과로 급제하였다.

526 잠시 머물다 가지만 : 원문의 '부휴(浮休)'는 《장자》〈각의(刻意)〉에 "삶은 떠 있는 물거품 같고, 죽음은 그 거품이 꺼지는 것과 같다.〔其生若浮, 其死若休.〕"라고 한 데서 온 말로, 전하여 인생의 무상함을 뜻한다.

527 두로(杜老)는……상상하고 : 두로는 두보(杜甫)를 가리키고, 현포(玄圃)는 곤륜산 정상에 있다는 신선이 사는 곳으로, 다섯 금대(金臺)와 열두 옥루(玉樓), 그리고 기이한 꽃과 바위가 많다 한다. 두보의 〈유소부가 새로 그린 산수화 병풍에 대한 노래〔劉少府新畫山水障歌〕〉에 산수화를 형용하여 "현포를 찢어온 게 아니라면 소상강을 뒤집어온 게 아닌가.〔得非玄圃裂, 無乃瀟湘翻.〕"라고 하였다. 《杜少陵詩集 卷4》

528 적선(謫仙)은……굽어보았네 : 적선은 이백(李白)을 가리키고, 창주(滄洲)는 은자(隱者)가 거처하는 물가를 가리킨다. 이백의 〈강가에서 읊다〔江上吟〕〉에 "흥이 일면 붓을 휘둘러 오악을 뒤흔들고, 시 완성하고 껄껄 웃으며 창주를 굽어본다오.〔興酣落筆搖五嶽, 詩成笑傲凌滄洲.〕"라고 하였다. 《全唐詩 卷166》

사람은 갈매기와 함께 마주하여 머무르네 人與輕鷗相對留
대 바람이 이슬 뒤집어 찬 달에 떨어뜨릴 제 竹風翻露滴寒月
호숫가 가을에 긴 젓대 한 소리[529] 들리네 長笛一聲湖上秋

529 긴……소리 : 당(唐)나라 시인 조하(趙嘏)의 〈늦가을 장안에서〔長安晩秋〕〉에 "성긴 별 몇 점 아래 기러기는 변새를 가로지르고, 긴 젓대 한 소리에 사람은 누각에 기대었네.〔殘星幾點雁橫塞, 長笛一聲人倚樓.〕"라고 한 구절을 차용한 것이다. 《全唐詩 卷549》

세 번째로 차운하다

三次

그대들 지금 이 근처에서 쉰다는 말 들었는데	聞君今向此間休
헤어지기도 전에 먼저 석별의 수심을 품누나	未別先懷惜別愁
말은 숲 너머 길을 헤치고 가고 있을 테요	征馬想穿林外路
그대들은 홀연 수중의 모래섬에 있겠지	伊人忽在水中洲
낮은데도 도로 비추는 석양에 마음이 매달렸고[530]	心懸落日低還照
머물지 않고 가는 외론 구름에 시야가 끊겼네	目斷孤雲去不留
가다가 풍성[531]에 도착하면 응당 시 지을테니	行到楓城應有作
흰 물새 날고 부슬비 내리는 바다 산 가을이리	白鷗疏雨海山秋

530 낮은데도……매달렸고 : 친구와의 이별을 애석해하는 마음이 마치 지는 해를 아쉬워하는 마음과 같음을 의미한다. 이백(李白)의 〈송우인(送友人)〉에 "뜬구름은 정처 없는 나그네의 뜻이요, 지는 해는 친구를 그리는 정이로다.〔浮雲遊子意, 落日故人情.〕"라고 하였다. 《李太白集 卷17》

531 풍성(楓城) : 가을의 금강산(金剛山)인 풍악산(楓嶽山)을 가리키는 듯하다. 고용후(高用厚)는 1624년(인조2)에 금강산 근처의 고을인 고성군(高城郡)에 부임하였다.

청사[532]가 준 시에 차운하여 이별의 회포를 서술하다

次晴沙見贈詩韻 仍敍別懷

가을 강 어느 곳에 흰 마름 향기롭나	秋江何處白蘋馨
전날 밤 객을 보낸 정자가 문득 생각나네	却憶前宵送客亭
함관에서 자기를 바라보니 노자요[533]	老子函關瞻紫氣
화악에서 명성을 본 이는 적선이라[534]	謫仙華岳見明星
혐의는 술잔 속의 쇠뇌로 이미 판별되었고[535]	嫌疑已判尊中弩
만남과 헤어짐은 원래 물 위의 부평초 같다네[536]	離合元如水上萍
응당 장풍을 타고 함께 물결을 헤쳐간다면	會駕長風同破浪

532 청사(晴沙) : 고용후(高用厚, 1577~?)의 호이다.

533 함관(函關)에서……노자(老子)요 : 함관은 함곡관(函谷關)을 말한다. 함곡관의 관령(關令) 윤희(尹喜)가 동쪽에서 서쪽으로 옮겨 오는 자줏빛 기운〔紫氣〕를 보고 진인(眞人)이 올 거라 했는데, 노자(老子)가 푸른 소를 타고 왔다는 전설이 전한다. 《列仙傳 上》

534 화악(華岳)에서……적선(謫仙)이라 : 명성(明星)은 전설상의 화산(華山) 정상에 산다는 신녀(神女)의 이름이고, 적선은 이백(李伯)을 가리킨다. 이백의 〈고풍(古風)〉 제19수에 "서쪽으로 연화산에 올라, 저 멀리 명성을 바라보네.〔西上蓮花山, 迢迢見明星〕" 라고 하였다. 연화산은 화산을 가리킨다. 《李太白文集 卷1》

535 혐의는……판별되었고 : 의심이 다 풀렸다는 말이다. 원문의 '준중노(尊中弩)'는 의심스런 변괴를 뜻하는 말로, 후한(後漢) 두선(杜宣)의 고사에서 유래하였다. 《風俗通 怪神》

536 만남과……같다네 : 만남과 헤어짐은 부평초(浮萍草)가 물을 따라 정처 없이 떠다니다가 아무런 기약 없이 모이고 흩어지는 것처럼 기약할 수 없다는 말이다. 왕발(王勃)의 〈등왕각서(滕王閣序)〉에 "부평초처럼 물 위에서 서로 만나니, 모두가 타향의 나그네로다.〔萍水相逢, 盡是他鄕之客.〕"라고 하였다. 《古文眞寶後集 卷2》

남쪽 바다는 분명 동쪽 바다와 가까우리라[537]　　　南溟的的近東溟

537 응당……가까우리라 : 저자가 현재 있는 남쪽 바다에서 상대가 부임한 고성(高城)의 동쪽 바다로 순풍에 돛을 달고 가면 금방 도착할 것이라는 말이다.

광산 도중에

廣山途中

말을 몰고 높다란 옛 언덕 지나가니	策馬崟崎過古原
층층 산이 중간에 끊겨 시내가 내달리네	層巒中斷一溪奔
깊은 가을 엉킨 나무에는 쓸쓸한 소리 일고	秋深亂樹生凄響
수위 낮아진 높은 숲에서 물 분 흔적 보네	水落高林見漲痕
다리 너머 길은 수양버들 언덕과 통하고	橋外路通垂柳岸
대 사이 문은 석양 속 마을을 가렸네	竹間門掩夕陽村
중양절이 가까워 국화가 피려 하는데	黃花欲發重陽近
어느 곳에 올라 고향 동산 바라볼까	何處登臨望故園

경양방죽[538]에서 나오는 대로 읊조려 양 장성[539]에게 보이다
景陽堰上押呼 示梁長城

서리 맞은 무성한 잎 마른 가지에서 떨어지니　抱霜殷葉墮危枝
강남은 지역 따뜻해 절기가 비교적 더디구나　地煖江南節較遲
늘그막에 쇠약해진 것을 한탄하지 말고　莫恨白頭成潦倒
우선 청안을 뜨고 친구를 맞이하오　且開靑眼向親知
까마귀 깃든 옛 성첩에는 안개 빛깔 엷고　棲鴉古堞煙光薄
기러기 돌아온 먼 산에는 햇살 드리웠네　回雁遙峯日脚垂
아녀들 길을 막고 웃든 말든　任使女兒攔道笑
달 밝을 때 접리 거꾸로 쓴 비낀 그림자[540]　接䍦斜影月明時

538 경양(景陽)방죽 : 광주광역시 동구 계림동 옛 시청 일대에 있던 인공 호수로, 1440년(세종 22년) 세종의 농공정책의 일환으로 만들어졌다고 한다.

539 양 장성(梁長城) : 장성 현감(長城縣監)을 지낸 양경우(梁慶遇, 1568~1629)를 말한다. 양경우는 1617년(광해군9) 장성 현감에 제수되었다.

540 아녀들……그림자 : 진(晉)나라 산간(山簡)의 고사를 원용하여 풍류를 즐기는 뜻을 나타낸 것이다. 산간이 양양 태수(襄陽太守)로 있을 적에 습가지(習家池)라는 연못가에서 자주 술을 마시고는, 저물녘에 술에 취해서 흰 접리(接䍦)를 거꾸로 쓰고 돌아오곤 했다고 한다.《晉書 山濤列傳》 이백(李白)의 〈양양가(襄陽歌)〉에 "지는 해가 현산 서쪽으로 넘어가려 할 때, 흰 접리 거꾸로 쓰고 꽃 아래서 비틀거리네. 양양의 아이들은 모두 손뼉을 치면서, 길을 막고 서로 다투어 백동제를 부르네. 옆 사람이 애들에게 무슨 일로 웃느냐고 물으니, 곤드레 취한 산간 노인이 몹시 우습다 하네.〔落日欲沒峴山西, 倒著接䍦花下迷. 襄陽小兒齊拍手, 攔街爭唱白銅鞮. 傍人借問笑何事, 笑殺山翁醉似泥.〕"라고 하였다.《李太白集 卷6》

앞 시에 차운하다
次

남쪽 가지 그리워하는 월나라 새 같은 신세[541]	身如越鳥戀南枝
천리 돌아가는 여정이 너무 더뎌 한스럽네	千里歸程恨太遲
술잔 잡은들 어찌 좋은 흥취 도도할까	把酒詎能陶好興
그래도 글 논하니 마음 의탁하기 충분하네	論文猶足托心知
바람 정자에서 금슬[542]의 약속이 어긋나	風亭錦瑟差池約
달 뜬 물가에 낚싯대를 적막하게 드리웠네	月渚漁竿寂寞垂
예로부터 재주 있는 사람은 쓰여지는 법	從古有才要有用
성명한 세상에 헛되이 늙지는 않으리라	不應虛老聖明時

541 남쪽……신세 : 고향을 그리워하는 마음을 뜻한다. 무명씨(無名氏)의 〈고시(古詩)〉에 "호국의 말은 북풍에 의지하고, 월나라 새는 남쪽 가지에 둥지를 튼다.〔胡馬依北風, 越鳥巢南枝.〕"라고 한 데서 온 말이다. 《文選 卷29 雜詩 古詩十九首》

542 금슬(錦瑟) : 비단의 문양처럼 칠한 현악기를 말한다. 두보(杜甫)의 시에 "어느 때나 돈 뿌렸던 군신(君臣)의 주연(酒宴)에 초대되어, 금슬 타는 가인 옆에서 잠깐 취해 볼거나.〔何時詔此金錢會, 暫醉佳人錦瑟傍.〕"라고 하였다. 《杜少陵詩集 卷6 曲江對雨》

임 감사 자신[543] 서 에 대한 만사

林監司子愼挽 惰

북쪽으로 돌아갈 때 찾아주셔서 정말 감사했으니	北歸良荷辱投尋
노년에 옛 정의가 깊음을 잘 알았네	老境偏知舊意深
지난 달 이별의 말이 아직 귓가에 남아 있는데	前月別言猶在耳
열흘 뒤 부고가 갑자기 마음을 놀라게 했네	浹旬凶訃遽驚心
붉은 명정 하얀 휘장의 선암관[544]이요	丹旐素幔仙巖館
지는 해 돌아가는 구름의 서석산[545]이라	落日歸雲瑞石岑
영전에 곡하고 한 잔 술을 누구에게 기울일까	奠哭一杯誰健倒
상주 위로하매 슬픈 눈물이 옷깃에 가득하네	撫孤悲淚滿衣襟

543 임 감사 자신(林監司子愼) : 황해도 관찰사를 지낸 임서(林惰, 1570~1624)로, 자신은 그의 자이다. 본관은 나주(羅州), 호는 석촌(石村)이다. 1589년(선조22) 사마시에 합격하고, 1599년 정시 문과에 병과로 급제하였다. 저서에 《석촌유고(石村遺稿)》 등이 있다.

544 선암관(仙巖館) : 전라도 광산현(光山縣)에 소재한 역참의 객관이다. 《新增東國輿地勝覽 卷35 全羅道光山縣》

545 서석산(瑞石山) : 광주(光州) 무등산(無等山)의 다른 이름이다.

이 태상 어른[546] 상준 에 대한 만사 을축년(1625년, 인조3) 봄
李太常丈挽詞 尙俊 乙丑春

인생의 교분이 어찌 부질없는 것이랴	人生契分豈徒然
나이는 원래 선후를 따지는 것 아니라네	年事元非較後先
갖은 고생하다 만났지만 여전히 예전 모습이고	萬死相逢猶宿狀
두 집안의 우호 통하니 또한 오랜 인연이었네	兩家通好亦前緣
팔에 있던 사냥매는 누굴 향해 날아갔는가	韝鷹臂向誰邊去
부어놓은 솥의 약은 어젯밤 달인 것 그대로네	鼎藥斟仍昨夜煎
흰 휘장의 상여가 멀리 흐르는 물을 따라가니	素幔遠隨流水逝
봄바람 불 제 광릉[547] 가는 배에 눈물 떨어지네	春風涙滴廣陵船

546 이 태상(李太常) 어른 : 봉상시 정을 지낸 이상준(李尙俊, 1553~1625)을 가리킨다. 본관은 전의(全義), 자는 수부(秀夫), 호는 도빈(陶濱)이다. 저자보다 22세 연상이다. 1609년(광해군1) 문과에 급제하였다. 태상은 봉상시(奉常寺)의 옛 이름으로, 제사(祭祀)와 시호(諡號)에 관한 일을 담당하는 관청이다.

547 광릉(廣陵) : 경기도 광주(廣州)의 이칭이다.

함담정[548]은 주 학사[549] 지번 가 소봉호로 이름을 고친 정자로, 병오년(1606, 선조39) 봄에 내가 빈료로써 따라갔다가 학사가 붓을 휘둘러 편액을 쓸 때 이 광경을 직접 보았는데, 옛일에 감회가 일어 짓다

菡萏亭 朱學士 之蕃 改以小蓬壺 丙午春余以儐僚隨塵 親見揮洒之時 感舊有作

버들 스친 회첨[550]에 저녁 바람 머무는데	柳拂回簷逗晚風
서쪽 가엔 푸른 못 동쪽엔 그림 난간 있네	綠池西畔畫欄東
붉은 빛의 빛나는 매괴[551]가 늘어지고	酣紅照灼玫瑰朶
연분홍의 어슴푸레한 작약이 총생하네	淺粉糢糊芍藥叢
지난 일 추억하니 온통 꿈만 같은데	往事追思渾若夢
이내 몸 남아 있지만 이미 늙은이 되었구나	此身雖在已成翁
난우 학사가 쓴 봉호라는 편액	蘭嵎學士蓬壺扁
당시 웅건한 필체로 쓰는 걸 직접 보았다네	親覩當年下筆雄

548 함담정(菡萏亭) : 평안도 숙천(肅川)에 소재한 정자이다.《月沙集 卷7 庚申朝天錄上》

549 주 학사(朱學士) : 명나라 신종(神宗) 때의 문신인 주지번(朱之蕃)으로, 자는 원개(元介), 호는 난우(蘭嵎)이다. 1606년(선조39)에 주지번이 원손(元孫)의 탄생을 알리는 조서를 가지고 조선에 왔을 때, 조희일은 원접사(遠接使) 유근(柳根)의 종사관이 되어 중국 사신을 맞이하였다.

550 회첨(回簷) : 처마가 'ㄱ' 자 모양으로 꺾이어 굽은 곳으로, '회첨(會簷)'이라고도 한다.

551 매괴(玫瑰) : 장미과(薔薇科)에 속하는 화목(花木)의 이름이다.

강상의 시에 차운하다

次江上韻

석 줄의 미녀들[552]이 에워싼 누선을　三行紅粉擁樓船
약한 닻줄로 서서히 끄니 오르다 다시 내리네　弱纜徐牽遡復沿
신녀가 구슬 희롱하니 옥패가 찰랑거리고　神女弄珠交玉佩
강가의 아가씨 비파 타니 붉은 현이 고르네　江娥撫瑟和朱絃
기린 사라지고 돌 낡은 곳[553]엔 상운이 사라졌고　麟亡石老祥雲滅
봉황 떠나고 누대 황폐한 곳[554]엔 청초가 이어졌네　鳳去臺荒碧草連
밤 되어 돌아가는 배 늦은 줄도 문득 잊었는데　入夜便忘歸棹晚
마름 바람이 잠든 백구를 흔드누나　蘋風搖蕩白鷗眠

552 석 줄의 미녀들 : 수많은 미녀들을 가리킨다. 두목(杜牧)의 〈이사도의 석상에서〔李司徒席上〕〉에 "석 줄의 미녀들이 한꺼번에 돌아본다.〔三行紅粉一時回.〕"라고 한 데서 나온 말이다. 《詩林廣記 卷6》

553 기린……곳 : 부벽루(浮碧樓) 아래에 있는 기린석(麒麟石)을 말한다. 동명왕(東明王)이 기린마(麒麟馬)를 타고 이 석굴을 통해 땅속으로 들어갔다가 조천석(朝天石) 위로 나와 승천(昇天)하였다는 고사가 전한다. 《新增東國輿地勝覽 卷1 京都上》

554 봉황……곳 : 평양(平壤)의 다경루(多景樓) 서쪽에 있는 봉황대(鳳凰臺)를 말한다. 《新增東國輿地勝覽 卷1 京都上》

부벽루[555] 시에 차운하다
次浮碧樓韻

지도에 이름 떨친 곳 부벽루	浮碧樓名擅地經
산 빛과 물색이 푸른 허공에 일렁이네	山光水色漾空靑
십 리로 날아온 능라도[556]요	飛來十里綾羅島
천 길 높이 우뚝 솟은 금수병[557]이라	削立千層錦繡屛
꿈속의 번화함은 흔들리는 촛불 같고	夢裏繁華如轉燭
세간의 만남과 헤어짐은 부평초보다 심하네	世間離合劇流萍
백운교[558] 위에서 함께 굽어보노라니	白雲橋上同臨處
맑은 기운이 달빛 가득한 창에 더해지네	灝氣應添月滿櫺

555 부벽루(浮碧樓) : 평양(平壤) 대동강 가의 금수산(錦繡山) 모란봉(牡丹峯) 동쪽 깎아지른 청류벽(淸流壁) 위에 있는 정자 이름이다. 뛰어난 건축술과 아름다운 경치로 인하여 진주 촉석루, 밀양 영남루와 더불어 조선 3대 누정의 하나로 이름이 높았다.

556 능라도(綾羅島) : 평양(平壤) 대동강에 있는 섬 이름으로, 금수산(錦繡山) 모란봉(牡丹峯)의 부벽루(浮碧樓)와 마주하고 있다.

557 금수병(錦繡屛) : 대동강 가 부벽루(浮碧樓) 옆의 석벽(石壁)인 청류벽(淸流壁)을 말한다.

558 백운교(白雲橋) : 평양(平壤)의 영명사(永明寺) 구제궁(九梯宮) 터 안에 있었던, 동명왕(東明王) 때의 돌계단이다. 《新增東國輿地勝覽 卷51 平壤府》

이 평사를 전송하다
送李評事

학문은 천인을 궁구한 삼책[559]과 같았는데	學如三策究天人
늘그막에 되려 막빈이 되었네	投老還爲入幕賓
방패 손잡이에 먹을 가니[560] 재주 더욱 민첩하고	楯鼻墨磨才更捷
누대 끝에 달빛 가득하니 흥이 더욱 새롭네	樓頭月滿興逾新
신광사[561] 안에서 이름을 적던 곳이요	神光寺裏題名處
고죽성[562] 서쪽에서 마음껏 술 마시던 봄이라	孤竹城西縱酒春
좋은 만남 이루지 못한 채 자주 먼 이별하니	勝會未追頻遠別
철관[563]으로 떠나는 모습에 부질없이 마음 상하네	鐵關行色謾傷神

559 천인(天人)을 궁구한 삼책(三策) : 한(漢)나라 대유(大儒)인 동중서(董仲舒)가 무제(武帝) 때 현량 대책(賢良對策)에서 천인 감응(天人感應)의 설(說)을 요지로 삼아 세 차례 올린 대책문으로, 〈천인삼책(天人三策)〉이라고도 한다. 《漢書 董仲舒傳》

560 방패……가니 : 문사(文辭)의 재주가 뛰어나다는 말이다. 양 무제(梁武帝)가 즉위하기 전 순제(荀濟)는 무제와 오랜 친구였는데, 무제에게 큰 뜻이 있었다는 것을 알았으면서도 순제는 자기의 재기(才氣)를 자부하여 항상 사람들에게 말하기를 "나는 방패 손잡이에 먹을 갈아서 격문을 띄울 수 있다.〔楯鼻上, 磨墨檄之.〕"라고 하였다. 《資治通鑑 卷160 梁紀》

561 신광사(神光寺) : 황해도 해주(海洲)에 소재한 절로, 수양산(首陽山) 서쪽 계곡에 있다.

562 고죽성(孤竹城) : 본래 중국 영평(永平)에 있는 백이(伯夷)와 숙제(叔齊)의 유적인데, 우리나라에서는 평안도 해주(海州)를 가리킨다.

563 철관(鐵關) : 함경도 안변 남쪽에 있는 큰 고개인 철령(鐵嶺)을 가리킨다.

성절 망궐례[564]에 즉흥으로 읊다
聖節望闕禮 口占

일천 문이 오경의 밤에 요란하게 열리니	千門五夜闢噌吰
붉은 촛불 허공까지 뻗어 옥승[565]과 섞였네	絳燭排空混玉繩
아홉 계단 앞엔 반차가 정렬하려 하고	九級陛前班欲定
만년지[566] 위로 달이 막 떠오르네	萬年枝上月初昇
임금은 예를 지키며 정성과 공경 다하고	君心秉禮殫誠敬
종백은 의례를 맡아 배와 흥을 돕네[567]	宗伯司儀贊拜興
성절이라 이제부터 태평한 운세 열리리니	聖節自今開泰運
종시토록 만수무강하시길 축원한다오	願言終始祝岡陵

564 성절 망궐례(聖節望闕禮) : 중국 황제의 생일에 왕이 왕세자 이하를 거느리고 황제가 있는 쪽을 향하여 배례(拜禮)하는 의식을 말한다.

565 옥승(玉繩) : 별 이름으로, 새벽이 올 무렵에 이 별이 사라진다고 한다.

566 만년지(萬年枝) : 임금에 대한 축수의 의미로 대궐에 심던 만년청(萬年靑)이란 상록수이다. 겨울에도 늘 푸르기 때문에 동청(冬靑)이라고도 한다.

567 종백(宗伯)은……돕네 : 종백은 예조 판서이다. 국가의 전례 때 전의(典禮)나 전의(典儀)가 꿇어앉고〔跪〕 엎드리고〔俯伏〕 절하고〔拜〕 일어나는〔興〕 등의 의식 절차를 큰 소리로 외치는데, 이때 예조 판서는 이러한 의례를 총괄한다.

상사의 시[568]에 차운하다

次上使韻

맑은 파도가 가볍게 화선을 흔드니	晴波搖蕩畫船輕
얽힌 산 서쪽 가에 햇살이 밝구나	亂嶠西邊日脚明
높다란 절벽이 강에 박히니 야윈 골격 보이고	危壁揷江看瘦骨
저녁 조수 바다로 돌아가니 찬 물소리 들리네	晩潮歸海聽寒聲
물새는 용절[569]에 놀라 내려오지 않고	沙禽不下驚龍節
신선은 시굉[570]에 취해 돌아가길 잊었네	仚侶忘廻醉兕觥
예전 인연 말하노라니 유독 느낌 이는데	說到前緣偏有感
잠깐 사이에 진정을 토로했다오	片時情悃荷相傾

568 상사(上使)의 시 : 상사는 1626년(인조4)에 황태자가 탄생한 데 대한 조서를 반포하기 위해 온 명(明)나라 정사(正使) 강왈광(姜曰廣)을 가리킨다. 이 시는 〈양화도에서 노닐다〔游楊花島〕〉라는 제목의 시인데, 이 시에 대해 정경세(鄭經世), 이정귀(李廷龜), 김상헌(金尙憲) 등의 차운시가 남아 있다.

569 용절(龍節) : 용 모양의 부절(符節)로, 사신이 왕명을 받들고 외국으로 갈 때 가지고 가는 부절을 이른다.

570 시굉(兕觥) : 무소뿔로 만든 고대의 술잔으로, 여기서는 술잔을 가리킨다. 《시경》 〈칠월(七月)〉에 "두 동이 술로 잔치를 베풀어 염소를 잡아서 저 공당에 올라가 저 무소뿔 잔을 드니 만수무강하리로다.〔朋酒斯饗, 曰殺羔羊. 躋彼公堂, 稱彼兕觥, 萬壽無疆.〕"라고 하였다.

해로로 간 청음[571]에게 추후에 부치다

追寄淸陰航海之行

이별할 제 소매 붙잡고 다시 머뭇거리며	臨分摻袂更逡巡
다리 끝에 말 세우고 잠시 정답게 말했네	立馬橋頭語暫親
분수 밖 한가한 인연은 마귀의 장난이요	分外閑緣魔作戲
꿈속의 시구는 예언이 진실이 되었구려	夢中詩句讖成眞
이제부터 시작될 이별의 한을 어이 감당하랴	那堪別恨從今始
우선 이곳에 다시 오면 환영하기를 기다릴 뿐	且待迎歡到此新
수양버들 문 앞엔 발소리 끊겼지만	垂柳門前跫響斷
생각나면 때때로 서쪽 이웃 바라본다오	念來時復望西隣

571 해로(海路)로 간 청음(淸陰) : 청음은 김상헌(金尙憲)의 호이다. 김상헌은 1626년(인조4) 5월에 성절 겸 사은진주사(聖節兼謝恩陳奏使)가 되어 연경에 갔다.

우상 현옹이 청음과 작별한 시[572]에 차운하다

次右相玄翁別淸陰韻

재주 없는 내가 이번 행차 양보하는 것이 옳으니	不才端合讓玆行
조정의 논의가 그대 천거해 연경에 가게 되었지	廷論推君赴帝京
십년 동안 험난함을 이미 두루 맛보았으니	險阻十年嘗已遍
만경의 파도는 평온한 듯 보겠지	波濤萬頃視如平
오직 평소 배움 의지해 충신을 보존하고 있으니	唯憑素學存忠信
미약한 몸으로 삶과 죽음을 따지려 하겠는가	肯把微軀較死生
지난번에 모셨던 중국 사신은 잘 계실까	曩御皇華今在否
〈황화집〉 가운데 세 번째 이름을 기억하리라	集中應記第三名

572 우상(右相)……시 : 우상 현옹(玄翁)은 우의정을 지낸 상촌(象村) 신흠(申欽)으로, 현옹은 그의 호이다. 이 시는《상촌고(象村稿)》권16에 〈해로를 통해 연경에 사신으로 가는 김숙도를 전송하다〔送金叔度由海路朝京〕〉라는 제목으로 실려 있다.

서경이 청음과 작별한 시에 차운하다

次西坰別淸陰韻

축하에 더하여 새로 주달할 일이 있고	賀節兼將敷奏新
또 같은 경사로 사례하며 사명 전달해야 하네	且緣同慶謝頒綸
문장은 북극에서 삼상 중 으뜸이요[573]	文章北極魁三象
명망은 동방에서 첫째가는 사람이라	名論東韓第一人
강직한 기운 얼마나 세기에 악한 무리 제거하였나	直氣幾多捎魍魎
촌심은 단연코 천신에게도 부끄럽지 않으리라	寸心端不媿天神
가는 여정은 밤마다 북두와 견우 보며	行期夜夜看牛斗
외로운 뗏목 타고서 은하에 오르리라[574]	占得孤槎上漢辰

573 문장은……으뜸이요 : 김상헌(金尙憲)의 문장이 뛰어남을 나타내는 말이다. 북극(北極)은 조정(朝廷)을 가리키고, 삼상(三象)은 해, 달, 별을 뜻하는 말로 조정의 여러 신하를 가리킨다.

574 가는……오르리라 : 한(漢)나라 장건(張騫)의 고사를 원용하여 외국으로 사신 가는 여정을 표현한 것이다. 한 무제(漢武帝)가 장건으로 하여금 대하(大夏)에 사신으로 가서 황하(黃河)의 근원을 찾게 하였는데, 장건이 뗏목을 타고 은하수에 도착하여 견우(牽牛)와 직녀(織女)를 만났다는 전설이 전한다. 《荊楚歲時記》

두 번째

二

사귀는 정과 선대 의리는 오랠수록 끈끈해지는데	交情世義久彌專
게다가 이웃에 살며 몇 년을 지냈던가	況卜隣比閱幾年
직분 다함은 본분에 따를 줄만 알았고	盡職只知由素位
처신은 푸른 하늘에 맡길 줄만 알았네	行身但覺任蒼天
내가 어찌 조탁하여 옥을 다스릴 수 있겠는가	琢磨吾豈能攻玉
그대의 성가가 실상에 못 미친 것이 가련하네	聲價君憐不直錢
길은 응당 지척의 봉호를 지날테니	路過蓬壺應咫尺
흰머리로 신선 찾기를 바란다오	願將衰白問群仙

정월 초하루 입춘에 무진년(1628, 인조6)

正月初一日立春 戊辰年

연침에 맑은 향[575]이 화로를 에워싸는데	淸香燕寢擁烘鑪
폭설이 몰아쳐 어지러운 대가 야위었구나	急雪蕭騷亂竹癯
섣달도 마지막 밤 다해 한 해가 가니	臘盡前宵除歲去
정월 초하루가 입춘과 겹쳤구나	月正元日立春俱
토우와 사고[576]로 새 곡식을 기원하고	土牛社鼓祈新穀
초송과 신반[577]에 옛 집이 생각나누나	椒頌辛盤憶舊廬
천리 밖이라 풍속이 다름을 탄식하니	千里可歎謠俗別
어디에서 도소주[578] 한 잔을 찾을까	一杯何處覓屠蘇

575 연침(燕寢)에 맑은 향 : 연침은 한가한 잠자리를 가리키는 말로, 주로 지방관의 관아(官衙)나 군재(郡齋)의 한가한 생활을 뜻한다. 위응물(韋應物)의 시에 "연침에 맑은 향이 엉긴다〔燕寢凝淸香〕."라고 하였다. 《韋蘇州集 卷1 郡齋雨中與諸文士燕集》

576 토우(土牛)와 사고(社鼓) : 모두 입춘에 행하는 세시 풍속이다. 토우는 흙으로 만든 소로, 입춘(立春) 하루 전날에 각각 토우를 만들어 놓았다가, 입춘일 이른 아침에 부현(府縣)의 관원들이 토우를 채찍질하여 권농(勸農)의 뜻을 표시하였다고 한다. 사고는 입춘(立春) 뒤의 다섯 번째 무일인 사일(社日)에 신에게 제사를 지내면서 연주하던 고악(鼓樂)을 가리킨다.

577 초송(椒頌)과 신반(辛盤) : 모두 정월 초하루나 입춘에 행하는 세시 풍속이다. 초송은 〈초화송(椒花頌)〉으로, 신년 축사를 의미한다. 옛날에 정월 초하루가 되면 초주(椒酒)를 가장(家長)에게 헌수(獻壽)하던 풍속이 있었다. 신반은 오신반(五辛盤)으로 매운 맛이 나는 다섯 가지 훈채(葷菜)인 파·마늘·부추·여뀌·겨자를 말하는데, 이 다섯 가지 나물이 오장(五臟)을 튼튼하게 해준다 하여 정월 초하루나 입춘에 온 가족이 함께 먹었다.

578 도소주(屠蘇酒) : 설날에 마시는 약주(藥酒) 이름이다.

청하[579]에게 주다 바로 김 방백이다.

贈聽荷 卽金方伯

호장의 마을에서 예전에 함께 했는데	湖莊里閈曩時同
옛 자취가 온통 한바탕 꿈만 같구나	舊跡渾如一夢中
헤어진 뒤 늘 기쁘게 맞이할 걸 생각했는데	別後每思靑眼喜
몇 해 전에 갑작스럽게 흑두공[580]이 되었구려	年來遽作黑頭公
고아와 대독[581]은 원수의 체모요	高牙大纛元戎體
완대와 경구[582]는 고아한 선비의 풍모라	緩帶輕裘雅士風

579 청하(聽荷) : 평안 감사 김기종(金起宗, 1585~1635)의 호이다. 본관은 강릉(江陵), 자는 중윤(仲胤)이고, 서울 출신이다. 1618년(광해군10) 문과에 장원급제하였고, 1624년(인조2) 이괄(李适)의 난 때 도원수 장만(張晩)의 종사관으로 종군하여 공을 세운 뒤에 양사(兩司)의 벼슬을 거쳐 진무공신(振武功臣) 2등에 책록, 영해군(瀛海君)에 봉해지고 당상관에 올랐으며, 1627년 평안 감사에 제수되었다.

580 흑두공(黑頭公) : 젊어서 삼공(三公)의 지위에 오르는 것을 이르는 말로, 여기서는 김기종(金起宗)이 당상관에 오른 사실을 말한다.

581 고아(高牙)와 대독(大纛) : 모두 군영(軍營)에서 쓰이는 대장군의 깃발로, 여기서는 관찰사의 의장(儀仗)을 가리킨다. 송(宋)나라 재상 한기(韓琦)가 일찍이 무강군 절도사(武康軍節度使)로서 금의환향하여 고향인 상주(相州)를 다스리자, 구양수(歐陽脩)가 그를 기리어 지은 〈상주주금당기(相州晝錦堂記)〉에 "고아와 대독이 공에게는 영화로운 것이 못 된다.〔高牙大纛不足爲公榮.〕"라고 하였다. 《古文眞寶後集 卷6》

582 완대(緩帶)와 경구(輕裘) : 전진(戰陣) 속에서 치밀하게 작전에 대처하면서도 한가롭고 여유로운 모습을 보여 주는 장수의 풍도(風度)를 표현한 말이다. 진(晉)나라 장군 양호(羊祜)가 진중(陣中)에서 갑옷을 입는 대신 가볍고 따뜻한 옷〔輕裘〕에 허리띠를 헐렁하게 매고〔緩帶〕 한가하게 소요하였다고 한 데서 온 말이다. 《晉書 羊祜列傳》

임금께서 서쪽 지방의 근심이 풀리기를 고대하시니　北闕佇寬西顧念
부디 노력하여 큰 공로 바치게　願言努力獻奇功

가도[583]에서

椵島

험한 산 깎아 높은 곳에 진 설치하니	憑高捌鎭巉崎嶔
천연의 형세 이곳이 가장 깊숙하네	天作形便此最深
고각이 밤을 알리니 서리가 차갑고	鼓角報更霜凜凜
어룡이 밤에 도니 바다가 침침하네	魚龍回夜海沈沈
일천 숲 어두운 곳에 외로운 등불 비추고	千林暗處孤燈照
일만 집 잠든 때에 외로운 나그네 읊조리네	萬室眠時獨客吟
호마가 관문 밖 경내를 가까이서 엿보니	胡馬近窺關外境
요동 평정할 공업은 바로 지금이라오	平遼勳業屬方今

583 가도(椵島) : 일명 피도(皮島)로, 평안도 철산(鐵山)의 남쪽 47리에 있으며, 만주(滿洲)와 접경인 곳이다. 1623년(광해군15) 명(明)나라에서 모문룡(毛文龍)에게 도독(都督) 직을 내리고 가도에 도독부를 설치하였다. 조희일은 1628년(인조6)에 모문룡의 접반사가 되어 가도에 갔다.

등불 아래에서 나오는 대로 읊조려 변헌[584]에게 보이다

燈下押呼 示卞獻

황촌에 해 져 까마귀 막 깃들 제	荒村日落烏棲初
객침에 기대어 옛 책을 덮는다오	旅枕欹來掩古書
병든 학은 날기를 생각해 울며 홀로 괴로워하고	病鶴思飛鳴獨苦
큰 고래는 베지 못했으니 분을 어떻게 풀까[585]	長鯨未斬憤何攄
등화가 객에게 아양 떨어 금속[586]을 늘어놓고	燈花媚客排金粟
솥의 약이 술잔 방해하여 옥저[587]를 사양하네	鼎藥妨杯謝玉蛆
훗날 멀리 악록[588]을 찾아올 수 있다면	岳麓他時能遠訪
소나무 대나무 가득한 정원이 나의 집일걸세	滿園松竹是吾廬

584 변헌(卞獻) : 1570~1636. 본관은 초계(草溪), 법명은 쌍익(雙翼), 자는 시재(時哉), 호는 삼일산인(三一山人)이다. 휴정(休靜)·유정(惟政) 등에게 불법을 배우고 임진왜란 때 승군으로 출전하여 많은 공을 세웠다. 시서(詩書)에 뛰어나 명나라에 들어가 명인(名人)이라 칭찬받았다.

585 큰……풀까 : 큰 고래는 흉포한 왜구를 가리킨다. 이백(李白)의 〈임강왕절사가(臨江王節士歌)〉에 "장사는 분노하고 큰바람이 이니, 어이하면 의천검을 얻어서 바다 건너며 큰 고래를 벨거나.〔壯士憤, 雄風生, 安得倚天劍, 跨海斬長鯨?〕"라고 하였다. 《全唐詩 卷163》

586 금속(金粟) : 등화(燈花)의 모습이 황금 색깔의 곡식 낟알과 같음을 시적으로 표현한 말이다. 한유(韓愈)의 〈영등화(詠燈花)〉에 "황색의 중간엔 금속을 늘어놓은 듯, 비녀 머리엔 옥충을 장식한 듯하네.〔黃裏排金粟, 釵頭綴玉蟲.〕"라고 하였다. 《東雅堂昌黎集註 卷10》

587 옥저(玉蛆) : 술 위에 둥둥 뜬 거품으로, 미주(美酒)를 뜻한다.

588 악록(岳麓) : 백악산(白嶽山)을 말한다.

감회가 있어
有感

산이 들판을 에워싸 작은 고을 외로운데	山遶平郊小縣孤
나그네로 지내니 누구와 함께 할까	客居棲息與誰俱
마을 가의 눈길은 말만 간신히 통과하고	村邊雪逕纔通馬
우물 위의 바람 가지에는 까마귀 앉지 못하네	井上風枝不受烏
학문의 힘은 따져보면 위태한 상황에서 징험하나	學力較來危處驗
큰 뜻은 더 이상 젊은 시절에 생각한 것 아니네	壯心非復少時圖
나직이 읊조리다 다시 희미한 등불 향해 웃으니	沈吟更向殘燈笑
지금껏 온갖 일에 홀로 어리석었음이 분명해졌네	萬事如今判獨愚

안주[589]에서
安州

먼 나그네 홀로 강가 성에 오르니	遠客獨登江上城
상심하여 눈물이 줄줄 흐르는 것도 몰랐네	傷心不覺淚縱橫
적병이 이르자마자 주둔병이 흩어져 달아나고	敵兵纔到宿兵潰
전혈이 마르지 않았는데 맹세의 피가 비리네[590]	戰血未乾盟血腥
칠불사[591] 앞에는 가을 해가 기울고	七佛寺前秋日昃
백상루[592] 아래에는 저녁 조수가 이네	百祥樓下晩潮生
어떤 사람이 수당의 군사들을 쓸어버렸는가	何人刦掃隋唐衆
울울한 산하가 한스러워 마음 편치 않구나	鬱鬱山河恨不平

589 안주(安州) : 평안도 병영(兵營)의 소재지로, 청북(淸北) 지방에서 가장 중요한 방어 거점이다.

590 적병(敵兵)이……비리네 : 정묘호란(丁卯胡亂)의 상황을 묘사한 것이다. 후금군은 1627년(인조5)에 3만 명의 병력을 이끌고 조선을 침공하여 의주(義州)를 치고 파죽지세로 남하하여 안주(安州)·평양(平壤)·황주(黃州)를 거쳐 황해도 평산(平山)을 함락하였다가 조선과 강화(講和)를 맺었다.

591 칠불사(七佛寺) : 평안도 안주(安州)에 소재한 절이다. 고구려를 침략한 수(隋)나라 군대가 배가 없어 청천강(淸川江)을 건너지 못하고 있었는데, 승려 일곱이 강을 건너는 것을 보고 따라 건너다가 빠져 죽었다는 일화가 전해진다.《新增東國輿地勝覽 卷52 平安道 安州牧》

592 백상루(百祥樓) : 평안도 안주성(安州城) 내 북쪽 청천강(淸川江) 가에 있는 누각이다. 이 청천강(淸川江 살수)에서 을지문덕(乙支文德)이 중국 수(隋)나라 양제(煬帝)의 대군을 무찔러 대승을 거두었다.

증산[593] 도중에

甑山途中

어느덧 한 해가 저물어가는 때 峥嵘歲律向窮時
청륙을 보니 흰 태양 옮겨 가네[594] 青陸看看白日移
한 올의 선만큼 길어지는 객수는 각오했지만[595] 已辦客愁長一線
천 가닥 실처럼 얽힌 나그네 살쩍을 어이하랴 不堪羈鬢亂千絲
산과 계곡엔 눈 쌓여 길가는 사람 적고 山谿積雪行人少
바닷가 고을엔 얼음 두꺼워 가는 말 더디네 澤國層氷去馬遲
병도 많은 데다 가엾게도 흥취 없는데 多病且憐無興趣
조각 연기와 지는 해가 넌지시 시를 재촉하네 斷煙斜景暗催詩

593 증산(甑山) : 평안도에 속한 현으로, 바닷가에 위치하고 있다.

594 청륙(青陸)을……가네 : 봄이 왔다는 말이다. 청륙은 달이 운행하는 길로, 동방 또는 봄을 뜻한다.

595 한……각오했지만 : 두보(杜甫)의 시에 "그 누가 시름 다할 날이 오리라 생각하는가, 날마다 시름이 한 올의 선 따라 길어지는데.〔何人却憶窮愁日? 日日愁隨一線長.〕"라고 한 구절을 차용한 것이다.《杜少陵詩集 卷6 至日遣興奉寄北省舊閣老兩院故人》

또 청하 김기종 에게 주다

又贈聽荷 金起宗

장대한 뜻 어긋남이 해마다 같지 않은데 壯志蹉跎歲不同
백년의 세월 중 이미 절반이 지났어라 百年雖到已過中
쇠한 용모는 자금의 비결[596] 묻고 싶고 衰容欲問紫金訣
신묘한 책략은 황석공[597]을 알 것도 없네 妙略未諳黃石公
천 리 꿈에 관산의 달그림자 비추고 關月影臨千里夢
오경의 바람에 바다의 조수 소리 끊겼네 海潮聲斷五更風
서생의 담기는 내가 조금 갖고 있지만 書生膽氣吾差有
지금껏 한마의 작은 공[598]도 없었다오 汗馬如今乏寸功

596 자금(紫金)의 비결 : 장수(長壽)의 비결을 말한다. 자금은 자금단(紫金丹)으로, 옛날의 방사(方士)들이 장생(長生)을 위해 복용하던 단약(丹藥)이다. 두보(杜甫)의 시에 "생계는 그저 황각의 노인에게 의지하고, 노쇠한 얼굴은 자금단에 맡기고자 하노라. 〔生理秪憑黃閣老, 衰顏欲付紫金丹.〕"라고 하였다. 《杜少陵集 卷13 將赴成都草堂途中有作先寄嚴鄭公》

597 황석공(黃石公) : 진(秦)나라 말엽의 병법가(兵法家)로, 장량(張良)에게 《태공병법(太公兵法)》을 전하자 장량은 그것을 읽고 한 고조(漢高祖)의 천하 통일을 도왔다. 후세에 그가 지었다는 《소서(素書)》와 《황석공삼략(黃石公三略)》이 전해지고 있다.

598 한마(汗馬)의 작은 공 : 전장(戰場)에서 말에게 땀을 내게 하며 얻은 공로로, 곧 전공(戰功)을 말한다.

충숙왕의 백상루 시[599]에 차운하다

次忠肅王百祥樓韻

관서의 명승 중에 이 누대가 최고이니	關西名勝最玆樓
경치가 삼연하여 찬란하기 그지없네	景象森然爛不收
두 물줄기 중간에 나뉘어 제비 꼬리처럼 교차하고	二水中分交燕尾
일천 봉우리 대처럼 늘어서 오두[600]를 누르네	千峯簇列壓鼇頭
석양의 석불[601]은 전 왕조의 절이요	斜陽石佛前朝寺
먼 바다의 바람 돛대는 어느 곳의 배인가	遙海風帆底處舟
풀빛 무성하고 썰물이 진 뒤에	草色萋萋潮落後
눈 같은 백구가 꽃 물가에 가득하누나	白鷗如雪滿芳洲

599 충숙왕(忠肅王)의 백상루(百祥樓) 시 : 고려 충숙왕이 백상루를 소재로 하여 읊은 시로, 《세종실록(世宗實錄)》 〈지리지(地理志) 평안도(平安道) 안주목(安州牧)〉에 실려 있다.

600 오두(鼇頭) : 다섯 선산(仙山)을 떠받치고 있다는 자라의 머리로, 바닷가에 솟은 산을 말한다.

601 석불(石佛) : 칠불사(七佛寺)에 세워진 일곱 개의 돌부처를 말한다.

중국으로 사신 가는 이 동지 상중 영공[602]에게 주다
贈李同知尙仲令公朝天之行

늙은 몸으로 사명을 받들고 연경에 가니	投老銜綸赴玉京
그 근력으로 먼 여정 감당할 수 있을까	可將筋力任脩程
집 생각 잊음은 본래 평소 마음먹은 뜻이요	忘家自是平生志
나라에 보답함은 한 치의 정성에 의지할 뿐이라	報國唯憑一寸誠
사나운 범이 산에 있으니 여곽을 뜯지 못하고[603]	猛虎在山藜不採
흉포한 용이 굴을 옮기니 물결이 응당 평온하리[604]	毒龍移穴浪應平

602 이……영공 : 동지중추부사를 지낸 이흘(李忔, 1568~1630)로, 상중은 그의 자이다. 본관은 경주(慶州), 호는 설정(雪汀)·오계(梧溪)이다. 1629년(인조7)에 사은사(謝恩使)가 되어 윤안국(尹安國)과 함께 배를 타고 명(明)나라에 가다가 풍랑을 만나, 윤안국은 익사하고 홀로 살아 북경에 들어갔다가 하표(賀表)와 변무주문(辨誣奏文)을 전달한 뒤 옥하관(玉河館)에서 죽었다.

603 사나운……못하고 : 이흘(李忔)이 충신임을 비유적으로 표현한 말이다. 《한서(漢書)》〈개관요전(蓋寬饒傳)〉에 "산에 맹수가 있으면 사람들이 여곽을 뜯지 못하고, 나라에 충신이 있으면 간사한 자가 일어나지 못한다.〔山有猛獸, 藜藿爲之不采, 國有忠臣, 姦邪爲之不起.〕"라고 한 데서 온 말이다.

604 흉포한……평온하리 : 명(明)나라의 도독 모문룡(毛文龍)의 일을 비유적으로 표현한 말로, 원문의 '독룡(毒龍)'은 흉포한 일을 자행한 모문룡을 가리킨다. 1621년(광해군13)에 청나라 태종이 요양(遼陽)을 공격하여 함락시키자, 요동 도사(遼東都司)로 있던 모문룡이 의주(義州)로 쫓겨 들어왔다가, 이듬해에 가도(椵島)로 들어가 주둔하였다. 모문룡은 처음에는 우리나라와 명나라에 도움을 주었으나, 뒤에는 우리나라로 나와 약탈을 자행하면서 피해를 주었으며, 명나라 측에도 피해를 끼쳤다. 그러자 명나라에서 요동 경략(遼東經略) 원숭환(袁崇煥)을 시켜 모문룡을 여순(旅順)의 쌍도(雙島)로 유인해 죽였다.

천문에는 모두성이 사라진다고 다 가리키니[605]	天文共指旄頭滅
육로로 돌아올 때는 압록강 물이 맑으리라	遵陸回時鴨水淸

모수(毛帥)가 가도를 떠났다.[606]

605 천문(天文)에는……가리키니 : 후금의 세력이 사라질 것이라는 말이다. 모두(旄頭)는 28수(宿) 가운데 하나인 묘성(昴星)을 가리키는데, 이 별은 호(胡)를 관장하는 별이다.

606 모수(毛帥)가 가도(假島)를 떠났다 : 모문룡(毛文龍)이 1629년(인조7)에 원숭환(袁崇煥)에게 복주(伏誅)된 사실을 말한다.

송도에서 을축년(1625, 인조3), 병인년(1626), 무진년(1628)에 연이어 이곳을 지났다.

松都 乙丑丙寅戊辰 連過此地

송악산 봉우리로 석양이 지니	松岳峯頭夕照頹
자하동[607] 깊은 곳에 골짝 문이 열렸네	紫霞深處洞門開
상운은 아스라하여 신룡이 떠나가고	祥雲縹緲神龍去
방초는 우거져 들 사슴이 찾아오네	芳草芊綿野鹿來
흥이 일어 우연히 옛 자취를 찾고	乘興偶成尋古迹
쇠한 몸 이끌어 높은 누대에 오르네	扶衰仍自上高臺
가련토다 선죽교 가의 물이여	可憐善竹橋邊水
슬픔이 끝이 없어 천 년 동안 오열하며 흐르네	嗚咽千年不盡哀

607 자하동(紫霞洞) : 개성(開城) 송악산(松嶽山) 아래에 있는 골짜기 이름으로, 예로부터 절승(絕勝)으로 손꼽혀 왔다.

또 짓다
又

금원은 황폐하고 여장도 무너져　　禁園荒廢女墻頹
여기저기 팥배나무 나무마다 꽃 피었네　　處處棠梨樹樹開
앞의 전각엔 가던 말이 서서 풀을 씹고　　前殿草銜征馬立
뒤의 정원엔 목동이 와서 꽃을 꺾누나　　後庭花折牧童來
천년의 나라는 여러 해 객으로 지났고　　千年國過頻年客
반달 모양의 성은 만월대[608]를 빙 둘렀네　　半月城圍滿月臺
석양 속에 짧은 피리 불지 말라　　莫向斜陽吹短笛
옛 도읍의 풍물에 절로 슬픔 이니　　古都風物自生哀

608 만월대(滿月臺) : 개성 송악산(松嶽山)에 있는 고려 시대의 궁궐터이다.

윤 주부 중규[609] 완 에 대한 만사

尹主簿仲圭挽 琓

슬픈 눈물 줄줄 흘러 제주(祭酒)에 떨어지니	悲淚濟濟落奠巵
벗이 와서 곡하는 것을 그대는 아는가	故人來哭子能知
취허와 겸궐[610]처럼 우정이 돈독하고	吹噓鶼蟨朋情篤
회계하고 우양 기르듯[611] 직무를 수행했네	會計牛羊職事治
계단 앞 대에는 지난여름 그림자가 문득 성글고	階竹頓疏前夏影
화분 속 매화는 작년 가지에서 여전히 피었어라	盆梅猶發去年枝

609 윤 주부 중규(尹主簿仲圭) : 주부를 지낸 윤완(尹琓)을 말한다. 생몰년과 행적은 자세하지 않으나, 김상헌(金尙憲)의 《청음집》 권6 〈주부 윤완을 곡하다〔哭尹主簿琓〕〉에 조희일과 자주 어울렸던 인물로 묘사되어 있다.

610 취허(吹噓)와 겸궐(鶼蟨) : 아주 친하여 서로를 도와주고 이끌어 주었다는 말이다. 취허는 입김을 불어넣어 준다는 뜻으로, 잘못은 덮어 주고 잘한 것은 치켜세우며 천거하는 것을 말한다. 《송서(宋書)》 〈심유지열전(沈攸之列傳)〉에 "날개로 알을 품 듯 입김을 불어넣어, 관작에 오르게 되었다. 〔卵翼吹噓, 得升官秩.〕"라고 하였다. 겸궐은 정의가 매우 친밀한 친구 사이를 비유하는 말로, '겸(鶼)'은 항상 짝으로 나는 비익조(比翼鳥)이고, '궐(蟨)'은 머리를 항상 맞대고 걷는 짐승 이름이다. 한유(韓愈)의 〈북쪽으로 유람 가는 승려 문창을 전송하다〔送文暢師北遊〕〉에 "더구나 옛 친구들을 만나 보니, 모두가 겸과 궐에 비할 만함에랴.〔況逢舊親識, 無不比鶼蟨.〕"라고 하였다. 《韓昌黎集 卷2》

611 회계(會計)하고 우양(牛羊) 기르듯 : 낮은 관직에서도 맡은 바 임무를 성실히 수행하였다는 말이다. 《맹자》 〈만장 하(萬章下)〉에 "공자께서 일찍이 위리가 되어서는 '회계가 맞도록 할 뿐이다.'라고 하셨고, 일찍이 승전이 되어서는 '소와 양이 잘 자라도록 할 뿐이다.'라고 하셨다.〔孔子嘗爲委吏矣, 曰會計當而已矣, 嘗爲乘田矣, 曰牛羊茁壯長而已矣.〕"라고 한 데서 온 말이다.

언 강과 눈 속의 말 삼경의 달빛 아래에서　　氷江雪馬三更月
인간 세상에서 통음 약속한 이 영원히 보낸다오　　斷送人間痛飮期

'삼경월(三更月)'은 다른 판본에 '경란후(更闌後)'로 되어 있다.[612]

612 삼경월(三更月)은……있다 : 원문 '삼경월'을 '경란후(更闌後)'로 바꾸면 "언 강과 눈 속의 말 밤이 다하도록〔氷江雪馬更闌後〕"라고 번역된다.

학곡[613] 홍서봉 에게 보이다

示鶴谷 洪瑞鳳

함께 위험한 길을 건너며 얼마나 세월 보냈던가	共涉危途閱幾時
연배가 조금 차이 나는 것은 논하지 말라	莫論年輩暫差池
늘 북쪽 바다에서 어울리며 술잔을 적셨고	常從北海霑尊酒
기꺼이 동쪽 그대 집에서 벽의 빛 빌려주었지[614]	肯向東君借壁輝
시구는 신묘하여 보통 사람들 싫어하고	詩句有神凡眼厭
언어는 맛이 없어 세속 사람들 비웃네	語言無味俗人嗤
그대 생각에 하룻밤 새 매화가 피니	思君一夜梅花發
홀로 베개 근처 가지의 맑은 향을 맡네	獨嗅淸香近枕枝

'근침지(近枕枝)'는 다른 판본에 '좌사치(坐似癡)'로 되어 있다.[615]

613 학곡(鶴谷) : 홍서봉(洪瑞鳳, 1572~1645)의 호이다. 본관은 남양(南陽), 자는 휘세(輝世), 시호는 문정(文靖)이다. 저자보다 3세 연상이다.

614 기꺼이……주었지 : 한 방에서 불을 밝혀 공부하였다는 말이다. 제(齊) 나라 서오(徐吾)란 여인이 이웃 여자와 밤에 길쌈을 하는데, 서오는 가난하여 촛불을 계속 밝히지 못하므로 다른 여자들이 거절하였다. 서오가 말하기를 "한 방에 한 사람이 더 있어도 촛불의 빛은 일반인데, 어찌 동녘벽의 남은 빛〔東壁餘〕을 아끼는가."라고 하였다. 《列女傳 齊女徐吾》

615 근침지(近枕枝)는……있다 : 원문 '근침지'를 '좌사치(坐似癡)'로 바꾸면 "홀로 맑은 향기 맡으며 바보처럼 앉았네.〔獨嗅淸香坐似癡.〕"라고 번역된다.

능해군 부인[616]에 대한 만사

綾海君夫人挽詞

삼가 생각건대 정경 이 부인은	恭惟貞敬李夫人
대성으로 국구의 친족에게 시집을 왔네	大姓于歸國舅親
어찌 거안제미를 기다려야 그 예를 알까	豈待齊眉方識禮
성혼할 때부터 이미 어질다 칭찬 받았네	曾從結髮已稱仁
사랑은 자기 소생처럼 전후로 같았고	慈均己出前同後
초상은 임금의 은혜 입어 오래되어도 새로웠네	喪庀君恩舊亦新
쌍검이 몇 년 만에 이제 다시 합하니[617]	雙劍幾年今更合
예전 함께한 시일이 모두 마음 아프게 하네	向來時日摠傷神

616 능해군(綾海君) 부인 : 능해군의 두 번째 부인인 완산 이씨(完山李氏) 정랑(正郎) 이갱(李鏗)의 딸을 말한다. 능해군은 구성(具宬, 1558~1618)으로, 본관은 능성(綾城), 자는 원유(元裕), 호는 초당(草塘)이다. 인헌왕후(仁獻王后)의 오빠이다. 능해군의 첫 번째 부인은 하동 정씨(河東鄭氏) 별좌(別坐) 정억령(鄭億齡)의 딸이다. 《澤堂別集 卷9 綾海君草塘具公行狀》

617 쌍검이……합하니 : 부부의 합장(合葬)을 의미한다. 쌍검(雙劍)은 용천(龍泉)과 태아(太阿)라는 두 보검으로, 연평진(延平津)에서 용으로 변했다는 고사가 전한다. 《晉書 張華列傳》

공산[618] 도중에 회포가 있어 장차 호장으로 곧장 향하려 하다

무진년(1628, 인조6) 공산 시 뒤에 있어야 한다.

公山道中有懷 將欲直向湖莊 當在戊辰年公山詩下

천리 길을 말달리니 뼈마디가 시리지만　千里驅馳骨節酸
돌아가는 흥취 때문에 병든 회포 풀리네　爲緣歸興病懷寬
몸과 명예는 오래전에 세 번 쫓겨나 부끄럽고　身名久已慙三黜
재주와 지혜는 원래 작은 관직도 담당할 수 없네　才智元非效一官
들오리는 자맥질하며 한가로이 지내고　野鴨浮沈閑自在
숲속 꽃은 피고 지는데 예쁜 모습 그 누가 봐줄까　林花開落好誰看
이제 곧 전원을 향해 떠나리니　如今便向田園去
무슨 일로 동문에 다시 갓을 걸겠는가[619]　何事東門更挂冠

'위(爲)'는 다른 판본에 '잠(暫)'으로 되어 있다.

618 공산(公山) : 충청도 공주(公州)의 옛 이름이다.

619 이제……걸겠는가 : 고향에 돌아가므로 다시는 벼슬에 나갈 일이 없을 것이라는 말이다. 원문의 '괘관(掛冠)'은 벼슬을 버리고 은거함을 뜻한다. 후한의 방맹(逄萌)이 왕망(王莽)이 충간(忠諫)하는 아들을 죽이는 것을 보고 "지금은 삼강(三綱)이 끊어졌으니, 벼슬을 버리고 떠나지 않으면 화환(禍患)이 닥칠 것이다."라고 하면서, 갓을 벗어 동문(東門)에 걸어두고 요동(遼東)으로 떠났다. 《後漢書 逄萌列傳》

윤정경 영공이 각화도 앞바다에서 익사하였다는 소식[620]을 듣고

聞尹定卿令公渰覺華洋中

지난가을 와서 이별할 때 서글피 서로 보며　　前秋來別悵相看
손 맞잡고서 잘 다녀오라고 말할 뿐이었네　　握手唯言好往還
중국 가는 여정은 늘 북두성을 바라보는데　　天上行期常望斗
도성의 소식에 문득 간담이 찢어지네　　日邊消息奄摧肝
지금 짙푸른 바다는 너무도 무정하고　　如今碧海無情甚
예로부터 푸른 산에는 무덤 있기 어려웠네[621]　　終古青山有塚難
외로운 혼 불러 고국에 돌아오면　　招得孤魂歸故國
벗들이 목 놓아 울며 의관을 장사 지내리　　親朋號泣葬衣冠

620 윤정경(尹定卿)……소식 : 윤정경은 윤안국(尹安國, 1569~1630)으로, 정경은 그의 자이다. 본관은 양주(楊州), 호는 설초(雪樵)이다. 1629년(인조7)에 동지사(冬至使)로 명나라에 갈 때 각화도(覺華島)를 경유해서 갔는데 도중에 태풍을 만나 배가 뒤집혀 익사하였다. 함께 갔던 이흘(李忔)이 동지사 윤안국이 익사하였다고 치계(馳啓)한 내용이 보인다. 《仁祖實錄 8年 2月 6日》

621 예로부터……어려웠네 : 익사하여 시신을 찾을 수 없기 때문에 이렇게 말한 것이다. 이백(李白)이 일찍이 술에 취해 채석강(采石江)에서 뱃놀이를 하던 중 물속에 비친 달을 건지려고 뛰어들었다가 고래를 타고 하늘로 올라갔다는 전설이 있는데, 이를 원용하여 한 말이다. 송(宋)나라 매요신(梅堯臣)의 〈채석산의 달을 노래하여 곽공보에게 주다〔采石月贈郭功甫〕〉에 "청산에 무덤 있다는 말 쓸데없는 전설인데, 인간 세상에 이 전설 몇 해나 전해 왔는지.〔青山有冢人謾傳, 却來人間知幾年?〕"라고 하였다. 《古文眞寶前集 卷5》

김 경력[622] 남중 에게 주다

贈金經歷 南重

상공[623]이 일찍이 경륜을 다 펴지 못했으니	相公曾未了經綸
구업은 응당 후인에게 맡겨야 하리	舊業應須付後人
뛰어난 걸음은 세간의 금빛 요뇨[624]요	逸步世間金騕褭
기이한 자태는 천상의 석기린[625]이라	奇姿天上石麒麟
조정에서 좌천되어 몸은 비록 굽혔지만	班違禁闥身雖屈
흥 안고 이름난 도읍에 들어갔으니 뜻은 폈다오	興入名都志則伸
자하동과 만월대를 유람하면서	霞洞月臺遊賞處
인화가 유민에게 잘 미치도록 하게	好將仁化及遺民

622 김 경력(金經歷) : 개성 경력(開城經歷)을 지낸 김남중(金南重, 1596~1663)으로, 본관은 경주(慶州), 자는 자진(自珍), 호는 야당(野塘), 시호는 정효(貞孝)이다. 1618년(광해군10) 문과에 급제하였고, 1630년(인조8) 4월 2일 개성 경력에 제수되었다.

623 상공(相公) : 우의정을 지낸 김남중(金南重)의 조부 김명원(金命元, 1534~1602)을 가리킨다.

624 요뇨(騕褭) : 하루에 1만 리 혹은 5천 리를 치달린다는 고대(古代) 준마(駿馬)의 이름이다.

625 천상(天上)의 석기린(石麒麟) : 문재(文才)가 뛰어난 남의 자제를 칭찬하는 말이다. 남조(南朝) 양(梁)나라의 문인 서릉(徐陵)이 겨우 두어 살 되었을 적에, 집안사람이 고승(高僧) 보지(寶誌)에게 서릉을 데리고 가서 보였더니, 보지가 서릉의 정수리를 어루만지면서 말하기를 "천상의 석기린이로구나.〔天上石麒麟.〕"라고 한 고사가 전한다. 《陳書 徐陵列傳》

양양 이사군[626] 경용 과 작별하다
別襄陽李使君 景容

바닷가의 이름난 지역 봉도의 서쪽	海上名區蓬島西
부상에 새벽 해 뜰 제 금계 소리 들린다오[627]	扶桑曉日聽金鷄
조정의 근신 반열에서 몸은 멀어졌지만	龍墀近列身雖遠
어버이 봉양 위해 수령 돼 소원 어긋나지 않네	鶴髮專城願不睽
보내준 시에 청옥안[628]으로 결국 보답 못해	持贈坐孤青玉案
시 읊으며 〈백동제〉[629]에 애오라지 화답하네	吟詩聊和白銅鞮

626 양양(襄陽) 이사군(李使君) : 양양 부사(襄陽府使) 이경용(李景容, 1580~1635)을 말한다. 본관은 덕수(德水), 자는 여복(汝復), 호는 두곡(杜谷)·계곡(桂谷)이다. 1618년(광해군10) 문과에 급제하여 황해도 감사를 거쳐 승지로 있다가 1630년(인조8) 8월 양양 부사에 제수되었다.

627 부상(扶桑)에……들린다오 : 양양(襄陽)이 위치한 동쪽 바다에서 해가 솟아오른다는 말이다. 부상은 동해 속에 있다는 상상의 신목(神木)이고, 금계(金雞)는 전설상의 신조(神鳥) 이름이다. 해가 양곡(暘谷)에서 떠서 부상을 스치면 금계가 운다고 한다. 《神異經 東荒經》

628 청옥안(青玉案) : 본래 푸른 옥으로 만든 다리가 짧은 상인데, 여기서는 답시(答詩)를 뜻한다. 장형(張衡)의 〈사수시(四愁詩)〉에 "미인이 나에게 수놓은 비단을 주시니, 무엇으로 보답할까 청옥안이로세.〔美人贈我錦繡段, 何以報之青玉案.〕"라고 한 데서 유래하였다. 《文選 卷29》

629 백동제(白銅鞮) : 가곡 이름이다. 이백(李白)의 〈양양가(襄陽歌)〉에 "양양의 아이들 모두 손뼉 치면서, 길 막고 너나없이 〈백동제〉를 부르네.〔襄陽小兒齊拍手, 攔街爭唱白銅鞮.〕"라고 하였다. 이경용의 부임지가 양양(襄陽)이기 때문에 인용한 것이다. 《李太白集 卷6》

멀고 먼 하늘에 소식 드물면 견딜 수 있을까　　天長可耐音書短
꿈속의 혼이 응당 대제를 맴돌리라[630]　　魂夢唯應遶大堤

'가내(可耐)'는 다른 판본에 '막견(莫遣)'으로 되어 있다.[631]

630 꿈속의……맴돌리라 : 꿈에서도 늘 그대를 그리워한다는 말이다. 대제(大堤)는 백동제(白銅堤)로, 중국 양양(襄陽)의 경내를 흐르는 한수(漢水)에 있는 방죽의 이름이다. 《악부시집(樂府詩集)》 〈양양악(襄陽樂)〉에 "아침에 양양성을 출발하여, 저녁에 대제에 이르러 자도다.〔朝發襄陽城, 暮至大堤宿.〕"라고 하였다.

631 가내(可耐)는……있다 : 원문의 '가내'를 '막견(莫遣)'으로 바꾸면 "멀고 먼 하늘에 소식 드물게 하지 말라.〔天長莫遣音書短.〕"라고 번역된다.

응천 현감 만오 이이실[632] 필영 영공에게 주다

贈晩悟李而實令公刺凝川 必榮

바다 동쪽의 남쪽 끝에 위치한 영남루[633]	海東南極嶺南樓
그 명성 영남 육십 고을 중에 으뜸이라	名冠炎方六十州
승지의 풍광은 본래 그대로이고	勝地風光元自在
이 공의 치화는 진실로 찾기 어려워라	此公治化信難求
새벽녘 외딴 마을 푸른 등불 아래 이별 꿈을 꾸고	靑燈別夢孤村曉
가을날 어지러운 산 푸른 나무에 찬 매미가 우네	碧樹寒蟬亂嶂秋
눈 가득 순챗국 농어에도 젓가락질 게으르니	滿眼蓴鱸慵下筯
계응의 배를 크게 부러워할 것 없다네[634]	不須多羨季鷹舟

632 만오 이이실(晩悟李而實) : 이필영(李必榮, 1573~?)으로, 본관은 광주(廣州), 자는 이빈(而賓), 호는 만회(晩悔)이다. 시 제목의 만오(晩悟)와 이실(而實)은 조희일의 착오인지 아니면 나중에 자와 호가 바뀐 것인지 확인할 수 없다. 이필영은 1597년(선조30) 문과에 급제하였고, 1630년(인조8) 6월 23일 밀양 군수(密陽郡守)에 제수되었다. 응천(凝川)은 경상남도 밀양(密陽)의 옛 이름이다.

633 영남루(嶺南樓) : 경상남도 밀양(密陽) 내일동(內一洞)에 있는 누각으로, 조선 시대 3대 누정으로 꼽힌다.

634 눈……없다네 : 응천(凝川)이 경치도 좋고 물산도 풍부한 곳이므로 굳이 고향에 돌아갈 필요가 없다는 말이다. 진(晉)나라 때 오중(吳中) 출신 장한(張翰)은 자가 계응(季鷹)인데, 일찍이 낙양(洛陽)에 들어가 동조연(東曹掾)으로 있다가 어느 날 갑자기 가을바람이 일어나는 것을 보고는 자기 고향 강동(江東) 오중의 순챗국과 송강(松江)의 농어회가 생각나서 벼슬을 버리고 고향으로 돌아간 고사가 있다. 《晉書 張翰列傳》

정 순천[635] 유성 과 작별하다 이때 나는 경상도 관찰사로 나갔다.[636]

別鄭順天 維城 時余出按嶺南

문충공[637]의 후예 몇 사람이나 남았나	文忠公後幾人存
젊었을 적에 이름 날리니 훌륭한 자손이라	年少蜚英是聞孫
붓을 잡고 예원에 오르는 것 막 보았는데	秉筆纔看登藝苑
소매 여미고 어찌 갑자기 궁궐 문 나가는가	斂裾何遽出王門
쌍계사 오래되니 신선 풍모[638] 멀어지고	雙溪寺古仙風遠
팔마비[639] 황폐하니 들불에 탔으리라	八馬碑荒野火燔
도(道) 맡고 고을 맡아 같이 도성 떠나는데	按節佩符同去國
한강 갈림길에서 함께 애간장 녹누나	漢江分路共銷魂

635 정 순천(鄭順天) : 순천 부사(順天府使)를 지낸 정유성(鄭維城, 1596~1664)을 가리킨다. 본관은 영일(迎日), 자는 덕기(德基), 호는 도촌(陶村)이다. 정유성이 순천 부사로 나간 사실은 사료에 보이지 않으나, 김상헌(金尙憲)의 《청음집(淸陰集)》권3 〈순천 부사 정유성에게 주다〔贈順天宰鄭維城〕〉라는 제목의 시에 "부모님을 봉양하기 위하여 외직에 보임되었다."라는 주석이 있다.

636 이때……나갔다 : 조희일은 1630년(인조8) 12월 13일 경상도 관찰사에 제수되었다.

637 문충공(文忠公) : 정몽주(鄭夢周, 1337~1392)의 시호이다. 정유성(鄭維城)은 정몽주의 9대손이다.

638 신선 풍모 : 지리산 쌍계사(雙磎寺)에서 노닐었던 최치원(崔致遠)을 가리킨다.

639 팔마비(八馬碑) : 전라도 순천(順天)에 있는 비석으로, 고려 때의 부사(府使) 최석(崔碩)의 덕을 기리기 위해 백성들이 세운 것이다.

죽산[640]에서
竹山

죽산 서북쪽 서울 가까운 곳	竹山西北近京鄕
교목과 촌락이 석양빛을 띠고 있네	喬木村墟帶夕陽
돌부처가 머리에 인 새집엔 맑은 날 황새가 서고	石佛戴巢晴鸛立
시골 무당이 맞이한 귀신 위로 까마귀 떼 바쁘네	野巫迎鬼亂鴉忙
빙 두른 흰 성가퀴는 아득히 허공에 서려 있고	周遭粉堞蟠空逈
쓸쓸한 국화는 섬돌 가득 향기를 풍기누나	冷落黃花滿砌香
일 년 동안 공무로 인해 초췌해진 안색을	形役一年憔悴色
거울에 비춰 보니 귀밑머리 새하얗구나	鏡中看取鬢邊霜

'망(忙)'은 다른 판본에 '상(翔)'으로 되어 있다.

640 죽산(竹山) : 경기도 안성(安城) 지역의 옛 지명이다.

무기역 도중에 조 첨지 경관[641] 국빈 이 술을 가지고 찾아오다

無忌驛途中 趙僉知景觀持酒來訪 國賓

모래 가에 말 세우고 다리 끝에 앉으니	沙邊立馬坐橋頭
작은 시내엔 얼음 녹아 물줄기 가늘게 흐르네	小澗氷銷泫細流
참새들 짹짹거리며 가지런히 오르내리고	野雀啁啾齊上下
아침 햇살 따사로워 아지랑이 떠다니네	初陽姸暖靄浮游
황금을 띠에 두르니 두터운 은혜에 부끄럽고	黃金橫帶慙恩重
백발이 비녀에 가득하니 가는 세월에 감회 이네	白髮盈簪感歲遒
권하는 백주를 병 무릅쓰고도 사양하지 않노니	力疾不辭酬勸白
일 년 동안 이별의 한을 감당할 수 있을까	可堪離恨一年周

641 조 첨지 경관(趙僉知景觀) : 첨지를 지낸 조국빈(趙國賓, 1570~?)으로, 경관은 그의 자이다. 본관은 풍양(豐壤), 호는 설죽(雪竹)이다. 문과 급제 후 언관(言官)이 되어 인목대비의 서궁 유폐에 반대하다가 거제도로 유배되었다. 인조반정 뒤에 기용되어, 1631년(인조9) 7월 2일 첨지에 제수되었다. 이후 관직을 떠나 충주(忠州)에 은거하였다.

수교촌[642]에서 윤우의 작은 별장을 방문하다
水橋村 訪尹友小莊

한 줄기 도원(桃源)에 완연히 복숭아 심으니	一派仙源宛種桃
사람 피한 종적은 달아나 숨은 듯하네	避人蹤跡似藏逃
산은 조령과 이어져 다투어 높이 솟았고	山連鳥嶺爭高聳
샘은 용추와 가까워 아주 세차게 부르짖네	泉近龍湫已怒號
부드러운 청정반(青精飯)[643]을 지어 실컷 먹고	縱飫青精炊軟飯
영험한 적석지(赤石脂)[644]를 쌓아 놓고 먹는다오	能湌赤石蘊靈膏
운림이 조용히 지낼 수 있는 짝이 된다면	雲林倘作幽棲伴
여생에 농사도 짓고 질그릇도 구울 수 있으리라	堪把餘生混稼陶

642 수교촌(水橋村) : 충청도 충주(忠州)에 속한 지명으로, 조령(鳥嶺) 북쪽에 있다.

643 청정반(青精飯) : 도가(道家)에서 청정석(青精石)으로 지은 밥을 말하는데, 이 밥을 오래 먹으면 안색(顏色)이 좋아지고 장수(長壽)한다고 한다. 두보(杜甫)의 〈이백에게 주다〔贈李白〕〉에 "어찌 저 청정반으로, 내 얼굴을 좋게 할 수 없으랴?〔豈無青精飯, 使我顏色好?〕"라고 하였다. 《杜少陵詩集 卷1》

644 적석지(赤石脂) : 중국의 제남(濟南) 등지에서 나는 규산염 광물로, 지사(止瀉)와 지혈 작용이 있어 설사나 위장 출혈, 위궤양 따위의 치료약으로 쓰이며, 단약(丹藥)의 재료로도 쓰인다. 《세설신어(世說新語)》〈태치(太侈)〉에 "석숭(石崇)이 산초 열매를 섞어 벽을 바르자, 왕개(王介)가 적석지로 벽을 발랐다.〔石以椒爲泥, 王以赤石脂泥壁.〕"라고 하였다.

충렬사에서

忠烈祠

시냇가 사당 앞을 방초가 덮고 있는데	溪上祠前芳草遮
청산은 말이 없고 석양은 비꼈어라	青山無語夕陽斜
외딴 성 작은 땅엔 충신의 피가 흐르고	孤城片土忠臣血
먼 지역 남은 봄엔 망제의 꽃[645]이 피었네	絶域殘春望帝花
장한 넋은 때로 무지개에 의지해 기운 토하고	壯魄時憑虹吐氣
꽃다운 이름은 곧장 해와 찬란함을 다투누나	芳名直與日爭華
이곳 사람들 당시의 일을 말하니	居民口說當時事
훌륭한 분 어디에 있는지 찾고 싶네	欲問何邊大作家

645 망제(望帝)의 꽃 : 두견화로, 진달래를 지칭한 말이다. 전설에 의하면, 전국 시대 말기 촉(蜀)의 망제(望帝)인 두우(杜宇)의 넋이 두견새가 되었고, 이 두견새가 울어서 토한 피가 꽃으로 물들었다고 한다.

덕천 서원[646] 도중에 조남명을 제향한 서원이다.

德川書院途中 曺南冥書院

두류산의 가장 높은 곳 천왕봉	頭流絶頂最天王
멀리서 보면 허공에 떠 있고 가까이서는 우러르네	遠眺浮空近仰望
만학의 맑은 여울은 석벽에 부딪쳐 시끄럽고	萬壑淸湍喧石壁
한 구역의 긴 대나무는 신선 집을 보호하누나	一區脩竹護仙莊
공무로 몸이 매여 진세의 인연이 무겁지만	隨身簿牒塵緣重
봉우리를 눈으로 보니 승경 감상에 바쁘네	閱眼峯巒勝賞忙
삐거덕거리는 죽여(竹輿)로 잔도 헤치고 가니	咿戛筍輿穿棧磴
솔바람이 불어 서늘한 낮잠을 깨우누나	松風吹覺午眠涼

646 덕천 서원(德川書院) : 남명(南冥) 조식(曺植, 1501~1572)을 제향한 서원으로, 경상남도 산청(山淸)에 있다.

청심루에 쓰다
題淸心樓

빽빽한 대 무성하여 바위 절벽 덮었는데	密竹蕭森被石屛
누가 높은 누각을 아슬아슬하게 세웠나	誰開快閣架竛竮
산은 춤추는 봉처럼 돌아 나는 형세요	山如舞鳳回飛勢
내는 서린 용처럼 굽고 굽은 형상이라	川似盤龍屈曲形
천리 먼 벼슬살이는 멋진 운치 있지만	千里宦遊雖勝致
일 년의 더위와 가뭄에 백성들 어이하나	一年炎旱奈生靈
난간에 기대 머리 들어 하늘을 바라보니	憑軒矯首瞻寥廓
은하수가 달과 별을 띠고 밝게 도누나	雲漢昭回帶月星

상주에서. 유 목사 영길[647]의 시에 차운하다
尙州 次柳牧使永吉韻

풍속이 비할 데 없이 아름답다고 예전에 들었는데	舊聞謠俗美無雙
부절 잡고 지금 이 고을에 머무른다오[648]	杖節如今住此邦
자고[649]를 한가로이 사르니 향이 붓을 감싸고	閑爇鷓鴣香繞筆
앵무[650]를 게을리 드니 술이 동이에 가득하네	懶拈鸚鵡酒盈缸
구름 가 산의 형세는 오산[651]과 이어졌고	雲邊岳勢連烏岫
비온 뒤 냇물 소리는 낙동강을 도누나	雨後川聲轉洛江
공문서 한 무더기를 다 처리한 뒤에	鈴牒一堆酬已了
두건 젖히고 저녁 내내 창에 기대노라	岸巾終夕倚軒窓

647 유 목사 영길(柳牧使永吉) : 유영길(柳永吉, 1538~1601)로, 본관은 전주(全州), 자는 덕순(德純), 호는 월봉(月篷)이다. 1559년(명종14) 문과에 장원으로 급제하였고, 1600년(광해군2)에 예조 참판으로 치사하였다. 시문에 능하였다. 유영길이 언제 상주 목사(尙州牧使)를 지냈는지는 사료에 보이지 않는다.

648 부절……머무른다오 : 조희일은 1631년(인조9) 6월에 경상 감사로 있으면서 호변(胡變)으로 경상도 상주(尙州)에 머무르고 있었다.

649 자고(鷓鴣) : 자고반(鷓鴣班)으로, 자고새 가슴 털처럼 흰 반점이 박혀 있는 흑갈색의 향(香) 이름이다.

650 앵무(鸚鵡) : 앵무배(鸚鵡杯)로, 앵무조개의 껍데기로 만든 아름다운 술잔이다. 이백(李白)의 〈양양가(襄陽歌)〉에 "노자표 앵무배여, 백 년 삼만 육천 일에, 하루에 삼백 잔씩 기울여야지.〔鸕鷀杓鸚鵡杯, 百年三萬六千日, 一日須傾三百杯.〕"라고 하였다. 《李太白集 卷6》

651 오산(烏山) : 상주(尙州)에 위치한 대오현(大烏峴)을 가리킨다.

차운하여 권상원[652]에게 주다 권 학관의 칭호이다. 북저 상공의 병인년(1626, 인조4) 동사 행차[653]에 따라갔는데, 이제 들으니 오랑캐가 청북[654]에 들어와 어지럽혀서 더는 갈 날이 없다고 한다.

次贈權尙遠 權學官稱號 從北渚相公丙寅東槎之行 今聞虜入淸北搶攘 無復往時云

반세의 재명이 어찌 부질없는 것이랴	才名半世豈徒然
한 번 만나 글 논한 지 벌써 6년이라	一見論文已六年
선사의 신변은 언제나 갈옷을 벗을까[655]	選士身邊那釋褐
학관의 주머니 속에는 남은 돈이 조금이네	學官囊裏少留錢
한 여름 농가에는 하늘이 비를 아끼고	田家盛夏天慳雨
남은 밤 여관에는 달이 연기를 짓누르네	旅館殘更月壓煙
서로[656]에서의 동사는 되려 멋진 일인데	西路東槎還勝事

652 권상원(權尙遠) : 1591~?. 본관은 안동(安東), 자는 원유(遠遊)이다. 1630년(인조8) 진사시에 합격하였다.

653 북저(北渚)……행차 : 북저 상공은 우의정을 지낸 김류(金瑬, 1571~1648)로, 북저는 그의 호이다. 본관은 순천(順天), 자는 관옥(冠玉)이다. 동사(東槎)의 행차는 1626년(인조4) 황태자가 탄생한 데 대한 조서를 반포하기 위해 우리나라에 명(明)나라 사신이 왔을 때, 김류가 원접사가 되어 이들을 맞이하러 간 일을 가리킨다.

654 청북(淸北) : 평안도의 청천강(淸川江) 이북에 있는 지방을 말한다.

655 선사(選士)의……벗을까 : 사행(使行)에 뽑힐 정도로 문재가 뛰어나지만 아직 문과에 급제하지 못했다는 말이다. 선사는 원래 고을에서 선발된 인재를 말하는데 여기에서는 동사의 행차에 뽑힌 선비를 뜻한다. 원문의 '석갈(釋褐)'은 천한 사람이 입는 갈옷을 벗어 버린다는 뜻으로, 문과에 급제하여 처음으로 벼슬을 하는 것을 말한다.

656 서로(西路) : 서도(西道)로, 평안도를 말한다.

그대 마주하매 말 없고 잠도 오지 않네 對君無語又無眠

대구에서. 3월 보름이 지난 뒤에 매화가 비로소 떨어지고 제비가 처음으로 날아오다
大丘 三月望後 梅花始落 燕子初來

서울의 봄빛이 멀리 이어지는데	洛城春色遠相隨
영남에 도착하니 반은 이미 저물었네	行到吳中半已衰
방초는 절로 묵은 한을 보태고	芳草自能添舊恨
병든 마음은 여전히 새 옷 갈아입기 두렵네	病心猶怕換新衣
계단 앞엔 꽃 젖으니 빗소리 가늘고	階前花浥雨聲細
못가엔 버들 흔들리니 바람이 약하네	池上柳搖風力微
잠시 호두침[657] 베고서 살짝 잠이 들었는데	乍枕虎頭成小睡
수침[658]이 다 타서 향 연기 자욱하구나	水沈銷盡篆煙霏

'심(心)'은 다른 판본에 '구(軀)'로 되어 있다.

657 호두침(虎頭枕) : 베갯모에 호랑이 머리 모양의 자수를 놓은 베개이다.

658 수침(水沈) : 침향목(沈香木)으로 만든 향의 일종으로, 향나무를 물에 담가 두어 만든 것이다. 당(唐)나라 두목(杜牧)의 〈남을 위해 써주다〔爲人題贈〕〉에 "보배로운 화로에 수침을 태우네.〔瓊爐燼水沈.〕"라고 하였다. 《全唐詩 卷527》

간성 군수 이군 택당[659]에게 주다

贈杆城倅李君澤堂

동국의 동쪽 해 뜨는 바다 앞	東國之東日出前
명승의 절경을 볼 인연이 없었네	名區勝絶見無緣
바람이 만 리에서 몰아쳐 파도 소리 세차고	風驅萬里濤聲壯
구름이 삼신산과 가까워 서기가 이어졌겠지	雲近三山瑞色連
옥당[660]에서 와서 새로 태수가 되니	來自玉堂新太守
단적[661]에 올랐던 옛 유선임을 누가 알랴	孰知丹籍舊儒仙
흥 일면 바다 산이 응당 뒤집힐 테니	興來溟岳應飜倒
원기가 넘쳐흘러 붓이 서까래 같으리라[662]	元氣淋漓筆似椽

659 이군 택당(李君澤堂) : 이식(李植, 1584~1647)으로, 택당은 그의 호이다. 이식은 인조(仁祖)의 사친(私親)을 추숭(追崇)하는 것이 올바른 예가 아님을 논하다가 인조의 노여움을 사서 1631년(인조9) 8월 8일에 간성 군수(杆城郡守)로 좌천되었다.《承政院日記 仁祖 8年 5月 9日·8月 8日》

660 옥당(玉堂) : 원래는 홍문관의 별칭인데, 여기서는 홍문관을 비롯하여 사헌부와 사간원의 삼사(三司)를 포함한 넓은 의미로 쓰인 듯하다. 이식(李植)은 간성 군수(杆城郡守)로 부임하기 전에 대사간이었다.《承政院日記 仁祖 8年 4月 25日·5月 9日》

661 단적(丹籍) : 죄인(罪人)을 기록한 명부로 붉은 글씨로 쓰였기 때문에 이렇게 불린다.

662 원기(元氣)가……같으리라 : 문필 실력이 뛰어난 것을 찬양하는 말이다. 원기가 넘쳐흐른다는 말은 두보(杜甫)의 〈유소부가 새로 그린 산수장에 대한 노래〔劉少府新畫山水障歌〕〉에 "원기가 넘쳐흘러 병풍이 오히려 젖은 듯하니, 진재가 위로 올라가 하소연하여 하늘도 응당 울었으리라.〔元氣淋漓障猶濕, 眞宰上訴天應泣.〕"라고 한 데서 온 말이다.《古文眞寶前集 卷9》 붓이 서까래 같다는 말은 진(晉)나라 왕순(王珣)의 꿈에 어떤

사람이 서까래처럼 큰 붓〔大筆如椽〕을 건네주자, 꿈을 깨고 나서는 "내가 솜씨를 크게 발휘할 일이 있을 모양이다."라고 하였는데, 과연 얼마 뒤에 황제가 죽어서 애책문(哀冊文)과 시의(諡議) 등을 모두 왕순이 도맡았던 고사에서 유래하였다. 《晉書 王珣列傳》

김 부윤 수오[663] 존경 에 대한 만사

金府尹守吾挽 存敬

삼류정 위에서 봄빛에 취해	三流亭上醉春輝
흥에 겨워 머무르다가 밤 되어 돌아갔었지	乘興留連入夜歸
승경 감상 어려운 것은 가경이 막혀서이고	勝賞難追佳境阻
풍광은 예전과 같으나 주인은 바뀌었네	風光依舊主人非
흰 머리의 정다운 짝을 울음 삼키며 이별하니	白頭情伴呑聲別
반갑게 맞아주는 벗들 손꼽아 보매 드물구나	青眼親知屈指稀
평소 약속한 한 편의 글 짓는 것이 괘검과 같으니	覓記一篇同挂劍
마음으로 허락한 짧은 말 거의 어김이 없으리라[664]	片言心諾庶無違

663 김 부윤 수오(金府尹守吾) : 경주 부윤(慶州府尹)을 지낸 김존경(金存敬, 1569~1631)으로, 수오는 그의 자이다. 본관은 광산(光山), 호는 죽계이다. 1599년(선조32) 문과에 급제하여 강원도 관찰사 등을 역임하였다.

664 평소……없으리라 : 죽은 벗을 애도하거나 죽은 벗에 대한 신의를 지키는 것을 비유하는 '송지괘검(松枝掛劍)'의 고사를 원용한 것으로, 그 내용은 다음과 같다. 춘추시대 오(吳)나라 계찰(季札)이 진(晉)나라로 사신 가는 도중 서(徐)나라에 잠시 들렀는데 서나라 임금이 계찰의 보검을 갖고 싶어 하였다. 계찰이 이를 알고는 임무를 마치고 돌아오는 길에 주리라고 마음속으로 생각했는데, 돌아오는 길에 들렀더니 이미 서나라 임금이 죽은 뒤였으므로 그의 묘소를 찾아가 나뭇가지 위에 보검을 걸어 놓고 떠났다. 수행하던 자가 "서나라 임금은 이미 죽었는데, 누구에게 주는 것입니까?"라고 하자, 계찰은 "그렇지 않다. 처음 내가 마음속으로 이미 허락하였으니, 어찌 죽었다고 해서 내 마음을 저버릴 수 있겠는가.〔不然. 始吾心已許之, 豈以死倍吾心哉?〕"라고 하였다. 《史記 吳泰伯世家》

선원 우태[665]께 지어 올리다

錄奉仙源右台

고목 우거진 곳에 푸른 등라 드리우니	古木陰陰垂碧蘿
돌못의 봄비에 새 연잎이 자라누나	石池春雨長新荷
꽃은 제비를 따라 한꺼번에 춤추고	花隨燕子一時舞
사람은 꾀꼬리와 마주하여 노래하네	人與鶯兒相對歌
녹야의 이름난 별장은 도성과 떨어져 있고[666]	綠野名莊違輦轂
향산의 맑은 모임은 승가와 섞여 있네[667]	香山淨社混僧伽
묘당이든 산림이든 그 풍류 같으니	廟堂巖壑風流竝
태고정 노인을 사람들이 뭐라 할까	太古亭翁人謂何

665 선원 우태(仙源右台) : 우의정을 지낸 김상용(金尚容, 1561~1637)으로, 선원은 그의 호이다.

666 녹야의……있고 : 이름난 별장은 청풍계(淸風溪)에 있는 김상용의 별장인 선원고택(仙源古宅)을 말한다. 청풍계는 인왕산(仁王山) 동쪽 기슭의 북쪽에 있는 계곡으로 김상용은 이곳에 들어와 살면서 청풍각(淸風閣)·와유암(臥遊菴)·태고정(太古亭) 등을 지었다고 한다.

667 향산(香山)의……있네 : 당(唐)나라 시인 백거이(白居易)가 치사(致仕)한 뒤에 향산(香山)으로 들어가서 승려 여만(如滿) 등과 함께 향화사(香火社)를 결성하고 만년을 보냈던 고사를 원용하여 선원고택(仙源古宅)을 설명한 것이다. 승가(僧伽)는 청풍계에 있었던 원심암(遠心庵)을 가리킨다. 《舊唐書 白居易列傳》

순숙 형[668]이 집을 지어 만회당이라 하고 정자를 지어 희유정이라 하고는 동전 모양의 연꽃과 시냇가 버들을 심었다고 하기에 그 시에 차운하다

醇叔兄搆堂曰晩悔 亭曰喜遊 植錢蓮澗柳云 仍次其韻

흰 강과 푸른 언덕이 이리저리 감아 도니[669]	川原繚白又縈青
먼 곳엔 꽃다운 모래섬 가까운 곳엔 물가 있네	遠有芳洲近有汀
바위산은 예나 지금이나 빼어난 모습 다투고	巖岫古今爭秀狀
구름 안개는 아침저녁으로 기이한 형상 바꾸네	雲煙朝暮幻奇形
한가한 잠 살짝 깰 제 바람이 섬돌에 일고	閑眠乍罷風生砌
간밤의 술 막 깰 제 달빛이 창에 들어오네	宿酒初醒月入櫺
지난 일 뉘우친다면 이르고 늦은들 무슨 상관이랴	往事悔來何早晩
내 비록 기뻐 누었으나 정자가 없어 한스럽네	吾雖喜臥恨無亭

668 순숙 형(醇叔兄) : 조희맹(趙希孟, 1574~?)으로, 순숙은 그의 자이다.

669 흰……도니 : 유종원(柳宗元)의 〈처음 서산을 얻어 잔치하며 노닌 것에 관한 기문〔始得西山宴游記〕〉에 "이리저리 감아 도는 푸른 산과 흰 강이, 밖으로 하늘과 닿았다.〔縈青繚白, 外與天際.〕"라는 한 데서 온 말이다. 《柳河東集 卷29》

동평군[670] 신경유 에 대한 만사

東平君挽 申景裕

천양의 재주[671]가 만부를 압도하여 웅대하니	穿楊技壓萬夫雄
무과에 장원급제하여 세상에 명망이 높았네	虎榜魁元世望崇
몇 번이나 용도[672] 쥐고 절도사로 나갔던가	幾握龍韜臨大閫
일찍이 기린각에 올라 훌륭한 공로 이루었네	早登麟閣策奇功
좋은 처방 효과 없어 몸에 병이 들었고	良方未效嬰身疾
많은 어려움에 나라 위한 충심 끝내 바치지 못했네	多難終孤爲國衷
뜰 가의 화분 꽃을 맡아 가꿀 사람 없으니	庭際盆花無主管
동풍에 기대 흐르는 눈물 감당 못하겠네	不堪揮涕倚東風

670 동평군(東平君) : 신경유(申景裕, 1581～1633)를 가리킨다. 본관은 평산(平山), 자는 자관(子寬)이다. 1603년(선조36) 정시 무과에 장원으로 급제하고 벼슬이 병마절도사에 이르렀으며, 인조반정 때 선봉군을 이끌고 앞장서 정사 공신(靖社功臣)에 책록되고 동평군에 봉해졌다.

671 천양(穿楊)의 재주 : 버들잎을 뚫는 재주라는 말로, 명사수를 가리킨다. 춘추 시대 초 공왕(楚共王)의 장군인 양유기(養由基)가 백 보 떨어진 곳에서 활로 버들잎을 쏘아 백발백중시켰다는 고사에서 유래하였다. 《史記 周本紀》

672 용도(龍韜) : 병서(兵書)를 말한다. 주(周)나라 여상(呂尙)이 지은 병서 《육도(六韜)》에 〈용도(龍韜)〉란 편명이 있다.

청음에게 주다

贈淸陰

봄빛이 모란 가지를 서둘러 떠나니	春光催謝牧丹枝
함께 감상할 기회를 지금 또 놓쳤구나	同賞如今又失期
꾀꼬리는 울창한 숲에서 머물 곳을 아는데	黃鳥丘隅知所止
흰 망아지는 빈 골짜기에서 그댈 그리워하네[673]	白駒空谷願言思
오랜 병 낫지 않았는데 미리부터 약을 싫어하고	沈痾未減先憎藥
말단 관직에 여전히 매여 그나마 주림 면했네	薄宦猶縻且救飢
생기가 충만한 벗이 되려 부러우니	還羨故人生意足
시절 청명하면 또한 영지를 먹을 수 있으리	時淸亦可茹靈芝

673 꾀꼬리는……그리워하네 : 《시경》의 구절을 인용하여, 은거하고 있는 김상헌(金尙憲)을 그리워하는 마음을 표현한 것이다. 김상헌은 1633년(인조11) 12월에 대사헌을 사면하고 석실(石室)에서 은거하였다. 꾀꼬리 구절은 《시경》 〈면만(綿蠻)〉에 "꾀꼴꾀꼴 우는 꾀꼬리, 울창한 숲에 앉아 있네.〔綿蠻黃鳥, 止于丘隅.〕"라고 한 것을 두고, 공자가 "저 새도 머물 곳에서 머물 줄을 아는데, 사람으로서 저 새만 못해서야 되겠는가."〔於止知其所止, 可以人而不如鳥乎?〕"라고 풀이한 데서 온 말이다. 《大學章句 傳3章》 흰 망아지 구절은 《시경》 〈백구(白駒)〉에 "깨끗한 흰 망아지, 저기 빈 골짜기에 있네. 싱싱한 꼴 한 단을 먹이니, 그 사람 옥처럼 맑네.〔皎皎白駒, 在彼空谷. 生芻一束, 其人如玉.〕"라고 한 데서 온 말이다.

청음의 차운시[674]

次韻淸陰

푸른 잎 무성하여 홀연 가지에 가득한데	綠葉陰陰忽滿枝
봄철 내내 감상할 좋은 시절 저버렸네	一春遊賞負佳期
산중의 밤 학은 나의 무심함을 원망하고[675]	山中夜鶴無心怨
서울의 친한 벗은 나를 꿈속에서 그리워하리	洛下親朋有夢思
본래 관직 그만둔 건 병이 있었기 때문이지	自是休官因抱病
도를 즐겨 주림도 잊을 수 있어서가 아니라네	非關樂道可忘飢
어지러운 풍진 속 인간 세상 좁으니	風塵擾擾人寰窄
봉래산에서 자지를 캐고자 하노라[676]	欲向蓬萊採紫芝

674 청음(淸陰)의 차운시 : 이 시는《청음집(淸陰集)》권6에〈석실에서. 이숙이 부친 시에 차운하다〔石室 次怡叔寄詩韻〕〉라는 제목으로 실려 있다.

675 산중의……원망하고 : 남조(南朝) 제(齊)나라 공치규(孔稚圭)의〈북산이문(北山移文)〉에 "혜초 장막이 텅 비니 밤 학이 원망하고, 산중 사람이 떠나가니 새벽 원숭이가 놀라네.〔蕙帳空兮夜鶴怨, 山人去兮曉猿驚.〕"라고 한 구절을 차용한 것이다.《古文眞寶後集 卷2》

676 봉래산(蓬萊山)에서……하노라 : 경치 좋은 곳에서 은거하고 싶은 마음을 표현한 것이다. 자지(紫芝)는 자줏빛의 영지(靈芝)로, 진(秦)나라 말기에 난리를 피하여 상산(商山)에 은거하던 네 노인이 자지를 캐 먹으면서〈자지가(紫芝歌)〉를 지어 불렀다고 한다.《史記 留侯世家》

고성 군수로 부임하는 조설정[677] 이름은 문수, 자는 자실이다. 에게 주다

贈曺雪汀赴高城 名文秀 字子實

바다 동쪽을 꿈속에 날아 봉호 맴도니	海東飛夢遶蓬壺
예전 직소인 승명[678]을 잠시 하직하네	暫謝承明舊直廬
복이 깃든 곳임을 전생에 확실히 알았는데	夙世定知棲福地
좋은 인연으로 이제 다시 신선 거처 방문하네	勝緣今復訪仙居
푸른 벼랑 우뚝 선 천 길 높이의 모습이요	蒼崖削立千尋面
붉은 붓 높이 휘두른 몇 글자의 글씨라	丹筆高揮數字書
훗날 혹시라도 장관을 함께 볼 수 있다면	佗日倘能諧壯觀
그대와 함께 실컷 고래회를 먹으리라	與君同飫膾鯨魚

677 조설정(曺雪汀) : 조문수(曺文秀, 1590~1647)로, 설정은 그의 호이다. 본관은 창녕(昌寧), 자는 자실(子實)이다. 1624년(인조2) 문과에 급제하였고, 1633년 10월 16일 고성 군수(高城郡守)에 제수되었다.

678 승명(承明) : 승명려(承明廬)의 준말로, 한(漢)나라 때 왕을 시종하던 신하들이 숙직했던 곳이다. 후대에는 조정에 들어가거나 조정에 있는 관원을 가리키는 말로 쓰이게 되었다.

강릉으로 가는 목탕경[679] 대흠 영공에게 주다 공조 참의에서 수령으로 나간 것이다.

贈睦湯卿令公之江陵 大欽○自工曹參議出宰云

공조의 시인은 주선의 자태인데	水曹詞客酒仙姿
늘그막에 되려 속세 밖에서 노닐려 하네	投老還尋物外期
영주가 옥계 아니라고 누가 말하랴[680]	孰謂瀛洲非玉界
경포가 요지임을 알아야 하리라[681]	須知鏡浦是瑤池
바다가 토한 해를 상서로운 구름이 떠받들고	溟波吐日祥雲捧
산 잔도가 서린 하늘에 저녁 눈발이 날리네	嶺棧盤空暮雪吹
나이는 동갑인데 그대가 나보다 건장하니	年甲與同君較健
영약 나누어 쇠한 몸 부지하도록 부쳐주게	願分靈藥寄扶衰

679 목탕경(睦湯卿) : 목대흠(睦大欽, 1575~1638)으로, 탕경은 그의 자이다. 본관은 사천(泗川), 호는 다산(茶山) 또는 죽오(竹塢)이다. 1630년(인조8) 1월 15일 공조 참의에 제수되었고, 1633년 10월 18일 강릉 부사(江陵府使)에 제수되었다. 시문에 뛰어났다. 저서에 《다산집》이 있다.

680 영주(瀛洲)가……말하랴 : 강릉의 절경을 표현한 말이다. 영주는 강릉의 옛 이름인 임영(臨瀛)을 가리키고, 옥계(玉界)는 신선 세계, 혹은 선경(仙境)을 가리킨다.

681 경포(鏡浦)가……하리라 : 강릉의 절경을 표현한 말이다. 경포(鏡浦)는 수면이 거울같이 맑다는 강릉의 경포호(鏡浦湖)를 가리키고, 요지(瑤池)는 서왕모(西王母)가 거주하는 곤륜산(崑崙山)의 선경(仙境)을 가리킨다.

김 좌랑 광찬[682]의 내실에 대한 만사

金佐郞光燦內室挽

덧없는 인생이 장수한들 얼마나 살겠는가	浮生雖壽幾生涯
하물며 생애 재촉해 운명이 아주 어긋남에랴	況促生涯命最乖
어린 자식 여덟에 젖먹이 여섯이요	弱息八人黃口六
홀어머니와 양친[683]은 모두 백발이라	孀親兩老白頭皆
혼백은 젖 잃어 엉엉 우는 아이를 슬퍼하고	魂悲失乳呱呱泣
집안 도맡은 남편의 처량한 회포를 어이할까	夫奈當家惻惻懷
인애한 천심이 어찌 차마 이렇게 한단 말인가	仁愛天心胡乃忍
무상한[684] 이 이치를 물을 데가 없구나	蒼黃斯理問無階

682 김 좌랑 광찬(金佐郞光燦) : 공조 좌랑을 지낸 김광찬(金光燦, 1597~1668)을 말한다. 본관은 안동(安東), 자는 사회(思晦), 호는 운수(雲水)이다. 아버지는 김상관(金尙寬)이며, 작은 아버지인 김상헌(金尙憲)의 양자로 들어갔다. 음서(蔭敍)로 세마(洗馬)가 되었고, 1633년(인조11) 6월 22일 공조 좌랑에 제수되었다.

683 홀어머니와 양친 : 김광찬(金光燦)의 생모와 김광찬이 양자로 들어간 김상헌(金尙憲) 부부를 말한다. 김광찬의 생부인 김상관(金尙寬)은 1621년(광해군13)에 사망하였다.

684 무상한 : 원문의 '창황(蒼黃)'은 사물의 변화가 무상함을 이르는 말이다. 묵자(墨子)가 실을 물들이는 사람을 보고는 "푸른색으로 물들이면 푸르게 되고 노란 색으로 물들이면 노랗게 되니 들어가는 곳의 변화에 따라 그 색 또한 변하는구나.〔染於蒼則蒼, 染於黃則黃, 所入者變, 其色亦變.〕"라고 탄식한 데서 온 말이다.《墨子 卷1 所染》

명나라 부총관 정룡[685]은 호가 비생이다. 병부의 자문을 가지고서 속국과 연합하고 섬사람들을 안정시킨다는 명목으로 왔다고 하자,[686] 상께서 직접 정룡을 만나 이 일에 대해 은밀히 말씀하였다고 한다. 이어 남한산성의 절에 가 우거하면서 매화 화분 하나를 구해 완상하고, 두루 지전을 보내서 온 조정의 문인들에게 시구를 요구하였다고 한다

갑술년(1634, 인조12)

天朝副揔程龍號飛生 齎兵部咨 以聯屬國安島衆爲言 上親接程 密言云云 仍往寓於南漢山城之佛舍 求一梅盆賞玩 遍送紙牋 索滿朝文翰人詩句云 甲戌年

천애의 외로운 배가 아직 돌아가지 않은 때	孤棹天涯未返時
남한산성 높은 곳에 홀로 의지했다오	漢南山郭獨憑危
깊은 지략은 이미 용맹한 마음 지닌 줄 알았고	沈機已覺心爲勇
간찰을 줌은 흥 일어 시를 요구하는 것이리라[687]	授簡應因興要詩

685 정룡(程龍) : 중국 장수로, 시와 그림 및 글씨에 뛰어났다. 1633년(인조11)에 칙명을 받들고 사신이 되어 가도(椵島)를 거쳐 서울에 왔는데, 이때 남한산성(南漢山城)을 둘러보았으며, 다음 해에 돌아갔다.

686 병부의……하자 : 이 일은 《인조실록(仁祖實錄)》 11년 10월 27일 기사에 보인다.

687 간찰을……것이리라 : 간찰은 시문을 적는 종이이다. 서한(西漢)의 양효왕(梁孝王) 유무(劉武)가 양원(梁園)이란 호사스러운 자신의 원림(園林)에서 세모(歲暮)에 사마상여(司馬相如)·매승(枚乘)·추양(鄒陽) 등을 초대하였는데, 이때 사마상여가 늦게 와서 상객의 자리에 앉았다. 이에 유무가 이들과 함께 주연(酒筵)을 베풀고 놀다가, 눈이 오자 흥에 겨워 먼저 《시경》의 시를 읊고는 간찰을 주면서〔授簡〕 사마상여에게 시를

산속 절 맑은 경쇠 소리에 달이 비끼고	蕭寺月斜淸磬響
작은 창 섣달 매화 가지에서 향기 풍기네	小窓香動臘梅枝
비가 속에 요하 길[688]을 창연히 바라보니	悲歌悵望遼河路
다시 황화를 모실 기약이 혹 있으려나	再御皇華倘有期

내가 학사들의 행차에 누차 모시고 따라다녔기 때문에 끝 구절에서 말한 것이다.

짓게 하였다. 《文選 雪賦》

688 요하(遼河) 길 : 요하는 중국 만주 지방의 남부 평야를 흐르는 강으로, 중국 사신의 사행길을 말한다.

갑술년(1634, 인조12) 중춘 부슬비가 내릴 적에 청음에게 부치다

甲戌仲春 小雨 寄淸陰

근년 들어 일신의 일이 마음과 어긋나	年來身事與心違
살쩍에 흰 머리 늘고 허리띠는 헐렁해졌네	衰鬢添華帶減圍
꽃은 쌀쌀한 추위에 조금 더디 피고	花意較遲寒料峭
풀싹은 부슬부슬 내리는 비에 막 꿈틀대네	草芽纔動雨霏微
그대 그리는 짧은 꿈을 수심이 어지럽히고	懷人短夢愁教亂
한을 부친 새로운 시에 병이 드묾을 깨닫네	寄恨新詩病覺稀
홀로 고송 그늘진 언덕에 서 있노라니	獨向古松陰畔立
골짝에 잠긴 석양 속에 저녁 까마귀 돌아오네	夕陽沈壑暝鴉歸

영안군[689] 최산립 에 대한 만사
寧安[690]君挽 崔山立

훈봉과 덕업은 선친을 계승하였으니 勳封德業繼先公
도량 넓은 장자의 풍모 예전부터 흠모했네 夙慕休休長者風
적막한 궁도에서 의기를 기울였지만 寂寞窮途傾意氣
잘못되어 늘그막에 왕래가 막혔다오 蹉跎暮境阻過從
강 꽃은 절로 떨어져 봄날이 가는데 江花自落青春去
술잔 잡고 다시 만나자던 옛 약속 공허해졌네 尊酒重逢素約空
서글퍼라 광한루[691] 위의 달이 惆悵廣寒樓上月
옛 노닐던 자취를 지금까지 남아 비춰주네 秖今留照舊遊蹤

영안공(寧安公)이 무오년(1618, 광해군10)에 남원(南原) 수령으로 있을 때 내가 평안도에서 하동(河東)으로 이배(移配)되었는데, 왕래하는 가운데 정성이 깊었기 때문에 감회가 일어 말한 것이다.

689 영안군(寧安君) : 최산립(崔山立, 1558~1634)으로, 본관은 삭녕(朔寧), 자는 중망(重望), 호는 입암(立菴)이다. 영의정 최흥원(崔興源)의 아들이다. 1588년(선조21)에 음보(蔭補)로 입사(入仕)하였고, 1625년(인조3) 7월 3일 영안군에 봉해졌다.

690 安 : 대본에는 '原'으로 되어 있으나, 《인조실록(仁祖實錄)》과 《승정원일기》 등에 의거하여 바로잡았다. 뒤에도 같다.

691 광한루(廣寒樓) : 전라도 남원(南原)에 있는 누각이다.

죽암의 안주 영위사[692]에게 주다

贈竹巖安州迎慰

한번 의주를 잃고 성지를 크게 수축하였으니[693]　　龍灣一失壯城池
멀리서 황화 위로함이 예전과 다르리라　　遠慰皇華異昔時
발해는 지금 하늘 북쪽 끝과 통하고　　渤海今通天北極
청천은 문득 나라 서쪽 변방이 되었어라　　淸川便作國西陲
전성이 광채 토해내니[694] 첨앙하는 마음 더하고　　前星吐耀增瞻仰
중사가 사명 전하니[695] 의례가 성대하리　　中使銜綸侈享儀
남은 흥취에 백상루 위에서 바라보면　　餘興百祥樓上望
변방 문 멀리 보며 남몰래 슬픔 일리라　　塞門延眺暗生悲

692 안주 영위사(安州迎慰使) : 김광현(金光炫, 1584~1647)을 가리킨다. 본관은 안동(安東), 자는 회여(晦汝), 호는 수북(水北)이다. 1625년(인조3) 문과에 급제하고, 1634년 3월 22일 안주 영위사로 차출되었다.

693 한번……수축하였으니 : 1627년(인조15) 정묘호란 때 후금군에 의해 의주(義州)가 함락되자, 이를 경계하여 이후에 산성을 많이 수축하였다. 《浦渚年譜 卷1》

694 전성(前星)이 광채 토해내니 : 소현세자(昭顯世子)가 세자로서 중국으로부터 인준을 받은 일을 말한다. 인조(仁祖)의 장남인 소현세자는 1625년 세자에 책봉되었으며, 1634년 중국으로부터 인준을 받았다. 전성은 태자를 상징하는 별이다.

695 중사(中使)가 사명 전하니 : 1634년(인조12)에 소현세자 책봉에 관한 조칙을 반포하기 위해서 명나라 환관인 사례감 태감(司禮監太監) 노유녕(盧維寧)이 조선에 온 일을 말한다. 중사는 환관을 가리키는 말이다.

구 주부 영에 대한 만사

具主簿瑩挽

세시에 와서 문안하고 정성으로 대하였으니	歲時來問接慇懃
훌륭한 자질은 팔곡[696]의 자손임을 마음으로 알았네	令質心知八谷孫
대대로 충효 집안이라 조상 뜻 받들길 기약했는데	忠孝傳家期莫忝
사생이 명에 달려 피할 길이 없었네	死生由命避無門
늙은 양친은 원숭이 창자처럼 마디마디 끊어지고[697]	猿腸寸絶雙親老
어둔 조각 거울엔 난새 그림자 외로이 깃들었으리[698]	鸞影孤棲片鏡昏
궁원[699]의 띠풀 정자를 누가 맡아 관리할까	弓院草亭誰主管
가을 해가 거친 뜰에 잠기니 견디지 못하겠네	不堪秋日鎖荒園

696 팔곡(八谷) : 구사맹(具思孟, 1531~1604)의 호이다. 본관은 능성(綾城), 자는 경시(景時)이다.

697 늙은……끊어지고 : 자식을 잃은 슬픔을 표현하는 말이다. 옛날에 환공(桓公)이 삼협(三峽)을 지날 때 그 부하 중의 한 사람이 원숭이 새끼를 잡아가지고 배에 싣고 오니, 그 어미가 계속 배를 뒤따라오다가 배 안으로 뛰어 들어와서는 즉시 죽었다. 그 배를 갈라 보니 창자가 마디마디 끊어져 있었다는 고사에서 온 말이다. 《世說新語 黜免》

698 어둔……깃들었으리 : 남편을 잃은 슬픔을 표현하는 말이다. 옛날에 계빈왕(罽賓王)이 난새 한 마리를 잡았는데, 난새가 우는 소리를 매우 듣고 싶었으나 울게 할 방도가 없었다. 그러자 계빈왕의 부인이 "새는 자기 무리를 본 뒤에 운다고 들었는데, 어찌하여 거울을 걸어서 비치게 하지 않습니까?"라고 말하였다. 이에 왕이 그 말에 따라 거울을 걸어 주었더니, 난새가 거울에 비친 자기 모습을 보고는 하늘에 사무치도록 슬피 울다가 죽었다고 한다. 후에 '난경(鸞鏡)' 또는 '고란조경(孤鸞照鏡)'은 금슬 좋던 부부가 배우자와 사별한 뒤 쓸쓸하게 지내는 것을 비유하게 되었다. 《太平御覽 卷916 鸞鳥詩序》

699 궁원(弓院) : 충청도 공주목(公州牧)에 위치한 역원이다.

구원[700]에 대한 만사

九畹挽詞

요금과 포의[701]의 영고를 똑같이 여겼으니	腰金衣布一榮枯
난원의 남은 향기[702]가 내게 스며들었지	蘭畹餘香襲着吾
반세토록 사귄 우정은 아주 정성스러웠고	半世交情唯悃愊
오른쪽[703]에 걸린 중풍은 또 그의 모습이었지	右邊風痺且形模
새로 지은 백옥루에 기문을 완성하고[704]	文成白玉新樓記
예전 놀던 황공주로에 눈물 떨어지네[705]	淚滴黃公舊酒壚

700 구원(九畹) : 이춘원(李春元, 1571~1634)의 호로, 본관은 함평(咸平), 자는 원길(元吉)이다. 1596년(선조29) 문과에 급제, 승문원 권지부정자에 제수되었으며, 광양현감(光陽縣監), 좌승지 등을 역임하였다.

701 요금(腰金)과 포의(布衣) : 조정에서 벼슬하고 있을 때와 벼슬하고 있지 않은 때를 말한다. 요금은 대관(大官)이 허리에 차던 금인(金印) 혹은 금어대(金魚袋)를 말하고, 포의는 베옷이라는 뜻으로 벼슬하지 않은 선비를 말한다.

702 난원(蘭畹)의 남은 향기 : 난원은 굴원(屈原)의 〈이소(離騷)〉에 "내 이미 난초를 구원에 심었고 또 혜초를 백묘에 심었노라.〔余旣滋蘭之九畹兮, 又樹蕙之百畝.〕"라고 한 데서 온 말로, 한림(翰林)의 별칭인 난대(蘭臺)를 가리킨다. 이춘원(李春元)이 지제교를 맡았기 때문에 이렇게 말한 것이다.

703 오른쪽 : 이춘원(李春元)의 《구원집(九畹集)》 부록에 실린 조희일(趙希逸)이 쓴 만사(挽詞)에는 왼쪽에 중풍이 걸렸다고 되어 있다.

704 새로……완성하고 : 이춘원(李春元)의 죽음을 의미한다. 당(唐) 나라 시인 이하(李賀)가 27세에 죽었는데, 천상에서 붉은 옷을 입은 사람이 붉은 용을 타고 내려와 "상제(上帝)께서 백옥루(白玉樓)를 완성하고 지금 그대를 불러다가 기문(記文)을 짓게 하라고 명하셨다."라고 하고 데려갔다 한다. 《昌谷集 李長吉小傳》

705 예전……떨어지네 : 황공주로(黃公酒壚)는 옛날 친구들끼리 술을 마시던 곳으로,

어느 곳 청산이 끌고 가버렸나	何處靑山句引去
좋은 사람 이제 구천 길 너머에 있다오	好人今已隔泉途

보통 세상을 떠난 벗을 추억할 때 쓰는 표현이다. 진(晉)나라 때 죽림칠현(竹林七賢)의 한 사람인 왕융(王戎)이 상서령(尙書令)이 되어서 황공주로 앞을 지나다가 뒷수레를 탄 사람을 돌아보면서 "내가 옛날 혜강(嵇康)·완적(阮籍) 등과 함께 이 주점에서 술을 마셨다. 혜강과 완적이 세상을 떠난 후로 나는 세속 일에 몸이 묶였으니, 오늘 이곳을 보매 거리는 비록 가까우나 아득하게 산하가 가로놓인 듯하다."라고 하였다. 《世說新語 傷逝》

진주 병사 정가행[706] 충신 영공에게 주다

贈晉州兵使鄭可行令公 忠信

서산의 범이 웅크린 채 호시탐탐 노려보니	西山虎踞視眈眈
눈 아래 흉도들 하나같이 위축되어 평정되었네	眼底兇徒一蹙戡
대독과 고아로 북쪽 지방 진압하였고	大纛高牙仍鎭北
경구와 난대로 또 남쪽 지방 갔었지	輕裘緩帶且征南
높은 누각 돌에 세우니 하늘이 난간에 나지막하고	層樓架石天低檻
약한 닻줄로 배를 끄니 달이 못에 비치리라	弱纜牽舟月映潭
사만의 의병이 한꺼번에 죽은 곳	四萬義軍同死地
풍광은 좋지만 그 한을 감당하기 어려우리	風光雖好恨難堪

정공(鄭公)의 이름은 충신(忠信)이다. 갑자년(1624, 인조2) 역적 이괄(李适)의 난에 먼저 안령(鞍嶺)을 점거하자고 힘껏 청하였고, 이어 역적들을 격파하여 책훈(策勳)되었다.[707] 지방으로 나가 안주 병사(安州兵使)와 부원수(副元帥)가 되었고, 이제 또

706 정가행(鄭可行) : 정충신(鄭忠信, 1576~1636)으로, 가행은 그의 자이다. 본관은 하동(河東), 호는 만운(晩雲)이다. 1592년(선조25)에 임진왜란이 일어나자 광주 목사(光州牧使) 권율(權慄)의 휘하에서 종군하였고, 1624년(인조2)에는 안주 목사(安州牧使)로 방어사(防禦使)를 겸임하고 있던 중 이괄(李适)의 난이 일어나자 도원수 장만(張晩)의 휘하에서 큰 공을 세웠다. 정묘호란 때에는 부원수를 지냈고, 이후 1634년(인조12) 10월 3일에 경상 우병사에 제수되었다. 진주 병사는 경상 우병사의 이칭이다.

707 갑자년……책훈(策勳)되었다 : 1624년(인조2) 2월에 이괄(李适)이 도성을 점령하자, 도원수 장만(張晩) 휘하에 있던 정충신(鄭忠信)은 남이흥(南以興)과 먼저 안령(鞍嶺 무악재)을 점거하여 이괄의 군대를 대파하였다. 이 공로로 정충신은 진무 공신(振武功臣) 1등에 책록되었고, 금남군(錦南君)에 봉해졌다.

남곤(南閫)이 되었다.

진창군[708] 강인 에 대한 만사

晉昌君挽詞 姜絪

공을 알기 전에 이미 훌륭한 재주 알았으니	未識公時已識才
그림으로 그려지고 글로 지어져 운대[709]를 빛냈네	卽圖詞撰賁雲臺
고상한 회포 아주 깨끗해 과업을 버렸고	高懷脫洒遺科業
표일한 운치 맑고 진솔해 술을 즐겼네	逸韻淸疏玩酒杯
깊은 교분으로 나이 잊고 간담을 털어놓았고	契厚忘年肝膽豁
훌륭한 변론으로 역사 논하매 고금에 해박했네	辯弘論史古今該
마음 아픈데 차마 서문 길을 지나가랴[710]	傷心忍過西門路
종소리 들으며 밤길에 돌아온 일 생각나누나	却憶聞鍾犯夜廻

708 진창군(晉昌君) : 강인(姜絪, 1555～1634)으로, 본관은 진주(晉州), 자는 인경(仁卿), 호는 시암(是庵)이다. 1592년(선조25) 임진왜란 때 선조를 호종한 공으로 1604년에 호성공신(扈聖功臣) 3등에 녹훈되고, 진창군에 봉해졌다.

709 운대(雲臺) : 후한 명제(明帝) 때 등우(鄧禹) 등 전대(前代)의 명장 28인의 초상화를 그려서 걸어 놓고 추모한 공신각(功臣閣)의 이름이다.

710 마음……지나가랴 : 죽은 사람에 대한 애절한 그리움을 뜻하는 말이다. 서문(西門)은 서주문(西州門)으로, 진(晉)나라의 사안(謝安)이 죽은 곳이다. 사안의 외조카인 양담(羊曇)이 평소에 사안의 사랑을 받았는데, 사안이 죽자 수년 동안 슬픔에 잠겨 음악을 듣지 않고 사안이 있던 서주(西州)의 길을 다니지 않았다. 한번은 술에 취하여 저도 모르게 서주의 성문에 이르렀는데, 좌우 측근들이 "이곳은 서주의 성문입니다.〔此西州門〕" 하였다. 이에 양담이 슬픔을 이기지 못하여 말채찍으로 문을 두드리고 통곡한 다음 돌아왔다는 고사가 전한다. 《晉書 謝安列傳》

강도 윤 남적만[711] 이웅 영공에게 주어 작별하다

贈別江都尹南敵萬令公 以雄

지금 가장 중요한 지역은 어디인가	當今重寄最何方
강도가 큰 수문(守門)이라고 다투어 말하네	爭謂江都是鉅防
지리로는 비록 보장[712]이 되었더라도	地理縱憑爲保障
인화는 분명 자애와 선량을 힘쓰는 데 있다오	人和端在務慈祥
봄철이 반이 지났는데도 남은 추위 쌀쌀하고	青春過半餘寒峭
백발로 벗들과 떨어져 있어 큰 뜻 상했어라	白首離群壯志傷
그대 그리우니 소식 드물게 전하지 말게	相憶莫教書疏闊
어안[713]이 강도에 충분하다는 걸 잘 알고 있으니	也知魚雁足江鄉

711 남적만(南敵萬) : 남이웅(南以雄, 1575~1648)으로, 적만은 그의 자이다. 본관은 의령(宜寧), 호는 시북(市北)이다. 1613년(광해군5) 문과에 급제하였고, 1635년(인조13) 2월 4일 강화 유수(江華留守)에 제수되었다.

712 보장(保障) : 국가의 울타리라는 말로, 강도(江都)가 나라의 울타리가 된다는 말이다. 전국 시대 조간자(趙簡子)가 윤탁(尹鐸)을 진양(晉陽)의 장관으로 삼았는데, 윤탁이 조간자에게 청하기를, "견사(繭絲)로써 하오리까? 아니면 보장으로써 하오리까?〔爲繭絲乎? 抑爲保障乎?〕"라고 한 데에서 유래하였다.《資治通鑑 周紀 威烈王23年》

713 어안(魚雁) : 잉어와 기러기로, 이들이 서신(書信)을 대신 전한 고사가 있다. 일반적으로 편지를 뜻한다.

사사당 시에 차운하다

次四事堂韻

사사당의 주인은 진사 권희경이다. 네 가지 일로 당의 이름을 지었는데, 그 네 가지 일이란 아침 이슬에 젖은 꽃을 보는 일, 저녁 바람 맞으며 버들을 관찰하는 일, 밝은 달을 기다려 시를 읊는 일, 가객을 머물게 하여 술을 마시는 일이다. 이 네 가지 일은 모두 20자인데 피하여 쓰지 않았다.

主人進士權希慶 以四事名其堂者 承朝露看花 迎晩風觀柳 待皓月吟詩 留佳客飮酒 四事凡二十字 避而不犯

한가하고 고요한 가운데 조용히 하늘을 보니	閑居靜裏默占天
때에 따라 변하는 승경이 참으로 자연스럽네	勝賞隨時儘自然
비단 무늬 꽃 짙게 젖으니 채색 햇살 교차하고	錦纈濃沾交綵旭
푸른 버들 흩날리니 맑은 연기 에워싸네	碧絲搖颺帶晴煙
흰 달이 밝게 빛나는 곳에서 시를 이루고	篇成素魄揚輝處
가빈과 흥건히 취한 자리에서 술동이 앞에 눕네	尊臥佳賓爛醉筵
네 가지 흥취 사라지면 온갖 염려 싹트겠지만	四箇興銷千種念
세상의 영욕을 잊고 여생 보내리라	也忘榮辱送殘年

윤 도정[714] 민일 에 대한 만사

尹都正 民逸 挽

약관 때부터 알고 지내 백발에 이르렀는데 弱冠相知至白頭
중간에 만남과 헤어짐이 참으로 아득하구나 中間離合儘悠悠
송죽 같은 지조는 풍상에도 변치 않으니 松篁不爲風霜變
삼출[715]이라고 어찌 질병을 낫게 할까 參朮那敎疾恙瘳
지난해 정겨운 편지는 슬프게도 가만히 기억나고 去歲情緘悲暗記
예전 정다운 얘기는 아득하여 다시 찾기 어려워라 舊時歡晤邈難求
성 동쪽의 옛집에는 누가 있었던가 城東古宅人誰在
문은 그대로인데 눈물만 절로 흐르네 門巷依然涕自流

714 윤 도정(尹都正) : 돈녕부 도정(敦寧府都正)을 지낸 윤민일(尹民逸, 1564~1635)이다. 본관은 파평(坡平), 자는 현세(顯世), 호는 지산(芝山)이다.

715 삼출(參朮) : 한약재인 인삼과 백출(白朮)을 합칭한 말이다.

공산의 임소로 가는 최 사군[716] 유해 에게 주다

贈崔使君之公山任 有海

반세의 재명이 이미 백발이 되었으니	半世才名已白鬢
서글프게 답답한 이별의 한을 감당 못하겠네	不堪離恨悵煩紆
예전엔 벼슬길에 올라 운각[717]에 나아가더니	曩通仙籍趨芸閣
지금은 죽부[718]를 차고 큰 고을로 향한다네	今向雄藩佩竹符
누각 위의 별들은 북극성을 도는데	樓上星辰環北極
난간 앞의 구로[719]는 서호를 그리워하네	檻前鷗鷺憶西湖
가을 산에서 약초를 응당 캐리니	秋山藥物行應採
동화의 병든 객[720]에서 부쳐줄 수 있겠는가	能寄東華病客無

716 최 사군(崔使君) : 공주 목사(公州牧使) 최유해(崔有海, 1588～1641)를 말한다. 본관은 해주(海州), 자는 대용(大容), 호는 묵수당(嘿守堂)이다. 1613년(광해군5) 문과에 급제하였고, 1623년 인조반정 이후 다시 등용되어 정주 목사(定州牧使)·길주 목사(吉州牧使)를 역임하였다. 언제 공주 목사에 제수되었는지는 사료에 보이지 않으나, 1636년에 공주 목사로 있으면서 이정귀(李廷龜)의 《월사집(月沙集)》을 간행하였다는 기록이 보인다. 《月沙別集 卷7 月沙先生文集跋》

717 운각(芸閣) : 교서관(校書館)의 다른 이름으로, 운관(芸館)이라고도 한다.

718 죽부(竹符) : 한(漢)나라 때 지방관이 차던 신부(信符)인 죽사부(竹使符)를 말하는데, 수령으로 나가게 된 것을 뜻하는 말로 쓰인다.

719 구로(鷗鷺) : 갈매기와 백로로, 세상의 이해를 잊고 자연을 즐기며 살고 싶은 바람을 담은 저자 자신을 비유한 표현이다.

720 동화(東華)의 병든 객 : 조정에서 벼슬하고 있는 저자 자신을 말한다. 동화는 백관(百官)이 입조(入朝)할 때에 출입하던 궁궐의 동쪽 문 이름으로, 전하여 조정의 관료를 뜻한다.

월사 이 상공[721]에 대한 만사 을해년(1635년, 인조13) 7월
月沙李相公挽詞 乙亥七月

백관들에게 모범이 되어 천하가 태평하니[722]	表準群僚平泰階
황각에 빛나는 삼태[723]를 함께 우러러보았지	共瞻黃閣耀三台
구포의 붉은 봉황은 단서(丹書)를 물고 내려오고	九苞丹鳳銜書下
오색의 상서로운 기린은 황금 사슬을 끌고 오네[724]	五色祥麟掣鎖來
선행은 명성을 가까이하지 않아야 덕이요[725]	善不近名方是德

721 월사 이 상공(月沙李相公) : 좌의정과 우의정을 지낸 이정귀(李廷龜, 1564~1635)로, 월사는 그의 호이다. 본관은 연안(延安), 자는 성징(聖徵), 시호는 문충(文忠)이다.

722 천하가 태평하니 : 원문의 '태계(泰階)'는 고대 별자리 이름으로 삼계(三階)라고도 한다. 상계(上階)는 천자, 중계(中階)는 제후·공경·대부, 하계(下階)는 사(士)·서인(庶人)을 상징하는데, 삼계(三階)가 화평하면 천하가 평안하여 태평을 이룬다고 한다.《漢書 東方朔傳 泰階六符 注》

723 황각(黃閣)에 빛나는 삼태(三台) : 황각은 정승이 집무하는 청사로, 한(寒)나라 때 승상의 청사 문을 황색으로 칠하여 궁궐과 구분했던 것에서 유래하였다. 삼태는 삼태성(三台星)으로 삼공을 상징하는 별이다.

724 구포(九苞)의……오네 : 이정귀(李廷龜)를 봉황과 기린에 비긴 것이다. 구포는 봉황이 지녔다는 아홉 가지 특징으로, 봉황의 미칭이다. 주 문왕(周文王) 때 봉황이 하늘의 단서(丹書)를 입에 물고 문왕의 도읍지에 날아와서 노닐었으므로 무왕(武王)이 그 봉서(鳳書)를 받았다는 봉황함서(鳳凰銜書)의 고사가 있다.《藝文類聚 卷99 祥瑞 鳳皇》 또, 석관휴(釋貫休)의 〈고의(古意)〉에 "옥황상제 앞에 있는 오색의 기린이, 홀연 황금의 사슬을 잡아서 끊었네.〔紫皇案前五色麟, 忽然掣斷黃金鎖.〕"라고 한 구절이 있다.《古文眞寶前集 卷8》

725 선행은……덕이요 : 《장자》〈양생주(養生主)〉에 "선을 하되 명성을 가까이하지 않으며, 악을 하되 형벌을 가까이하지 않아야 한다.〔爲善無近名, 爲惡無近刑.〕"라고 한

문장은 세상을 경영할 수 있어야 재주이지　　文能經世始爲才
당시 문하에 들어간 사람을 어찌 한량하리오마는　　當時何限登門客
우리 공을 깊이 아는 사람 몇이나 될까　　深識吾公問幾哉

데서 온 말이다.

또 짓다
又

샘물처럼 눈물 떨어져 눈물샘 고갈되니　有霣如泉泉竭源
무양[726]을 어떻게 얻어 공의 넋을 부를까　巫陽那得與招魂
당에 올라도 춘풍 같은 모습[727] 볼 수 없으니　登堂未見春風面
지붕 가득 지는 달빛[728]에 공연히 슬퍼하네　滿屋空悲落月痕
난향을 마음에 쐬니[729] 늘 덕에 감화되고　蘭臭薰心常飽德
옥음[730]이 귀에 울리니 공의 말씀을 듣는 듯　玉音鏘耳恍聞言
종전에는 늘 큰 술잔 잡고 권했었는데　從前慣把深杯勸
그 누구와 마주하여 좋은 술에 취할거나　欲對何人醉淥尊

726 무양(巫陽) : 고대 신화에 나오는 무당의 이름으로, 천제(天帝)의 명을 받들어 죽은 사람의 영혼을 불러들인다고 한다. 《楚辭 招魂》

727 춘풍 같은 모습 : 온화한 덕성을 지닌 군자를 뜻한다. 북송(北宋)의 학자 주광정(朱光庭)이 명도(明道) 정호(程顥)를 만나고 돌아와 "광정이 한 달 동안 봄바람 속에 앉아 있었다.〔光庭在春風中坐了一箇月.〕"라고 한 데서 온 말이다. 《近思錄 卷14》

728 지붕……달빛 : 벗에 대한 간절한 그리움을 형용하는 말이다. 두보(杜甫)가 이백(李白)을 그리워하여 지은 〈이백을 꿈꾸다〔夢李白〕〉에 "지는 달빛이 지붕에 가득하니, 그대 얼굴이 보이는 듯하네.〔落月滿屋梁, 猶疑照顔色.〕"라고 한 데서 온 말이다. 《古文眞寶前集 卷3》

729 난향(蘭香)을 마음에 쐬니 : 좋은 벗과 사귐을 뜻한다. 《공자가어》 〈육본(六本)〉에 "선한 사람과 함께 지내는 것은 마치 지란이 있는 방에 들어간 것과 같아서, 오래되면 그 향기는 못 맡더라도 곧 동화하게 된다.〔與善人居, 如入芝蘭之室, 久而不聞其香, 卽與之化矣.〕"라고 한 데서 온 말이다.

730 옥음(玉音) : 상대의 음성을 말한다.

정자용이 함열의 청좌당에 쓴 시[731]에 차운하다 고을 수령은 장중인[732]이다.

次鄭子容題咸悅淸坐堂韻 邑倅張仲仁

묻노니 누가 이곳에 집을 지었는가	問誰於此架樑椽
이 모두 폭포수가 난간 앞으로 떨어지기 때문이지	摠爲飛泉落檻前
패옥 푸니 흡사 가볍게 옥이 구르는 듯	解佩恍疑輕戛玉
거문고 놓아도 가늘게 현 튕기는 소리 들리는 듯	罷琴猶聽細攏絃
텅 빈 거울 같은 물속에는 하늘빛이 깨끗한데	虛涵鏡裏天光淨
상쾌한 흉중은 세상 허물에 얽매였어라	爽滌胸中世累纏
청좌당에 내 몸을 옮기지 않아도	不待致身淸坐處
누워 노닐면 되려 흥이 넘친다오	臥遊還覺興悠然

731 정자용(鄭子容)이……시 : 정자용은 정홍명(鄭弘溟)으로, 자용은 그의 자이다. 함열(咸悅)은 지금의 전라북도 익산(益山) 지역이다. 이 시는 그의 문집인 《기암집(畸庵集)》 권5에 〈이웃 고을의 수령들과 청좌정에 모여 술을 마시고 이별하려 할 때 시를 지어 주수 장군 중인에게 주다〔與隣邑諸宰 會飮淸坐亭 將別有作 贈主守張君仲仁〕〉라는 제목으로 실려 있다.

732 장중인(張仲仁) : 1594~?. 본관은 안동(安東), 자는 사원(士元)이다. 1624년(인조 2) 생원시에 합격하였고, 1635년 문과에 급제하였다.

소옹[733]의 시에 차운하다

次素翁韻

청명절에 한바탕 비가 먼지를 적시니　清明一霎雨沾塵
어떤 사람이 이 몸을 찾는지 묻노라　問有何人訪此身
늠름한 풍채가 야위었다 한스러워 말라　莫恨風神凋颯爽
그저 가슴에 순진함을 간직함이 사랑스러우니　秖憐襟抱保醇眞
평범한 약은 큰 효험이 없고　尋常藥物無多效
구십 일의 봄빛은 벌써 반이 지나갔네　九十韶光過半春
작은 창에 비껴 기대 괴롭게 시 읊노라니　斜倚小窓吟正苦
진달래 가지 위로 달이 자리를 옮겼구나　杜鵑枝上月移輪

'두견(杜鵑)'은 다른 판본에 '고송(古松)'으로 되어 있다.

733 소옹(素翁) : 조위한(趙緯韓, 1567~1649)의 호이다. 본관은 한양(漢陽), 자는 지세(持世), 또 다른 호는 현곡(玄谷)이다.

계림 윤 박군언 홍미 의 경주 회고시[734]에 차운하다

次鷄林尹朴君彦慶州懷古韻 弘美

첨성대 돌층계에 홀로 와 기대니	瞻星梯石獨來憑
나그네 회포 옛일에 감회가 이누나	客子懷因感舊興
천고의 옥 소리는 짧은 피리에 구슬프고	千古玉聲悲短笛
구천의 금완[735]은 여러 능에서 나오네	九泉金碗出諸陵
용지[736]에서 끌어온 물은 농부가 물 대고	龍池引派耕翁灌
봉황 알이 쌓여 이룬 언덕엔 목동이 오르네	鳳卵成堆牧竪登
계압은 본래 참 군주의 책략에 귀의한 것이니	鷄鴨自歸眞主略
신승이 먼저 보았다고 말하지 말라[737]	莫言先見是神僧

734 계림(鷄林)……회고시(懷古詩) : 이 시는 박홍미(朴弘美, 1571~1642)의 《관포집(灌圃集)》 권상(卷上)에 〈동경에서 옛일을 생각하며 택당에게 드리다〔東京懷古 呈澤堂〕〉라는 제목으로 실려 있다. 군언은 박홍미의 자이다. 본관은 경주(慶州), 호는 관포(灌圃)이다. 박홍미는 1633년(인조11) 6월 17일 경주 부윤(慶州府尹)에 제수되었다.

735 금완(金椀) : 장사를 지낼 때 함께 묻는 기물(器物)을 말한다. 당(唐)나라 두보(杜甫)의 〈제장 5수(諸將五首)〉에 "어제는 장지에 옥어가 묻히더니, 이른 때에 금완이 인간 세상에 나왔네.〔昨日玉魚蒙葬地, 早時金椀出人間.〕"라고 하였다. 옥어는 부장품(副葬品)을 말한다. 《杜少陵詩集 卷16》

736 용지(龍池) : 궁궐 안에 있는 연못 이름이다.

737 계압(鷄鴨)은……말라 : 고려 태조(太祖) 왕건(王建)이 훌륭한 계책을 써서 후삼국(後三國)을 통일하여 고려를 건국한 것이지 승려의 예언 때문이 아니라는 말이다. 계압(鷄鴨)은 계림(鷄林)과 압록강을 말한다. 후량 말제(後梁末帝) 정명(貞明) 3년(917) 3월에 객상(客商) 왕창근(王昌瑾)이 저잣거리에서 어떤 노인한테 거울을 샀는데, 그 거울에 "상제가 아들을 진한과 마한에 내려 보내 먼저 닭을 잡고 뒤에 오리를 칠 것이다.〔上帝降

子於辰馬, 先操雞後搏鴨.]"라는 등의 내용이 씌어 있었다 한다. 《高麗史 卷1 太祖世家》 이는 왕건이 계림으로 불리는 신라를 차지한 다음에 압록강 유역을 쳐서 수복한다는 뜻이다. 신승(神僧)은 신라 말기의 승려인 도선(道詵)으로, 왕건의 탄생과 고려의 건국을 예언하였다고 한다.

양양의 임소로 가는 박군언[738]을 전송하며 주다

送贈朴君彦襄陽之任

우리나라의 동쪽이자 삼도[739]의 서쪽	萬國之東三島西
진주 같은 승경이 낙산[740]과 가지런하네	眞朱勝與洛山齊
금아[741]가 새벽에 날아오르니 상운이 떠받들고	金鴉曉翥祥雲捧
채색 조개가 아침에 내쉬니 패궐[742]이 흐릿하네	彩蜃朝噓貝闕迷
외로운 꿈은 멀리 청쇄달을 찾고[743]	孤夢遠尋靑瑣闥
어린아이들은 다투어 〈백동제〉를 부르리[744]	小兒爭唱白銅鞮

738 양양(襄陽)의……박군언(朴君彦) : 박홍미(朴弘美)는 1635년(인조13) 12월 양양부사(襄陽府使)에 제수되었다.

739 삼도(三島) : 동해 가운데에 있다는 전설상의 봉래(蓬萊)·방장(方丈)·영주(瀛洲) 세 산이다.

740 낙산(洛山) : 양양부(襄陽府) 동북쪽 15리에 있는 산으로, 오봉산(五峯山)이라고도 한다.

741 금아(金鴉) : 금조(金烏)로, 태양을 가리킨다. 당(唐)나라 한유(韓愈)의 〈혜 스님을 전송하다〔送惠師〕〉에 "금아가 날아오르니, 온 세상이 맑고 새롭다.〔金鴉旣騰翥, 六合俄淸新.〕"라고 하였다. 《全唐詩 卷337》

742 패궐 : 자색(紫色)의 조개껍질로 장식한 궁궐로, 수신(水神)인 하백(河伯)이 산다는 용궁(龍宮)이다. 《초사(楚辭)》 〈구가(九歌) 하백(河伯)〉에 "물고기 비늘 집에 용의 저택이요, 자색 조개 누각에 붉은 궁궐이로다.〔魚鱗屋兮龍堂, 紫貝闕兮朱宮.〕"라는 표현이 있다.

743 외로운……찾고 : 꿈속에서도 대궐을 그리워할 것이라는 말이다. 청쇄달(靑瑣闥)은 궁문(宮門)으로, 곧 대궐을 가리킨다. 남조(南朝) 양(梁)나라 범운(范雲)의 시에 "관직을 맡아서 청쇄달에 근무하며, 저 멀리 봉황지를 바라보았네.〔攝官靑瑣闥, 遙望鳳凰池.〕"라고 하였다. 《文選 卷26 古意贈王中書》

어떻게 수령으로 가는 곳마다 다 선경인가　　　　如何作郡皆仙境

또 푸른 물과 밝은 모래 있는 대제[745]구나　　　　水綠沙明又大堤

744 어린아이들은……부르리 : 〈백동제(白銅鞮)〉는 가곡 이름으로, 이백(李白)의 〈양양가(襄陽歌)〉에 "양양의 아이들 모두 손뼉 치면서, 길 막고 너나없이 〈백동제〉를 부르네.〔襄陽小兒齊拍手, 攔街爭唱白銅鞮.〕"라고 하였다. 박홍미(朴弘美)가 양양 부사(襄陽府使)로 부임하기 때문에 인용한 것이다. 《李太白集 卷6》

745 대제(大堤) : 백동제(白銅堤)로, 중국 양양(襄陽)의 경내를 흐르는 한수(漢水)에 있는 방죽의 이름이다.

금남군 정충신에 대한 만사

錦南君鄭忠信挽

뛰어난 능력으로 비탈을 구르는 구슬 같았는데[746] 穎脫錐囊板走丸
재주 있어도 항오 사이에서 의지해야 했네 有才須藉出行間
소하는 홀로 한신이 훌륭함을 알았고[747] 蕭何獨解奇韓信
마복은 먼저 북산을 점거할 줄 알았네[748] 馬服先知據北山

746 뛰어난……같았는데 : 원문의 '영탈추낭(穎脫錐囊)'은 송곳의 끝이 주머니에서 삐져나온다는 뜻으로, 재능이 마침내 드러남을 비유하는 말이다. 전국 시대 평원군(平原君)의 식객(食客)이었던 모수(毛遂)가 "나를 일찍 주머니 속에 있게 하였다면, 송곳 전체가 다 삐져나왔을 것이요, 그 끝만 보일 뿐이 아니었을 것이다.〔使遂蚤得處囊中, 乃穎脫而出, 非特其末見而已.〕"라고 한 데서 온 말이다. 《史記 平原君列傳》 원문의 '판주환(板走丸)'은 '판상주환(板上走丸)'의 준말로, 기세를 타면 일이 쉽게 이루어진다는 뜻인데, 여기서는 기세가 세참을 비유하는 말이다. 《한서(漢書)》 〈괴통전(蒯通傳)〉에 "반드시 서로 이끌고 항복하기를 비탈 위에서 굴러 내려오는 공처럼 할 것이다.〔必相率而降, 猶如坂上走丸也.〕"라고 한 데서 온 말이다.

747 소하(蕭何)는……알았고 : 한(漢)나라 한신(韓信)이 일찍이 초(楚)나라의 패왕(覇王)인 항우(項羽)를 섬기다가 한 고조(漢高祖) 유방(劉邦)에게 귀의하였으나 크게 등용되지 못하자 도망하였다. 그러자 승상 소하가 그의 재능을 알아보고 도망가지 말도록 설득한 다음 유방에게 대장(大將)으로 크게 등용할 것을 건의하여, 결국 유방이 천하를 통일하는 데 큰 역할을 하였다. 《史記 淮陰侯列傳》 여기서는 정충신(鄭忠信)이 임진왜란 때 17세의 어린 나이로 광주 목사(光州牧使) 권율(權慄)의 명으로 선조(宣祖)가 있는 의주(義州)까지 갔다가 당시 병조 판서로 있던 이항복(李恒福)의 눈에 들어 크게 칭찬을 받은 일을 빗대어 말한 것이다.

748 마복(馬服)은……알았네 : 마복은 마복군(馬服君)에 봉해진 조(趙)나라 장수 조사(趙奢)를 가리킨다. 진(秦)나라가 한(韓)나라를 공격하자 조나라에서 조사를 대장으로

영명한 정신은 그림으로 그려져 공이 사라지지 않고	英爽入圖功不泯
화려한 도포는 상자에 남아 피가 아직도 얼룩졌네	花袍在篋血猶斑
요망한 기운을 누가 세찬 바람 빌려 쓸어버렸나	妖氛孰借長風掃
분명코 지금 시대에 대장의 반열이로다	歷歷當今大將班

삼아 구원하게 하였는데, 군사(軍士) 허력(許歷)이 조사에게 간하기를 "먼저 북산(北山)에 올라가서 점거하는 자는 이기고 뒤에 오는 자는 패할 것입니다."라고 하자, 조사가 그의 말에 따라서 즉시 1만 명의 군사를 산으로 올라가게 하였다. 진나라 군사가 뒤늦게 이르러서 북산으로 올라가려고 하자, 조사가 군사를 풀어서 공격하게 해 대승을 거두었다. 《史記 廉頗藺相如列傳》 여기서는 정충신(鄭忠信)이 이괄(李适)의 난 때 남이흥(南以興)과 먼저 안령(鞍嶺 무악재)을 점거하여 이괄의 군대를 대파한 일을 빗대어 말한 것이다.

강원도 관찰사로 부임하는 조인보[749] 정호 영형을 전송하다
送趙仁甫令兄按關東 廷虎

문 닫고 베개 기대니 병과 게으름 깊어지는데	杜門欹枕病慵深
오직 청산 마주하며 홀로 스스로 읊조린다오	唯對青山獨自吟
고요한 중에 분분한 일을 모두 생각에서 끊었지만	靜裏紛華都絶念
늙어서 이별하는 것이 그저 마음에 걸리네	老來離別秪關心
영동의 팔경[750]은 젊은 시절에 감상하였지만	嶺東八景少年賞
해상의 삼신산은 어느 날에나 찾아볼까	海上三山何日尋
한 조각 흰 구름이 날아간 곳	一片白雲飛去處
예전의 선원[751]이 솔 그늘에 잠겼어라	舊時仙院鎖松陰

749 조인보(趙仁甫) : 조정호(趙廷虎, 1572~1647)로, 인보는 그의 자이다. 본관은 배천(白川), 호는 남계(南溪)이다. 1612년(광해군4) 문과에 급제하였고, 1636년(인조14) 5월 15일 강원 감사에 제수되었다.

750 영동(嶺東)의 팔경(八景) : 관동 팔경을 말한다. 통천의 총석정(叢石亭), 고성의 삼일포(三日浦), 간성의 청간정(淸澗亭), 양양의 낙산사(洛山寺), 강릉의 경포대(鏡浦臺), 삼척의 죽서루(竹西樓), 울진의 망양정(望洋亭), 평해의 월송정(越松亭)이다.

751 선원(仙院) : 한림원(翰林院)의 별칭으로, 조정호(趙廷虎)가 홍문관 교리로 재직하였기 때문에 이렇게 말한 것이다. 《仁祖實錄 4年 6月 23日》

살곶이[752] 도중에 병자년(1636, 인조14) 7월 5일에 하직 인사를 하고 강릉부의 임소로 갔다.

箭串途中 丙子七月初五日 辭朝赴江陵府任所

늘그막에 지방관 되어 도성 문을 나가니	投老分麾出國門
가는 여정이 멀리 바다 동쪽 고을 향하네	行程遙指海東藩
너른 들판의 새 그림자는 아득한 경계에 드리우고	長郊鳥影蒼茫界
무성한 숲의 매미 소리는 원근의 마을에서 들리네	亂樹蟬聲遠近村
절기는 말복이라 가을 기운 엎드렸고	節屬終庚金氣伏
해는 대낮에 엉겨 있어 불 구름 타누나	日凝亭午火雲燔
숲 뚫고 가매 서늘한 바람 불어 잠시 기쁘니	穿林乍喜微涼動
뼛속까지 스미는 하늘의 은혜 크게 입었어라	偏荷天公到骨恩

752 살곶이 : 현재 서울 성동구(城東區)에 있는 뚝섬의 옛 이름이다.

회포를 풀다

遣懷

천외에서 고향 바라보려 홀로 누대에 오르니	望鄕天外獨登臺
석양 속에 가을 소리가 만학에 구슬프네	落日秋聲萬壑哀
급한 공문서는 좋은 흥취를 방해하고	何急簿書妨好興
의미 없는 시구로 나그네 회포 쏟네	等閑詩句寫羈懷
노란 꽃은 가는 세월을 떠나보내고	黃華斷送年光去
흰 새는 멀리서 바다 빛을 나누어 오네	白鳥遙分海色來
문득 생각나네 고향 땅 성 가의 집에	却憶故園城畔宅
계단 가득 성긴 대가 푸른 이끼 비추던 것이	滿階疏竹映蒼苔

한가롭게 거처하다
閑居

꽃과 버들 둘러싼 마을에서 삼춘에 누으니	遶村花柳臥三春
성 북쪽 적막한 물가를 누가 찾아올까	誰訪城陰寂寞濱
시서가 배에 가득하니 주려도 배부르고	滿腹詩書飢亦飽
반평생의 영욕은 꿈인가 생시인가	半生榮辱夢耶眞
계단 앞 푸른 대는 맑고 깨끗한 벗이요	階前綠竹淸脩友
주렴 밖 푸른 산은 우뚝 선 사람이라오	簾外靑山偃蹇人
초대하지 않아도 늘 눈앞에 있으니[753]	不待招邀常在眼
내 집에는 원래 멋진 손님 적지 않다오	吾廬元不乏佳賓

753 초대하지……있으니 : 소식(蘇軾)의 시에 "고인은 원래 산과 벗으로 지내는지라, 초대하지 않아도 뜰에 가득하다오.〔高人自與山有素, 不待招邀滿庭戶.〕"라는 구절을 차용한 것이다. 《蘇東坡詩集 卷7 越州張中舍壽樂堂》

시국을 상심하다
傷時

어렵고 위태한데 어찌 풍형[754] 누리기를 생각할까 艱危何計享豐亨
유리를 면할 수만 있다면 이것이 태평이지 如免流離是太平
속객이 문 앞을 지나친들 어찌 유감이 있을까마는 俗客過門寧有憾
바람에 날리는 꽃이 지나가니 마음 못 가누겠네 風花經眼任無情
봄이 깊어도 오동에 가는 소뿔을 보지 못하고 春深不見磨梧角
비가 흡족한데도 뻐꾸기 소리만 공연히 듣는다오[755] 雨足空聞布穀聲
바다 막고 성을 쌓는 것이 오늘의 일이니 防海築城今日役
남은 힘 다한다면 가을 수확 바랄 수 있으리 可殫餘力望西成

754 풍형(豐亨) : 재물이 풍부하여 모든 일이 형통하다는 뜻이다. 《주역(周易)》 〈풍괘(豐卦) 괘사(卦辭)〉에 "풍은 형통하니, 왕이라야 이에 이를 수 있다.〔豐亨, 王假之.〕"라고 하였다.

755 봄이……듣는다오 : 농사철이 되었는데도 아직 농사를 시작하지 못하고 있다는 말이다. 오동나무는 부드러우면서도 강하므로 이것으로 소뿔을 끊었다. 《회남자(淮南子)》 〈설산훈(說山訓)〉에 "둘 다 견고한 것은 서로 화합하지 못하고, 둘 다 강한 것은 서로 굴복하지 않는다. 그러므로 부드러운 오동나무로 뿔을 끊고 섬세한 말 꼬리로 옥을 자르는 것이다.〔兩堅不能相和, 兩强不能相服. 故梧桐斷角, 馬氂截玉.〕"라고 하였다. 송(宋)나라 이석(李石)의 〈직방대(直方大)〉에 "오동나무로는 뿔을 갈 수 있고, 강모래로는 옥을 다듬을 수 있네.〔梧桐角可磨, 江沙玉能錯.〕"라고 하였다. 《方舟集 卷1》 뻐꾸기 고사는 뻐꾸기의 울음소리가 흡사 '씨앗을 뿌려라.〔布穀〕'라고 권하는 말과 같아서 뻐꾸기가 울면 농사철이 되었음을 의미한다고 한다.

보고 느낀 것을 읊다

即事

청명의 가절에 비가 부슬부슬 내리니 　清明佳節雨霏霏
주렴 밖 찬 빗소리 가늘어지려 하네 　簾外寒聲聽欲微
꽃은 가난 싫어하지 않아 문 앞에 피고 　花不厭貧當戶發
제비는 옛집 찾아 사람 곁에서 나네 　燕能尋舊傍人飛
희황 시대로 봄 잠이 깊이 빠져들었다가[756] 　春眠爛入羲皇世
진송 시대의 지난 일을 놀라서 듣네[757] 　往事驚聞晉宋時
작은 화롯불 다 타고 한 가닥 향 피어오르는데 　燒盡小鑪香一炷
낮닭 우는 곳에 녹양이 드리웠구나 　午鷄號處綠楊垂

756 희황(羲皇)……빠져들었다가 : 평화스러운 태고 시대처럼 아무런 근심 걱정이 없는 삶을 꿈꾼다는 말이다. 희황은 태곳적의 복희씨(伏羲氏)를 말한다. 도연명(陶淵明)의 〈아들 엄 등에게 주는 글〔與子儼等疏〕〉에 "오뉴월에 북창 아래 누워 있으면 서늘한 바람이 잠시 불어오는데, 스스로 희황 때의 사람이 아닌가 하는 생각이 든다.〔五六月中, 北窓下臥, 遇涼風暫至, 自謂是羲皇上人.〕"라고 하였다. 《陶淵明集 卷7》

757 진송(晉宋)……듣네 : 진송은 동진(東晉)과 유송(劉宋)을 말한다. 동진 때에 팽택영(彭澤令)을 지냈던 도잠(陶潛)이 유송에 의해 동진이 멸망하였다는 소식을 듣고 세상과 인연을 끊고 자연 속에서 시주(詩酒)로 생애를 마친 일이 있었기 때문에 인용한 것이다.

지독한 가뭄에 느낌이 일어

苦旱有感

산은 자욱한 안개 거두고 저문 경치 머금었는데　山斂煙霏暮景銜
계단 가득 붉은 작약이 어지러이 떨어지네　滿階紅藥墮毿毿
젖먹이 참새가 처음 반이나 자랐음을 막 알았고　方知雀乳初成半
누에 잠든 지[758] 이미 사흘이 넘었다고 다시 알리네　更報蠶眠已過三
살아있는 백성도 말라 죽으려 하는데　黔首有生乾欲死
하늘은 단비의 은택을 내리는 데 뜻이 없네　蒼天無意澤垂甘
한밤중 잠들지 못하고 별들을 보노라니　中宵不寐看星斗
더위 씻을 훈풍만 부질없이 남쪽에서 부네[759]　洗鬱薰風謾自南

758 누에 잠든 지 : 원문의 '잠면(蠶眠)'은 누에가 꼼짝 않고 있는 것이 마치 잠든 것과 같다는 뜻이다. 누에는 생장하는 과정에서 수차례에 걸쳐 허물을 벗는데, 허물을 벗기 전에 매양 일정 시간 동안 움직이거나 먹지도 않고 마치 잠든 상태로 있기 때문에 붙여진 말이다. 왕유(王維)의 〈위천의 농가〔渭川田家〕〉에 "꿩이 우니 보리에 이삭이 패고, 누에가 잠드니 뽕잎이 드물구나.〔雉雊麥苗秀, 蠶眠桑葉稀.〕"라고 하였다. 《全唐詩 卷125》

759 더위……부네 : 고대하는 비는 오지 않고 서늘한 바람만 분다는 말이다. 당(唐)나라 문종(文宗)이 여름날 유공권(柳公權)과 연구(聯句)로 시를 지을 때, 문종이 "사람들은 모두 더위에 괴로워하나, 나는 여름 해가 길어서 좋다.〔人皆苦炎熱, 我愛夏日長.〕"라고 하자, 유공권이 "훈풍이 남에서 불어오니, 전각에 서늘한 기운이 생기네요.〔薰風自南來, 殿閣生微涼.〕"라고 한 데서 온 말이다. 《舊唐書 柳公權列傳》

부사 왕몽윤 의 유한강 시[760]에 차운하다 을축년(1625, 인조3)에 있어야 한다.[761]

次副使遊漢江韻 王夢尹 當在乙丑年

글의 근원이 협곡 기울인 듯 콸콸 쏟아지니[762]	詞源倒峽瀉淙淙
문장의 명성이 당대 으뜸이라고 다투어 말하네	爭道文聲一代宗
쾌히 푸른 강물 향해 채색 깃발 옮기고	好向滄江移綵節
정히 맑은 달 보려 높은 봉우리 오르네	正看晴月上遙峯
돛배를 평온히 보내니 나는 새들 교차하고	帆檣穩送交飛鳥
퉁소 소리 슬피 울리니 누운 용이 춤추누나	簫管哀鳴舞臥龍
밤 되어 강에서 노니는 흥이 다하지 않으니	入夜未闌沿泝興
취중에 즐거운 흥취가 십분 무르녹누나	醉中懽趣十分濃

760 부사(副使)의 유한강(遊漢江) 시 : 1626년(인조4) 6월 명나라 사신인 정사(正使) 강왈광(姜曰廣)과 부사 왕몽윤(王夢尹)이 명(明)나라 황태자의 탄생을 알리는 조서를 가지고 우리나라에 와서 한강을 유람할 때 지은 시이다.

761 을축년에 있어야 한다 : 《인조실록(仁祖實錄)》에 의하면, 명(明)나라 사신 강왈광(姜曰廣)과 왕몽윤(王夢尹)이 우리나라에 와서 칙서를 반포한 날은 인조 4년 병인년(1626) 6월 13일이다. 여기에서 을축년이라고 한 것은 착오인 듯하다.

762 글의……쏟아지니 : 문장이 힘차고 웅장하다는 말이다. 두보(杜甫)의 〈취가행(醉歌行)〉에 "글의 근원은 삼협의 물을 기울인 듯하고, 필법의 군진은 천명의 적군을 홀로 쓸어버릴 기세로다.〔詞源倒流三峽水, 筆陣獨掃千人軍.〕"라고 한 데서 온 말이다. 《杜少陵詩集 卷3》

부사의 시에 차운하다

次副使韻

산천의 상서로운 기운 바라보니 성대하여[763]	山川佳氣望蔥蔥
시선의 멋진 구절 속에 모사해 넣었네	模入詩仙秀句中
지조 깨끗해 황금을 와력[764]처럼 여기고	操潔黃金同瓦礫
재주 뛰어나 맨손으로 뱀과 용을 잡네	才高赤手捕蛇龍
높은 정자에 장막 펼쳐지니 산이 해를 머금고	高亭敞幕山銜日
이별 포구에 배 옮기니 물결이 바람에 일렁이네	別浦移舟浪撲風
거나하게 취해 이때 한 번 웃노라니	酣興此時成一笑
어부가 적혼공[765]을 다투어 올리누나	漁人爭薦赤鯶公

763 산천의……성대하여 : 후한(後漢) 광무제(光武帝)의 가향(家鄕)인 남양(南陽) 용릉(舂陵)의 지형을 술사(術士)인 소백아(蘇伯阿)가 살펴보고는 "상서로운 기운이 성대하게 일어난다.〔佳氣哉! 鬱鬱蔥蔥然.〕"라고 말한 구절을 차용한 것이다. 《後漢書 光武帝紀》

764 와력(瓦礫) : 깨진 기왓장과 자갈로, 천한 물건을 비유한다. 《역대명화기(歷代名畫記)》에 "좋아하면 금옥보다 귀하게 여기고, 싫어하면 와력보다 천하게 여긴다.〔好之則貴於金玉, 不好則賤於瓦礫.〕"라고 하였다. 《歷代名畫記 卷2 論名價品第》

765 적혼공(赤鯶公) : 잉어의 별칭으로, 당나라 왕실의 성(姓)이 이씨(李氏)였으므로 이씨와 음이 같은 이(鯉) 자를 피해 적혼공이라고 하였다. 소식(蘇軾)의 시에 "바라건대 금고를 따라 태어나, 적혼공을 올라타고 싶구나.〔願隨琴高生, 脚踏赤鯶公.〕"라고 하였다. 《東坡全集 卷13 開先漱玉亭》

거처를 정하다

卜居

호서에 일찍이 지붕 있는 집을 지었는데	湖甸曾營覆頂廬
다시 깊고 높은 곳 찾아 새 거처 정하였네	更搜深峭卜新居
세속 인연의 번다한 생각들 모두 끊고	俗緣已斷紛華念
이내 신세 적막한 곳에 의탁한다오	身世堪投寂寞墟
썰물 진 뒤라 딸린 섬 멀리 나뉘고	側島遠分潮落後
안개 막 걷혀 어지러운 산 다투듯 섰네	亂峯爭立霧收初
봄바람이 날마다 꽃과 버들을 재촉하니	東風日日催花柳
웃으면서 청산 마주하고 옛 책을 본다오	笑對青山閱古書

지은이 조희일(趙希逸)

1575~1638. 조선 중기의 문신으로, 본관은 임천(林川), 자는 이숙(怡叔), 호는 죽음(竹陰) 또는 팔봉(八峰)이다. 1601년(선조34) 진사시에 장원으로 뽑혔는데, 후일 그의 아들 석형(錫馨)도 진사시에 장원을 하여 아버지 조원(趙瑗)에 이어 3대가 진사 장원의 가통을 세웠다. 이듬해 별시 문과에 병과로 급제하고, 다시 1608년(광해군 즉위년) 문과중시에서 을과로 급제하였다. 이후에 승정원 주서, 정언, 예조 좌랑, 이조 정랑, 교리, 광주 목사(光州牧使), 예조 참판, 형조 참판, 경상 감사 등을 역임하였다. 시문과 서화 등에 모두 뛰어나 명성이 높았다. 저서에 《죽음집(竹陰集)》, 《경사질의(經史質疑)》가 있다.

옮긴이 최이호(崔二浩)

전남 완도(莞島)에서 태어났다. 조선대학교 국어국문학부를 졸업하고, 고려대학교 고전번역협동과정(박사)을 수료하였다. 한국고전번역원 부설 교육원 연수부, 전문과정1, 2를 졸업한 뒤 《일성록(日省錄)》을 번역하였고, 2020년부터 현재까지 조선대학교 인문학연구원 고전번역연구소에서 연구원으로 번역에 참여하고 있다. 또 한국고전번역원 부설 교육원에서 강의를 하고 있다.

권역별거점연구소협동번역사업 연구진

연구책임자 이상원(조선대학교 국어국문학부 교수)
공동연구원 박종훈(조선대학교 국어국문학부 교수)
엄태식(조선대학교 국어국문학부 교수)
정길수(서울대학교 국어국문학과 교수)
연구원 유종수
이민호
최이호

교열 박대현(전 한국고전번역원 교수)
윤문 배대웅

죽음집3
조희일 지음 | 최이호 옮김
2023년 12월 16일 초판 1쇄 발행
편집·발행 심미안 | 등록 2003. 3. 13. 제05-01-0268호
주소 (61489) 광주광역시 동구 천변우로 487 2층
전화 062-651-6968 | 팩스 062-651-9690 | 블로그 blog.naver.com/munhakdlesimmian

값 30,000원

ISBN 978-89-6381-436-0 94810
ISBN 978-89-6381-406-3(세트)